I0759952

Tragos amargos

Tragos amargos

Gloria e infierno de *El Toro del Corrido*

Lupillo Rivera

Estructura y textos: Javier León Herrera
Documentación y entrevistas: Ninette Ríos,
Juan Manuel Navarro y Javier León Herrera

VINTAGE ESPAÑOL

Primera edición: septiembre de 2025

Publicado por Vintage Español®, marca registrada de
Penguin Random House Grupo Editorial USA, LLC
8950 SW 74th Court, Suite 2010
Miami, FL 33156

Historia: Lupillo Rivera
Estructura y textos: Javier León Herrera
Documentación y entrevistas: Ninette Ríos-Muller,
Juan Manuel Navarro y Javier León Herrera
Producción: Ninette Ríos-Muller y Juan Manuel Navarro
Fotos: Archivo personal de Lupillo Rivera y Rosa Amelia Saavedra

Impreso en Colombia / *Printed in Colombia*

Información de catalogación de publicaciones disponible
en la Biblioteca del Congreso de los Estados Unidos

ISBN: 979-8-89098-125-7

25 26 27 28 29   10 9 8 7 6 5 4 3 2 1

A Dios, por encima de todo.

A mis hijos, a los que amo con todo mi corazón,

mi motor, mi razón de ser, mi orgullo.

A mi público, por sus aplausos eternos,

el mejor legado que me llevaré al otro mundo.

Lupillo

Índice

EL ALMA DESNUDA

Por Pepe Garza[1]

La vida de un artista es un viaje lleno de luces y sombras, de alegrías y tristezas. Lupillo Rivera conoce como nadie las rosas y las espinas. Su historia es un testimonio no solo del talento innato que posee, sino también de la determinación que lo ha llevado a convertirse en una de las figuras más emblemáticas de la música regional mexicana.

Desde sus inicios, Lupillo ha vivido en el escenario y en la vida real con la misma intensidad. Cada nota que canta viene envuelta por sus experiencias, por sus luchas y por sus victorias. Este relato no es solo una cronología de éxitos; es una exploración profunda de los desafíos que ha enfrentado, desde la pérdida de seres queridos hasta los desengaños que lo han forjado como persona y artista. Es su alma desnuda.

---

[1] Pepe Garza es compositor y productor ejecutivo de *Pepe's Office*. Fue director de programación de la estación *Ke Buena* durante ocho años en México y 23 años en los Estados Unidos.

Lupillo nos invita a acompañarlo en esos momentos oscuros, cuando la adversidad parecía insuperable, a celebrar junto a él cada gran logro y triunfo que ha conseguido a lo largo de su carrera. Es en la vulnerabilidad que exhibe al compartir su historia donde se encuentra la verdadera fortaleza de Lupillo y con cada capítulo nos adentramos en su mundo. Este libro es una invitación a entender el alma de un artista que ha vivido en carne propia la complejidad de la vida.

Van a descubrir el alma de Lupillo. Quisiera comentarles algo que he aprendido en mis más de 35 años en el mundo de la música y los medios de comunicación: la mayoría de los artistas, cuando inician su carrera o cuando van en declive, son muy atentos con quienes les tienden la mano, pero solo los grandes son generosos y detallistas cuando están en la cumbre. Entre esos grandes de alma y mente está Lupillo Rivera.

Con afecto y admiración.

Pepe Garza

Introducción

EL BRINDIS CON MI PÚBLICO

El primer brindis del día que me decidí a contar mi historia estaba empapado en llanto. El último, el que puso el punto final a este libro, probablemente el más dramático de todos, vivido en tiempo real, también. La frecuencia emocional de mi relato se ha mantenido en puros agudos con mi voz quebrada cada dos por tres en cada grabación. No se entiende la vida de nuestra familia sin esta carga sentimental continua y yo, lejos de ser la excepción, soy el paradigma de la regla; un corazón puro y roto; un tipo que ha ido de frente por la vida, con la cabeza bien alta y la cara al descubierto, expuesto y vulnerable para que los tiburones de ciertos pecados capitales me la partieran en mil pedazos.

Esas dentelladas de cizaña que dejaron cicatrices en mi alma mantienen muy alto el tono melodramático prácticamente desde que di el salto a la fama, desde el momento en que me convertí en el primero de la dinastía Rivera en triunfar con la música regional mexicana, un género de hondas raíces procedente de nuestro México profundo, animado por instrumentos de viento, metal y percusión, donde encontramos la horma de nuestro zapato, en cuya suela se alojó un polvo de traiciones y envidias que no han dejado de generar lodos mediáticos.

Esos lodos no han dejado de ensuciarme. Toda la vida he sufrido puras mentiras. Toda la vida no han hecho sino darme en toda la torre[2]. La gente no me conoce, tienen una falsa idea, cuando se sientan a platicar conmigo me confiesan que se sorprenden y que les cambia la perspectiva. Eso me dio qué pensar. ¡Ya era hora de que el público supiera lo que pasó y lo que no pasó! Por eso decidí abrirme en canal, desnudar mi alma, sorbo a sorbo, lágrima a lágrima, soltar toda la sopa, trago a trago, reviviendo picos dramáticos que al final acaban formando una meseta. Quiero sacar a la luz la verdad y que cada palo aguante su vela. Van a descubrir con esta lectura los hechos reales, los que muchas veces fueron ocultados o tergiversados.

Precisamente por haber tenido que soportar tanta amargura toda mi vida, me gustó la propuesta creativa para el título y el enfoque de mi historia que me hizo el escritor Javier León Herrera, quien junto a los periodistas Ninette Ríos y Juan Manuel Navarro conforman el equipo de trabajo que ha hecho posible que tengan este ejemplar entre sus manos. La propuesta arrancaba de un episodio muy puntual que parecía hecho aposta para acomodar el hilo conductor de mi biografía y que alude directamente a dichos tragos amargos. Sucedió el día que me presenté en México con un *sold out* histórico al cumplir 30 años de carrera. Con un público entregado coreando cada canción, en una de ellas interrumpí la interpretación para dirigirme a los presentes mientras la música seguía sonando de fondo. Esto fue lo que les dije:

---

[2] "Dar en la torre" es una locución verbal de uso coloquial con la que el autor expresa haber sido víctima de un continuo perjuicio a causa de las falsedades difundidas de manera constante por los medios.

—A veces, cuando canto esta canción, me siento muy contento, y a la vez me siento muy triste. Triste porque, aunque no seas borracho, la canción te llega, la canción te pega. Me siento muy feliz, muy contento, muy agradecido con Dios, porque con esta canción fue la última vez que la abracé, la última vez que la besé, la última vez que platicamos y la última vez que canté con ella en un escenario. Y fue esta canción la que canté con ella.

En ese momento, hice una breve pausa oteando todo el aforo completo y continué dirigiéndome desde mis entrañas al país entero:

—México lindo y querido, les doy las gracias por apoyar, por aplaudir, por aclamar el nombre de mi hermana Jenni Rivera.

El público estaba completamente enfervorecido, con la emoción a flor de piel, coreando el nombre de mi hermana. Hice otra pausa tratando de manejar mis sentimientos y rematé mi discurso:

—¡Ahora sí, que nos valga madre si somos de seguridad, si somos meseros, si somos músicos o si somos público! ¡Vamos a cantar el siguiente verso para que nos escuche hasta allá, hasta el cielo!

Estaba casi quebrado de emoción por la intensidad del momento. Con un nudo en la garganta a punto de estallar, dejé que el público hiciera la coral de la última estrofa de "Tragos de amargo licor", la composición de Ramón Ayala que grabé años atrás:

Tragos de amargo licor,
que no me hacen olvidar,
y me siento como un cobarde
que hasta me pongo a llorar…

Los gritos de "¡Lupillo, Lupillo!" se sucedían con los de "¡Jenni, Jenni!". Mientras la muchedumbre me aclamaba, mi mente repetía aquella última conversación con mi difunta hermana, esas palabras que tantos medios han querido sacarme y que nunca he querido extraer de mi intimidad, a sabiendas de que llegaría el momento apropiado para hacerlo. Con los ojos cerrados, aguados por la emoción, mi mente recreó en modo de *flashback* aquellas palabras mientras pedía otro tequila para brindar con mi gente y amortiguar los golpes del recuerdo del drama de aquel domingo maldito. El drama fue mi mejor fuente de inspiración y, puestos a recordar, drama es lo que nunca me faltó. Una tragedia dictó mi primera composición, con 15 años, en memoria de un buen amigo ejecutado por los pandilleros en un lamentable error, y una tragedia de dimensiones mayores se llevó por delante la vida de mi carnala.

Tras aquel emotivo concierto, de regreso a casa, evoqué mi vida entera como si fuese una película o una serie de muchos capítulos que pasaba a toda velocidad por mi mente. Fue la primera vez que pensé en un libro como una vía de escape a tanto sufrimiento a solas, al silencio dañino ante las mentiras o las medias verdades. Recordé mi éxito predecesor al posterior triunfo de Jenni. A "El Rey de los Borrachos" y a "El Toro del Corrido", se sumó "La Diva de la Banda" con la que compartía sangre de padre y madre, cuya muerte desató un seriado completo de intrigas alrededor de nuestro apellido que parece no tener fin. Algunas me ha tocado vivirlas y sufrirlas en tiempo real durante el proceso de elaboración de esta biografía.

Tal vez había llegado ese momento de revelar, entre otras muchas cosas, la última e íntima conversación con mi hermana y su enorme profundidad. Es momento de contarles todo en este brindis imaginario. Yo apelo a la cita bíblica en la que Jesús anunciaba que la verdad haría libres a los judíos que le creyeran. Para mí, la verdad aquí expresada es una liberación, un desahogo de mi alma, tan injustamente maltratada. Hay muchas dudas por aclarar, mucha verdad íntima oculta que no cualquiera se atrevería a revelar. Creo que también hay muchas injusticias que reparar, mucho perdón que pedir y muchas lágrimas que derramar.

Es con esa verdad por bandera que quiero brindar dando un grito desgarrado al viento para superar las cicatrices de todas las dentelladas, incluidas las del cuño de mi propia madera, que a fuerza de morder casi me acaban. Es estremecedor mi último capítulo, vivido también en tiempo real, pero no quiero anticiparme a la narración.

Este que van a leer a continuación es el verdadero Lupillo, desnudo, sin filtros, sin tergiversación. Lloren cuanto tengan que llorar, pero no dejen de pistear[3] y disfrutar de la vida a toda madre compartiendo junto a su familia. Las pequeñas cosas son las más grandes de la vida. Les invito a alzar su trago y brindar conmigo.

¡Fondo, fondo! ¡Salud, raza!

---

[3] Lupillo emplea la palabra *pistear* a lo largo de su relato siempre bajo su significado popular mexicano, principalmente de la zona norte del país, refiriéndose al hecho de ingerir licor hasta la ebriedad.

Capítulo 1

EL DOLOR QUE ME PARTIÓ EN DOS

Nací llorando. No es nada extraordinario, pero en mi caso era toda una declaración de intenciones y una premonición, pues nací en domingo y un domingo maldito partió mi vida en dos. Desde entonces, mi primer pensamiento cuando me despierto en las mañanas es el mismo, el que me conecta con ese dolor. Aprendí a vivir con eso y así será hasta el final de mis días. Es un dolor crónico y omnipresente, sin necesidad de ser estimulado por ninguna efeméride. Aparece puntual con cada nuevo día.

He tenido tragos dulces, pero sobre todo tragos amargos en mi rebasado medio siglo de existencia en este mundo. El tiempo me ha rendido mucho porque empecé a trabajar con 6 años, fui esposo y padre a los 18, abuelo antes de los 40 y he sobrepasado tres décadas cantando sobre los escenarios. Vivencias de sobra para dar el paso de contar mi vida. Si he de narrar los sorbos del licor más amargo que me tocó tragar, no tengo ninguna duda de que este ha sido, hasta la fecha, el dolor que divide de forma dramática mi biografía en dos mitades. Podía haber sido una noticia positiva, a mucha gente le ha pasado. Podría ahora echar mano del baúl de los recuerdos diciendo que hubo un antes y un después de un logro legendario, de un gran premio, de un Grammy, de un reconocimiento que impulsó mi carrera o de un golpe de suerte, como quien se acuerda del día que la lotería lo hizo millonario. Pero no. A mí me tocó una tragedia descomunal como parteaguas de mi existencia. Hay un Lupe antes y un Lupe después de este día; una familia Rivera antes y una familia Rivera después de este día.

Bueno es que empiece, por tanto, no por el domingo en el que nací, sino por el domingo en el que creí morir, el domingo en el que, en un arrebato de dolor extremo, casi me quito la vida aventándome a una autopista. Soy un hombre de fe, pero la muerte de un ser querido nunca la superas, nunca el consuelo es pleno. Aun convencidos de la resurrección de la carne y de la otra dimensión, el vacío nunca se llena. No sé cómo hay gente que me pregunta si ya superé lo de mi hermana. ¡Claro que no! Es un dolor que cargo todos los días. No le pido a Dios fortaleza para olvidarlo, sino para aprender a aceptarlo, para aprender a vivir con el dolor, porque no se supera. Miente quien te diga que luego de ir con psicólogos o guías espirituales acabas superándolo. Ni siquiera lo anhelo: pienso que intentar superarlo es de algún modo pretender olvidar lo que pasó, y eso es imposible. Yo no me olvido de nada ni de nadie, a 30 años de su asesinato sigo recordando a mi mejor amigo del barrio, mi compadre Miguel, que hubiera cumplido años el 10 de agosto. Todos los años me acuerdo, como me acuerdo de mi sobrina Rocío. Ni qué decir de mi carnala. Yo no he sido capaz durante todos estos años de ver siquiera un video suyo. Es una tortura que he tratado de evitar a toda costa y que no he tenido más remedio que superar cuando acudo a algún acto público.

El fallecimiento de mi hermana Jenni marca a base de lágrimas mi vida en todos los sentidos, en el personal y en el profesional. En lo personal, me afectó profundamente al punto de condicionar mi propia vida, sobre todo los tres primeros años, más o menos hasta el segundo semestre de 2015. Era mi hermana mayor, partida hacia la luz de Dios de esa manera tan dramática y repentina en la flor de su vida. Desde el 9 de diciembre que sucedió la tragedia hasta el mes de mayo del año siguiente, puse mi propia salud al borde del precipicio, tomando a diario de manera desaforada. Me aislé de todo el mundo; no quería que mi mamá, mi papá o mis hermanos me vieran en ese estado tan lamentable.

Mi único contrapeso para tratar de huir de la depresión fue la música y mi equipo de músicos con mi ingeniero Issaí Piñón al frente. Trataba de llenar las horas del día a base de una sobrecarga de trabajo para evadir mi mente. Me metían al estudio para distraerme sin cobrarme un cinco. Tanto mi ingeniero como el equipo del grupo norteño Los Operadores se esmeraban en arroparme para aliviar la pena. Les agradeceré eternamente aquella manera de apoyarme en los peores momentos de mi vida.

De Issaí siempre digo que es mi carnal de otra madre. Hemos tenido una excelente relación, nos hemos reído juntos, nos hemos enojado y hasta me ha corrido de mi propio estudio. Él me pedía que no tomara de aquella manera, pero no le hice caso. Todos los días pisteaba desoyendo sus consejos. Fueron semanas de grabaciones descontroladas a discreción en mitad de las cuales me emborrachaba hasta que amanecía. Mis propios músicos me animaban a no dejar de grabar porque de aquel sentimiento mío podía salir un excelente material de tremenda carga sentimental. Bien borracho llegué a grabar como mil seiscientas canciones, más de cien horas de música.

Es impagable todo lo que hicieron por mí. Muchas veces dejaban lo que estuvieran haciendo para acudir a acompañarme.

Cuando ya estaba completamente embriagado, los llamaba para que me tocaran y ellos me seguían la corriente en ese desmadre de güisqui, chelas y tequila, queriendo hacer una labor psicológica para tratar de sacarme de esa situación. Me complacían con un rostro mezcla de preocupación y compasión, viendo como esos tragos amargos eran un camino seguro hacia mi hundimiento absoluto como artista y como persona. Durante esos meses, la gente llamaba para la chamba y a mí se me hacía muy difícil poder atender aquellas obligaciones. Era la tercera vez en mi vida, y podía ser la vencida, que el mismo trago que había hecho famoso al borracho pelón en el escenario amenazaba con destruirlo.

Algo había que hacer, porque estaba poniendo en riesgo mi propia salud integral; a la emocional, ya muy dañada, se podía sumar la física en alguno de mis órganos vitales si seguía castigando mi estómago, mi esófago, mi páncreas y mi hígado con esas dosis de alcohol. La solución pasaba por mi fe. Saber que la muerte no es el final significa para un hombre creyente un atenuante del dolor, un analgésico que lo alivia, así no lo elimine. La única manera en la que Dios premió mi fe fue mandándome dos pruebas del más allá, una pequeña tregua en dos entregas, dos tablas en alta mar que evitaron mi ahogamiento definitivo. No sé qué hubiera pasado de no llegar la primera de esas tablas de manera inesperada justo seis meses después de la tragedia aquel mayo de 2013 cuando a mi alrededor olía a alcohol por todos lados.

Issaí Piñón tuvo la iniciativa, desesperado por hacer algo que mejorara mi estado de ánimo. Él compartía iglesia con Verónica Leal, una conocida cantante de música cristiana, que en alguna ocasión había ido a grabar al estudio y que solía ejercer el ministerio de la música en su congregación junto a su mamá, Nena Leal. Ambos le contaron a un profeta de Oxnard al que conocían de mucho tiempo atrás lo que estaba pasando y él inmediatamente solicitó una cita para verme. Así fue como se gestó la idea de llevar a un consejero evangélico hasta la casa para platicar conmigo. El hombre decía tener un profundo conocimiento de lo que había sucedido con el avión siniestrado de mi hermana y con toda la investigación que se estaba llevando a cabo. Eso me dejó muy sorprendido. Hubo una cosa que me dijo con total rotundidad que a mí me llamó mucho la atención. Él aseguraba que se había producido un ligero desfase en los tiempos en los que todo sucedió, entre que se perdió el contacto con la aeronave y se produjo su caída. Decía que había un intervalo de unos veinticinco segundos aproximadamente, no recuerdo con exactitud si eran veinticinco o veintiséis, pero sí recuerdo sus palabras.

—Lupe, eso no le va a cuadrar a nadie por una sencilla razón: esos segundos, en la métrica del tiempo aquí en la Tierra, son justo el lapso que Dios utilizó para detener el tiempo y llevarse a tu hermana con Él. Cuando concluyan las investigaciones, tú vas a ver lo que te estoy diciendo ahorita. No te aflijas por el posible martirio de tu hermana, porque ella no sufrió en ese accidente, a ella Dios se la llevó en paz. Acuérdate de los segundos, no olvides esos segundos, son los que te mostrarán que tu hermana goza de la paz eterna.

Aquellas palabras me hicieron recordar inmediatamente un detalle de cuando estuve en Monterrey. Entre las cosas que se encontraron en el lugar donde se siniestró el avión había una bolsa en la que mi hermana cargaba un dinero. Los billetes se habían hecho confeti mientras que las hojas de la Biblia no: estaban intactas. Al leer algunos de los versículos de aquellas hojas me quedé algo más tranquilo. Se lo conté al profeta. Su respuesta fue que aquello era una señal de que el tiempo de Jenni había llegado porque era voluntad de Dios, comentario que coincidía con lo que yo le dije a mis hermanos por aquel entonces.

Este fue el primer salvavidas que la Divina Providencia me mandó para sacarme del pozo al que la bebida me estaba llevando en aquella tristeza existencial en la que andaba inmerso, porque buena parte de mi tortura emocional se debía a la duda de si mi hermana había sufrido o no en el suceso. Me afligían pensamientos horribles, imaginando que ella pudo ser consciente en todo momento de lo que estaba pasando. Me atormentaba pensando si Dios la había perdonado y salvado. Me angustiaba recordar nuestra última e íntima conversación; me martirizaba dándole vueltas a la cabeza por cuánto de premonición hubiera podido tener. El dolor se potenciaba con cada pensamiento, se exacerbaba con la basura difundida por algunos medios acerca de un presunto beneficio para mí a raíz de la desgracia de Jenni: teorías y comentarios viles amplificados por las redes sociales. No hallaba más salida que la botella, ni pasaba un día que no me excediera de licor, ese cuate tan traicionero que simula aliviarte para matarte poco a poco con su veneno. Estaba a punto de desarrollar un problema de alcoholismo por aquellos tragos amargos. El profeta lo evitó siendo rotundo; sus palabras fueron un bálsamo para mí.

Fue así como saqué el coraje para publicar en 2014 *El Rey de Los Borrachos*, álbum que alcanzó el puesto número 13 del *Top Latin Albums*, en el que incluí la rola de "Paloma negra" que mi carnala interpretó con tanta emoción en su último concierto.

Los avances en la investigación de la muerte de Jenni no me dejaban vivir en paz, para lo bueno y para lo malo. En la indagación del accidente se implicaron agentes oficiales de México; por supuesto, el personal de la torre de control, miembros del FBI de los Estados Unidos, por la nacionalidad estadounidense de mi hermana, e incluso algunos especialistas de Europa que colaboraron en varios aspectos. Se demoraron más de dos años en aquella labor y cuando tuve acceso a esos informes me di cuenta de que, efectivamente, a la hora de contrastar los datos apareció un pequeño desajuste de unos segundos sin explicación de ninguna naturaleza que los justificara. Las partes implicadas en la investigación fueron incapaces de ponerse de acuerdo. La caja negra nunca la hallaron. Por supuesto, me dio como una especie de escalofrío al instante y me acordé del profeta. El hombre tenía razón. Como creyente en todo caso, yo le había creído desde que me lo platicó. Mis sobrinos, los hijos de Jenni, tienen esos reportes en su poder que certifican la veracidad de aquella profecía.

La llegada de dichos reportes fue un arma de doble filo. Por un lado, me reconfortaba en mi fe, pero, por otro, empecé a almacenar información que apuntaba en una dirección siniestra. Si la muerte de mi hermana no había sido accidental se potenciaba una zozobra añadida muy peligrosa para mi bienestar emocional. El desasosiego de la información que poseía me carcomía las entrañas sin saber si aquella poderosa mano ejecutora de los poderes ocultos y mafiosos, que presuntamente habían ajustado cuentas con mi carnala, podría afectar o no a más miembros de mi familia, incluyéndome a mí, el más expuesto. Si perdía a mi público de México por miedo a presentarme allá, estaba acabado.

Poco después llegó otra tragedia: la pérdida de otro ser querido muy joven y en otro accidente, en esta ocasión de automóvil. Eso provocó otro *knock out* que me dejó en la lona y me hizo agarrar de nuevo la botella para recaer en las grandes dosis de tragos amargos con una alta ingesta de alcohol diario. No podía ni quería asumir que mi familia fuera la escogida por la voluntad divina para tanta desgracia. No hallaba razón para semejante castigo.

Rocío era una sobrina que yo había criado en la casa, a la que yo quería mucho. La trataba como una hija. En realidad, era sobrina carnal de mi exesposa Mayeli, hija de una hermana suya con la que tenía una muy estrecha relación. Cuando tuvo su primera niña, yo la ayudé a tener a la bebé aprovechando que Mayeli estaba también en el hospital a punto de dar a luz a L'Rey. Tuve que hacerme pasar por el papá para facilitarle las cosas porque no la querían atender. Hasta ese punto estábamos unidos. A la niña le puso de nombre Estrella. A Estrellita yo cariñosamente la llamaba Titillita. Es casi de la misma edad de mi hijo, se adelantó por muy poco. Fue muy duro recibir la noticia de que, con tan solo 24 años, Rocío había perdido trágicamente la vida en un accidente de tránsito en México, en el mes de julio de 2015, dos años y medio después de la muerte de mi hermana.

Estaba de nuevo peligrosamente abocado a hundirme cuando apareció la segunda tabla de salvación. Con la muerte de Rocío muy reciente, un día estaba bañándome con mi hijo L'Rey, por entonces de seis años, a punto de cumplir siete. Empezamos a jugar con la espuma de la ducha. De pronto, empezó a trazar unos dibujos sobre el vidrio de la mampara que parecían unos arcos. Yo le seguí el juego haciendo más dibujos.

—Más grandes, papá, más grandes —me decía con especial entusiasmo, como si tuviera en su mente una idea muy clara de lo que quería dibujar.

Le hice caso. Los pinté más grandes, de modo que se miraba la espuma bien blanca. Él insistía en que tenían que ser más grandes todavía, más y más. Cuando aquellos arcos enfrentados eran lo suficientemente amplios para abarcar casi la totalidad del espacio del vidrio, se hizo hacia atrás y se quedó contemplándolos.

—Así eran, papá, así eran —dijo enigmático.

—¿Así eran qué, hijo, de qué hablas? —respondí yo, intrigado.

—Así eran las alas que tenía mi mana Rocío.

—¿Cómo? —volví a preguntar sin saber de lo que estaba hablando.

—Yo miré a mi mana Rocío anoche, papá.

—Pero ¿cómo así que viste a Rocío? ¿Cuándo, dónde?

—Sí, ella andaba como en las nubes y estaban bien suavecitas. Yo podía caminar despacio por las nubes para llegar a donde estaba mi mana Rocío.

—¿Y luego?

—Luego llegué a donde estaba Rocío y me platicó. Me preguntó "Papo, ¿qué estás haciendo aquí?". Le contesté, pues, que nada, que había ido a verla. Ella me encargó que les dijera a todos, a la tía y a ti, que ella está bien, que no tienen nada de qué preocuparse. Entonces yo me despedí y cuando ya me venía para regresarme, me volteé hacia un lado y vi a la tía Jenni.

—¿Que viste a la tía Jenni? —Mi pregunta era casi una exclamación, asombrado de lo que estaba escuchando, porque el tono de su voz y la expresión de su mirada delataban claramente que no se estaba inventando nada, sino que estaba describiendo a cabalidad lo que había vivido en su sueño.

—Sí, vi a la tía Jenni, entonces ella empezó a caminar hacia mí y cuando llegó hasta mí me dijo que estaba bien y me pidió que fuera *a good little boy*.

Aquello me acabó de estremecer y me erizó la piel. Esa frase de que fuera un buen niño era la que Jenni le decía siempre en inglés a mi hijo: *Be a good little boy*. Me describió la secuencia en detalle, la sonrisa de mi hermana, su voz inconfundible. No tengo duda de que habrá gente que pensará que el niño se lo inventó. Yo también hubiera podido pensar eso, para consolarme viendo lo mucho que estaba sufriendo si en lugar de él hubiera sido Lupita, si hubiera tenido 10 años o más, pero un niño de siete años no es capaz de tramar algo así. Su testimonio era sincero en aquel tono ingenuo, espontáneo y natural en el que relataba su visión de la noche anterior. Sus palabras eran el reflejo de la realidad que vio.

Esa prueba que me regaló el Señor sí fue un consuelo definitivo, un amortiguador eficaz. De hecho, entonces, lo tomé precisamente por ese lado, como un nuevo salvavidas que me lanzaban desde el cielo: por fin me di cuenta de que Dios me estaba mandando señales para ver la luz al final del túnel y yo no las estaba captando porque en realidad estaba muy mal, muy afectado por ambas muertes. Era un hecho que en la encrucijada de la tragedia que partió mi dolor y mi vida en dos mitades, coincidiendo con mi cuarta década de existencia, había una bruma que me impedía ver luz alguna en el horizonte y amenazaba con el hundimiento definitivo de mi carrera.

En todo ese tiempo de travesía por aquel desierto que se inició el 9 de diciembre de 2012, me había estancado. No tuve ganas ni ánimos para hacer nada más que emborracharme con mis músicos grabando. No faltó gente del medio que pensó que esta tragedia a mí me beneficiaba. Hasta ese punto llegaba la mezquindad de algunas gentes. Se pusieron a la ofensiva conmigo. El hecho de que yo dedicara una canción a mi hermana lo tachaban de grave error y lo criticaban duramente. No tuvieron la menor empatía conmigo, no pensaron por un momento que aquello era algo que yo hacía con sentimiento, como un gesto bonito en su memoria. Mi carrera me valía cinco en aquellos instantes.

Estaba completamente bloqueado, como me bloqueaba a veces en la soledad de mi embriaguez cuando cantaba aquella estrofa con la que se me quebraba la voz y me afloraba un grito y un llanto desconsolado sin poder terminar la canción:

Mas comprendo que llegó tu tiempo,
que Dios te ha llamado
para estar a su lado, así Él lo quiso,
pero yo nunca pensé que doliera tanto. (...)

El sueño de L'Rey hizo que por fin me diera cuenta de esas señales y dio un giro radical a la situación, frenó mi caída libre, cortó en seco mi alcoholismo diario, me tranquilizó y me hizo perder cualquier miedo. Desde entonces, empecé a remontar poniéndome a buscar la chamba y retomando mi carrera para salir adelante. Luego de mucho tiempo sin publicar nada, salí con *El Malo* en 2017. Saber que mi sobrina y mi hermana estaban bien reconfortó mi corazón y también el de Mayeli, cuya aflicción era igualmente severa. Nos salvó, aunque el dolor nunca desapareció del todo. Este dolor es algo muy mío, íntimo, un dolor enorme que cargo constantemente. He aprendido a vivir con él, pero es un dolor, al fin y al cabo, que siempre está ahí, dispuesto a aflorar ante cualquier estímulo. Regresa a cada rato, como entonces, cuando entró en erupción a mis 40 años, aquel domingo maldito de diciembre; como ahora, doce años después, que me toca rememorar aquel fatídico día, revivirlo paso a paso para contarlo tal como fue. Desde entonces, muchas cosas cambiaron, consecuencia irremediable de ver mi vida partida en dos mitades.

Capítulo 2

AQUEL DOMINGO MALDITO

Nací en domingo y este fue, minuto a minuto, el domingo maldito que casi me mata. Ha sido hasta ahora, sin lugar a dudas, el peor día de mi vida. Fue el domingo que tantas veces lloré implorando que no hubiera amanecido. Como dice la canción, estaba predestinado para sufrirlo a solas, pues no tuve en aquellos primeros instantes a mi exesposa al lado para poder desahogar los sentimientos. Maldita casualidad. Era sabido de todos que Mayeli iba conmigo a todos mis eventos, siempre estaba a mi lado. Casualmente, la única excepción, la única vez que no estuvo por causa de un leve contratiempo fue aquel día de la muerte de mi hermana. Cuando estaba a punto de arrancar, uno de los niños se enfermó. No era nada grave, pero ella lógicamente decidió quedarse. Me di cuenta con el pasar del tiempo que fue voluntad divina que yo pasara ese episodio solo.

Me puse en marcha con rumbo al otro lado del país acompañado por mi *road manager*, Irma Torres, y mi banda, compuesta de unos diez músicos. Me presentaba el viernes y el sábado en un importante club nocturno de la localidad de Raleigh, en Carolina del Norte. Eran apenas un par de noches fuera de casa, pero iba con cierto pesar porque mi esposa no me había podido acompañar y porque no iba a poder viajar a Nuevo León, México. Quedé tan emocionado con la visita que Jenni me había hecho el fin de semana anterior en mi presentación en el Rodeo Texcoco, que quería devolverle el detalle y la visita, máxime cuando vi que hizo *sold out* en tiempo récord para la Arena de Monterrey. Les dije a Irma y a Patty Chávez, mi representante, que no quería trabajar ese sábado, que de Carolina del Norte yo me iba para México a ver a mi hermana, pero no me hicieron caso y confirmaron una segunda fecha en Raleigh. Un escalofrío recorre todas mis entrañas al evocar aquello porque de haberle caído a mi carnala esa noche, habría sido más que probable que yo también me hubiera subido a aquel avión.

La presentación de ese día estuvo muy bien porque al poco tiempo de empezar a cantar, se inició el combate de boxeo entre Juan Manuel Márquez y Manny Pacquiao. Había junto al escenario una pantalla gigante por donde pasaban la pelea. Tuvimos que parar de cantar y nos pusimos a verla junto al público pisteando con un final muy feliz cuando Márquez noqueó a su rival. En plena euforia por el triunfo del púgil mexicano, reanudamos el *show*, tras el cual nos fuimos al hotel Marriott donde estábamos alojados, y me quedé un rato más tomando unos tragos con los músicos en el bar del *lobby* hasta pasadas las dos de la mañana, cuando cada cual se retiró a su habitación.

Llegué y caí profundamente dormido. Llevaría a lo sumo tres horas de sueño cuando me despertó el celular. Lo tenía en modo sonido activado. La primera llamada que me entró fue la de Irma. Estaba tan aturdido y adormecido que no la atendí, pero acto seguido vi que volvió a sonar el teléfono y en esta ocasión era Mayeli. Ante la imposibilidad de comunicarse conmigo,

Patty le habló a ella para que me marcara. Contesté la llamada y ahí fue donde recibí el primer golpe.

—Amor, ¿dónde estás?

—Aquí, en el hotel, ¿dónde voy a estar? ¿Qué pasó?

—Pasó algo muy fuerte, Lupe.

—¿Algo fuerte? ¿Qué pasó?

Justo en el momento que mi esposa me lo estaba diciendo quebrada en llanto, se cortó la llamada y escuché aporrear la puerta de mi habitación. A partir de ese momento me entró un terrible desasosiego y empecé a sospechar que algo no estaba bien. Me levanté y abrí. Era Irma Torres, quien visiblemente nerviosa y asustada me confirmaba que tanto a ella como a Patty les estaba marcando con insistencia Gabriel Roa, buscándome. En principio, no me habían querido pasar el teléfono, pero ante la insistencia —de hecho, Irma lo tenía en la línea en su celular— accedió a comunicarme con él.

Gabo es un conocido comunicador, amigo íntimo de Jenni, que justamente hacía pocas semanas ella me había presentado vía telefónica, un día que me marcó cuando andaban los dos bien pedos paseando por Rodeo Drive, desahogando el despecho por lo que había sucedido con Esteban Loaiza. Sin apenas conocernos, hubo una buena química entre nosotros y se convirtió en una persona clave en aquellas horas y un gran amigo en el futuro. Tiempo después, un pastor me diría que aquello no fue una casualidad. Mi hermana actuaba inconscientemente bajo una premonición, en este caso, la de dejarme conectado con personas buenas. Gabo era una de ellas.

Primero le había marcado a Patty, a quien no quiso soltarle la sopa por mucho que ella insistió. Cuando esta le dijo que no estaba conmigo, lo instó a marcarle a Irma. Irma, cumpliendo estrictamente su papel, no me quiso pasar a Gabo Roa cuando él habló la primera vez para avisar de lo que estaba sucediendo.

Él insistió en que era muy urgente y que solo podía decírmelo directamente a mí. Cuando por fin me tuvo al otro lado del celular, fue prudente y evitó alarmarme más de lo necesario.

—Compa, he recibido una información de una fuente del gobierno de México. La urgencia es porque no encuentran el avión de tu hermana Jenni.

—¡No chingues!

—No, no la encuentran.

—¿Y entonces qué hacemos? ¿Qué puedo hacer?

—De momento, avisar a tu familia para que no se altere.

—Pero dime, Gabo, ¿está serio el pedo?

—Está serio el pedo. Me temo que no van a ser buenas noticias, pero no se lo pintes así todavía a tu familia. El gobierno de México me dijo que necesitaban a alguien que conociera bien a Jenni, que no hiciera chisme y no haga un *show* de esto, que fuera fiable y discreto, que sea responsable, que les ayude con todo; y nomás con esa persona quieren hablar, Lupe. Yo les he dicho que esa persona tenías que ser tú, así que estate pendiente porque te van a hablar al rato. Sé que nos conocemos hace nada, pero sé lo que me dijo tu hermana y lo que tú me dijiste y sé que no me equivoco, que Dios te ayude —fueron sus palabras, evitando repetir lo que a él ya le habían dicho cuando le hablaron y le soltaron, sin anestesia, que su amiga se había muerto.

Acto seguido, recibí la primera llamada del portavoz del gobierno de México. Era el procurador general de la República personalmente. Me confirmó que había un problema grave: no encontraban el avión y todo apuntaba a un accidente mortal. No me dio más información, pero, de manera clara y tajante, me dijo que yo iba a ser el único interlocutor válido de la familia y que no se iban a comunicar sino conmigo para tratar tan delicado asunto.

—Mire, Lupe, le agradecemos su colaboración, esta es una noticia de impacto y queremos hacer las cosas como se deben hacer. No queremos hablar con nadie más, usted será el punto de contacto. No queremos saber nada de su papá, ni de su mamá, ni de sus hermanos, nada de nada; queremos que le quede claro esto. No vaya a confirmar la muerte de su hermana ni nada de nada hasta que yo le vuelva a llamar —así tal cual de rotundo me lo dijo.

—Pero ¿qué han averiguado?

—Estamos en ello. Sabemos que se perdió del radar y estamos tratando de averiguar con la torre de control de Monterrey. Por ahora, nadie encuentra el avión. No lo voy a engañar, todo apunta feo, pero vengo y le repito: le pido que no vaya a decir ni confirmar nada a nadie hasta que yo se lo confirme, porque queremos estar cien por ciento seguros de que el avión se accidentó y que su hermana iba dentro antes de anunciarlo.

Me quedé helado, prácticamente en *shock*. Inmediatamente, me dije a mí mismo que ante todo necesitaba actuar con frialdad para poder gestionar aquello adecuadamente. Ante dicha tensión, había que tratar de mantener la serenidad. Tal vez era una lucha desigual, la de tratar que mi mente derrotara a mis emociones y mis temores, pero así lo pensé varias veces cuando la angustia intentaba invadirme el cuerpo entero. Cualquiera de las hipótesis que yo manejaba en esos momentos era terrible: era un accidente o un secuestro. El hecho de que no me confirmaran lo peor hacía que inconscientemente albergara una esperanza.

Lo primero que hice fue tratar de localizar a mi papá y a mi hermano Pedro. Le marqué a mi papá quien, por fortuna, a pesar de las horas, contestó mi llamada. Le pregunté dónde estaba y me respondió que estaba viajando rumbo a Phoenix. Le pregunté por qué andaba manejando a esas horas para tomar valor antes de ir al grano.

—Apá, necesita regresarse ahora mismo porque hay un problema muy serio. Necesita regresarse e irse a la casa de mi mamá —fue textual la primera frase categórica que le solté.

Al notar el tono de mi voz, enseguida se puso en guardia y me preguntó por el motivo. Yo me quebré, me quedé en silencio y me regañó.

—¡Amárrese los huevos y dígame de una vez qué es lo que está pasando!

—Apá, lo que pasa es que no encuentran el avión de Jenni —respondí entre lágrimas.

—¡Chingada madre, yo lo soñé! ¿La secuestraron, chocó o qué es lo que pasó? —me preguntó ya con notoria angustia en su voz.

—Es lo que no sé, apá, eso es lo que todavía no sé, estoy esperando que me confirmen, pero me aseguran que es algo serio. Por eso necesito que se regrese de una vez. Yo igual necesito agarrar para Monterrey.

—Pero ¿cómo vas a jalarte para allá sin saber lo que ha pasado? Puede ser peligroso.

—No, apá. Pues, si toca, lo voy a hacer porque es mi deber, pero ahorita de preferencia necesito que se regrese a la casa porque no sé si se trate de un ataque o, la verdad, no sé. Voy a tratar de averiguarlo lo antes posible.

—Bueno, hijo, está bien, yo me regreso.

La segunda persona a la que llamé seguidamente fue a mi hermano Pedro.

—*Bro*, no encuentran el avión de Jenni. Necesitas ir a la casa de mi amá, necesitas desconectar la televisión, desconectar el internet. Desconecta todo y no la dejes contestar el teléfono.

Mi mamá tenía la presión alta y diabetes. Yo no quería que mi amá se me enfermase por el impacto de cuanto pudiera escuchar o ver una vez que la noticia se filtrase a la prensa.

—Pero ¿estás seguro, *bro*? —me preguntó Pedro con cierta incredulidad, contrariado a su vez por lo que le estaba diciendo y lo que le estaba pidiendo.

—Seguro, *bro*, la información viene directamente del gobierno de México.

En esos momentos, mi obsesión era proteger a mi mamá. Intenté en vano ponerle puertas a ese campo pidiendo ayuda a la desesperada con todos los contactos que tenía en los medios. Recuerdo hablar con periodistas de confianza, como Ninette Ríos. Le marqué varias veces, pero ella tenía el celular apagado. Hasta que lo prendió y me pude comunicar. Le supliqué, llorando, que me hiciera el gran favor de que Univision aguantara algo la información hasta la confirmación oficial, porque Telemundo ya la había soltado anunciando la muerte de mi hermana. Mi mamá solo veía Univision en las mañanas y me daba pavor que pudieran soltarlo antes de que mi hermano alcanzase a llegar a la casa. Ninette me conectó a través de Luz María Doria con Daniel Coronel. Le imploré que aguantara, argumentándole que no teníamos confirmación oficial. Fue una gestión baldía. Tratar de parar esa noticia era poco menos que una misión imposible. La fuerza informativa del suceso era como un inmenso tsunami mediático que de ninguna manera yo iba a poder detener por mucho empeño que le pusiese al asunto.

Mi siguiente llamada fue a mi hija Ayana. Daba la casualidad que esa misma noche se había casado Karina, la hija de Gustavo. Mis hijas y todos los primos andaban con ella celebrando el matrimonio en Las Vegas.

—Mija, algo pasó. Tienes que quitarle el celular a todos tus primos y a tus hermanas inmediatamente; no queremos que nadie tenga acceso a las noticias. El avión de tu tía Jenni no lo hallan y no sabemos qué ha podido pasar.

Ayana se puso histérica. Asustada e impactada, trató de reaccionar y hacerle caso a lo que le había dicho. Todos los hijos de Jenni andaban allá enfiestados. Le pedí a su novio que me hiciera el paro y nos ayudara con eso, pues no sabía cómo iba a reaccionar la gente. De hecho, provocó un incidente porque una de ellas quiso saber qué estaba pasando.

Seguidamente le marqué a mi carnal Juan para contarle y pedirle que se fuera de volada a Las Vegas por toda la raza, para llevarla a la casa de mi mamá. Cuando llegaron, la noticia estaba ya en todos los medios. En un descuido de mi hermano Pedro, entró una llamada a la casa y mi mamá contestó. Cuando le dijeron que no encontraban el avión, se desmayó. En cuanto se recuperó, me marcó desesperada preguntando por lo que estaba pasando. Yo ahí me quebré y sin parar de llorar acerté a decirle apenas que no lo sabía. Fue una conversación muy dura. Ella insistía que no fuera cruel y le dijera, y yo entre sollozos apenas le respondí que no podía.

Mi hermano Juan quiso aferrarse a la menos mala de las hipótesis. A las siete de la mañana, luego de que los medios soltaron la noticia, me habló para decirme que a él se le hacía que a mi hermana se la habían llevado. Cuando le pregunté por qué decía eso, su respuesta fue tajante. Había hecho alguna averiguación con sus contactos y, al parecer, había un avión abandonado en San Luis Potosí que podía ser el de Jenni.

—No creo que haya chocado, carnal. A mí se me hace que la secuestraron. Tenemos que tratar de averiguar: ese avión de San Luis puede que sea el suyo —me dijo.

—A toda madre, si tienes el contacto y conoces gente, pide de una vez el paro. Yo voy a moverme también con mis contactos.

Como quien se agarra a un clavo ardiendo, yo también quise creer que tal vez el avión accidentado no era el de Jenni y atendí las palabras de mi hermano menor como una vía para desahogar la ansiedad que acumulaba en aquellas horas interminables. Me quedé con el pensamiento de que un narco había secuestrado a mi carnala y tenía cómo llegar a quienes podrían saber dónde estaba. La cantada te proporciona muchos contactos, llegas a conocer gentes con las que poderte comunicar en momentos así.

No era una misión fácil. Era una época en la que los cárteles mexicanos estaban de pleito cerrado entre ellos, pero en la desesperación del momento no tenía otra vía que acudir a esa gente sin saber si de pronto me iba a meter en camisa de once varas o en algún problema personal por querer aliviar la zozobra en la que estábamos inmersos. Sin embargo, fue todo lo contrario, lo cual me sorprendió gratamente. En cuanto hice el primer contacto, me dijeron que esperara para poder establecer una comunicación segura. Al poco tiempo de haber solicitado la comunicación, un emisario llegó hasta el hotel con un radio Nextel que me llevaron a la habitación para que hablara a través de él con el capo. Lo primero que le dije fue que, si ellos se habían llevado a mi hermana, yo tomaba el lugar de ella.

—No, señor, nosotros no tenemos a la muchacha.

—Ya suponía que ustedes no, solo que hay un avión abandonado en San Luis Potosí que puede ser el de ella. Ya sé que andan de pedo con esa plaza, pero ¿ustedes podrían hacerme ese paro y averiguar? —pregunté con el mayor tacto posible porque el cártel al que acudí estaba enfrentado con la gente de San Luis Potosí. Pero su respuesta fue inmediata.

—Claro, cómo no, yo te lo averiguo, ¿quieres que te lo averigüe?

—Por favor. Y de una vez les va diciendo que si la tienen secuestrada yo me cambio por ella.

—Está bien, dame chance. Mantente ahí a la escucha en el aparato.

Escuché nítidamente la llamada que hizo y la plática:

—Hombre, compa, mira nomás, ¿qué tripa se le rompió ahorita?

—Pos, ninguna por demás. Le hablo porque hay una situación: que no aparece el avión de la cantante Jenni Rivera. Pos, mira, aquí tengo al hermano que te está escuchando, que dice el pelón de oro que se está reportando un avión abandonado en tu territorio y, pos, quiere saber si tú la tienes nomás. De paso, dice que si tienes a la hermana, que él va a por ella, que la sueltas y él se queda.

—Pos, no, compa, cómo la ve, yo no la tengo. Pero, pos, marquémosle a las otras gentes por la radio a ver. Vamos a hacer el paro por el compa. Un día de estos, tú y yo nos vamos a dar en la madre, pero ahorita hagamos el paro por el compa, cabrón.

—Chingón, no hay pedo, le agradezco de veras —respondí yo para que me oyera.

En ese momento volvió a dar timbre y entró otra radio. Era alguien más, dueño de otra plaza importante. Aquella voz se pronunció de similar manera, dirigiéndose directamente a mí.

—No, compa, nosotros no la tenemos, y si la tuviéramos ya te la habríamos entregado, cabrón, pos, te respeto y te admiro.

—Mis respetos, señor, muchas gracias. Ahí estamos a la orden, el día que se le ofrezca, ya sabe —le respondí yo.

—Ahí estamos, mi compa, marquen este otro radio.

La señal de aquel aparato marcando a otra importante plaza volvió a sonar, hasta que respondieron. Hablé yo directamente:

—Soy Lupillo Rivera, me dieron su contacto a través de estas personas que usted conoce.

—Oh, sí, claro, ¿en qué le puedo ayudar?

—No, pos, es que se desapareció el avión de mi hermana y estoy tratando de averiguar si alguien la tiene.

—No, compa, nosotros no la tenemos por acá por este lado. Si la tuviéramos, ya sabe que le dijéramos, ahí sí tiene nuestros respetos.

El respeto con el que esas personas tan pesadas me trataron en un momento así y la predisposición positiva de todos los jefes de plazas importantes a los que les pedí ayuda fueron un impacto que añadir a la turbulencia emocional en la que me encontraba inmerso. Ese día hubo una tregua entre todos ellos para tratar de encontrar a mi hermana. Dentro del mal rato que estaba pasando, aquel gesto se me hizo honorable. Yo les di las gracias y les dije que les debía un paro a todos ellos.

La reacción positiva de esos señores acarreaba, sin embargo, una dosis mayor de angustia para la familia, pues todos unánimemente me aseguraron no tenerla ni saber nada. Confirmaron que el avión de San Luis Potosí no era el de Jenni. Cuando le volví a hablar a Juan para contarle, no lo quería aceptar.

—¿Sabes qué, *bro*? A mí se me hace que se estrelló el avión —le dije.

—¿Cómo? No, *bro*, no puede ser, no puede ser... Yo la voy a seguir buscando por mi lado —repetía mi carnal una y otra vez, terco, como queriendo negar el terror de la tragedia que estaba por derramarse por completo sobre la familia, no queriendo reconocer que eso no dejaba más salida que la hipótesis de un siniestro y un trágico final.

Las horas pasaban en medio de un infierno de angustia y ansiedad en el *lobby* de aquel hotel, donde Irma y todos los miembros de mi banda permanecían a mi lado, arropándome en aquellos momentos tan complicados. Dándole vueltas a la cabeza, me acordé de otra persona que podría adelantarme información. Patty Chávez me echó una mano con otro buen compadre con el que tanto ella como yo hemos mantenido siempre una buena amistad. Se trataba de una importante personalidad muy bien relacionada con las autoridades mexicanas —cuya identidad prefiero no revelar—, que aquel fin de semana se encontraba de paseo con su familia en Las Vegas. Cuando Patty pudo contactar con él, tras despertarlo en las horas de la madrugada en Nevada, le pedí si me podía averiguar qué había pasado porque mis noticias apuntaban a que a mi hermana le había ido muy mal, pero no podía con la angustia de esperar a una confirmación oficial.

Esta persona contactó con el responsable de la torre de control de Monterrey y le confirmaron que había despegado a una determinada hora un avión que coincidía con la información que yo le di de la placa y el número de tripulantes. Fueron muy claros. El vuelo se perdió en un momento dado del radar. Preguntó si era posible que se hubiera perdido por volar a baja altura a causa de un posible secuestro para no ser rastreado. Esa posibilidad era completamente imposible: si el avión hubiera desviado su rumbo, aun volando casi a ras de suelo, habría sido detectado. Las autoridades de Nuevo León le aseguraron extraoficialmente que solo había dos opciones: el avión se había estrellado en una montaña o había explotado en el aire. Así de claro. No fue capaz de llamarme directamente a mí. El aprecio que nos tenemos le hizo un nudo en la garganta y prefirió volver a llamar a Patty para comunicarle lo que le habían dicho. Fue ella quien me marcó de inmediato para transmitirme las malas noticias. Me mandaba a decir de una vez que me fuera a Monterrey a buscar los restos de mi hermana. No había nada que hacer.

Sumido en ese dolor y esa zozobra, nada podía hacer para no desobedecer al gobierno de México. El procurador fue muy tajante cuando me dijo que esperara hasta que me lo confirmaran de manera oficial. Tenían certeza del accidente, pero no de que mi hermana iba dentro de la aeronave. Ese fue el motivo de tanta demora y la última esperanza a la que yo me podía aferrar para aguantarme de volver a llamar a mi papá para soltarle la noticia.

Me desahogué con mi primo Juan Martínez, quien me daba ánimos a través del teléfono, porque le confesaba que estaba que ya no aguantaba más.

—Primo, no me quiero rajar, pero está cabrón el pedo. Han pasado ya doce horas y nada que me confirman del gobierno de México. Pero no hay nada que hacer, yo ya sé lo que pasó y no aguanto más, primo, no aguanto más…

—Aguante, primo, aguante. No hay otra opción, primo, aguante que no hay otra opción —me insistía, viendo mi desesperación y cómo se había prendido la mecha de los noticieros, que andaban por todos lados especulando sobre lo que podría haber pasado.

Fue justo mientras hablaba con mi primo —eran aproximadamente las siete de la tarde y yo había salido a platicar; estaba oscureciendo— que me pasaron desde otro teléfono la llamada que oscureció definitivamente mi vida. Gabriel Roa se convirtió en la llamada oficial que confirmaba la muerte de mi hermana. Esa última esperanza remota de que mi información fuera errónea se desvaneció cuando, llorando, me dijo que el gobierno de México había confirmado la muerte de mi hermana y me mandó unas fotografías que le habían enviado a su celular. Ahí fue donde pegué el grito. De rabia e impotencia empecé a darle golpes a un carro sobre el que estaba recargado con los dos celulares. Todos los amigos de la banda estaban alrededor y se quedaron sin respiración. Solté los teléfonos y salí gritando y corriendo desesperado sin dirección. Conforme uno salía, había un estacionamiento y al frente pasaba una autopista amplia, de las que se conocen en Estados Unidos como *freeways*, separada tan solo por un seto de árboles. En mi carrera, poseído de ese dolor extremo, avanzaba rumbo a la vía ignorando que el primer camión o el primer carro que pasase se podía llevar mi cuerpo por delante. Era una carrera hacia el abismo entre gritos desgarrados.

La gente de mi banda, al verme salir de esa manera, corrieron detrás de mí, temerosos de que en mitad de aquella enajenación pusiera mi propia vida en peligro entrando a la autopista. Uno de ellos, Santiago Mata, a quien todos conocíamos por su apodo de "El Chagui", que en paz descanse porque ya falleció, logró alcanzarme en el seto, se aventó y me tumbó con la misma fuerza y eficacia del mejor *stopper* liniero de la NFL. Caímos los dos al suelo. Un segundo músico que venía justo detrás, al que le decíamos "La Bolsa", se tiró encima de mí para abrazarme, allí tirados sobre el suelo. Me abrazaban duro, sin soltarme, hasta que dejé de hacer fuerza por zafarme, y todo el ímpetu de mi cuerpo se concentró en los gritos sobre el suelo en una secuencia de negación de la realidad que resultaba dramática.

Fue un momento de descontrol absoluto. Fue el desahogo final de tantas horas acumuladas tratando de contenerme, tratando de mantener la mente y el corazón fríos para manejar con serenidad la situación como cabeza de familia elegido en aquellos instantes. Viéndome allí, golpeado por el placaje y por la vida, polvoriento y raspado, me derrumbé en un llanto inconsolable. Fueron unos minutos que difícilmente olvidaré. Poco a poco, me fui calmando. Me ayudaron a ponerme en pie. Debía regresar al *lobby* y reaccionar a como diera lugar, porque se venía la peor parte. Le pedí a una persona de confianza de mi banda, David Quiñones, que hiciera el favor de ver las fotos que me habían enviado. Las miró y ahí mismo las borró. Era mejor que yo no las viera. Bastante *shock* tenía ya encima.

Traté de recobrar la serenidad y de volver al papel que tenía asignado, que requería de mucha entereza. Mi primo, al que había dejado con la llamada abierta, volvió a marcar y me dio mucho ánimo.

—Primo, ahora tienes que estar fuerte y entero. Si te toca ir, vas bien presentable y sereno. Después lloramos todo lo que haya que llorar, pero ahora fuerte y a echarle muchos huevos al pedo, primo. Te quiero un chingo.

Así debía ser. Tenía que comunicarle la noticia a mi familia. Le marqué a mi papá de nuevo. Fue una conversación de mucha pausa y muchos silencios. La misma emoción de aquellos momentos aflora en mí inevitablemente a la hora de contarlos delante de una grabadora. La garganta se me anuda, la mano se me va hacia el vaso para aliviar con ese trago la memoria de aquel instante. El silencio en la grabación es similar al primero que se hizo con mi jefe nada más contestó.

—¿Cómo estás, hijo?

—Pues aquí aguantando, apá. ¿Usted cómo está, bien?

—¿Dónde estás?

—Pues, aquí sigo, en Carolina, ya voy a agarrar el avión para la casa.

—¡Ah! Vienes para la casa, ¿no vas para Monterrey?

—No, apá, voy para la casa —respondí entre sollozos.

—¿Qué tienes, cabrón, qué novedades hay? —preguntó presintiendo por mi tono y mis silencios lo peor.

—Pues, ¿qué le puedo decir, apá?

—¡Pues dime, cabrón! ¡Échale huevos!

—Pues qué le digo, apá. Me acaban de hablar otra vez de allá, de México.

—¿Qué pasó? ¿Quién te llamó?

—No, pues, la gente que me está informando del accidente, la misma que me avisó. Me acaban de confirmar la muerte de Jenni, apá.

—¿Qué? —Fue la última palabra que le alcancé a escuchar del otro lado, una interrogación que era una exclamación completamente desgarrada que precedió a su reacción y su llanto.

Empecé a escuchar los gritos de mis hermanos y las personas que estaban a su alrededor clamando por mi padre, que entró en una crisis nerviosa severa. Mientras, al otro lado del auricular, trataba de mantener la calma dentro de la preocupación por mi jefe, esperando que alguien me atendiera para confirmarme que estaba bien. Allá estaban todos reunidos en la casa de mi mamá, pasando juntos aquellas horas de angustia hasta que llegaron nuevas noticias, que no pudieron ser peores, por desgracia. Finalmente, mi hermana Rosie agarró el teléfono.

—Lupe, ¿qué fue lo que le dijiste a mi apá? —me preguntó toda alterada.

—Pues, le conté que ya me han confirmado la muerte de Jenni, Rosie, se nos fue —repetí quebrado nuevamente entre lágrimas.

Mi hermana reaccionó mal. Se mostró incrédula ante lo que acababa de anunciarle. Patty Chávez me aconsejó arrancar de una vez para Monterrey; creía que cuanto antes fuera sería mejor. En esos momentos, la única duda que teníamos era si había sido un accidente o un atentado. Estaba decidido a volar cuando me volvieron a hablar del gobierno de México para decirme que mejor me fuera a Los Ángeles a reunirme con mi familia y que si me necesitaban en Monterrey me avisarían. Ya habían empezado a verse las primeras imágenes en televisión de los restos del avión y de objetos destrozados desperdigados por la zona, entre ellos, jirones de un vestido. El único consuelo era pensar que mi familia estaba aislada de todo eso, recluida en la casa de mi mamá. Mi sitio estaba allí.

Irma Torres me ayudó a buscar un vuelo y nos fuimos a Los Ángeles con Alfredo y los demás del equipo de trabajo. Justo estábamos aterrizando en California, en el aeropuerto LAX, cuando nada más prender el celular me entró una nueva llamada del gobierno de México. Ahora sí necesitaban que fuera a Monterrey para hacerme una prueba de ADN y cotejarla con los restos que se habían hallado presuntamente del cadáver de mi hermana.

Aquello me volvió a golpear duro. Me puse a orar, porque era consciente de que estaba ante la prueba más difícil que me había tocado afrontar hasta ese momento en la vida.

Llegamos a la casa de mi mamá, donde me reuní también con mi exesposa Mayeli, que se había desplazado previamente. La tensión era enorme. Nadie quería creer la información que me habían proporcionado desde México. Las fotografías que me mandó Gabo se habían eliminado: no iba a permitir que nadie de mi familia las viera, así hubieran sido una prueba definitiva en aquellos momentos que les hubiera aterrizado de golpe y porrazo a una realidad que se resistían a admitir. Mi mamá me dio un fuerte abrazo llorando. Todavía no quería creer lo que estaba pasando. Me miró y la miré.

—Amá, se nos fue. Se cayó el avión de Jenni y me confirmaron su muerte —respondí sollozando. Ella se negaba a admitirlo. Igual mi papá.

—No, hijo, es que tienen que estar equivocados. No pudo haber pasado eso porque lo hemos visto en las redes —me dijo mi apá.

Conforme llegué a la casa, me contaron lo que había sucedido y por qué no me creían. Alguien había accedido a la cuenta oficial de Twitter de mi hermana Jenni y la había hackeado. Escribieron que estaba viva y que estaba cerca de un arroyo. Mi familia se puso a buscar en Google el lugar del accidente y descubrió que efectivamente allí había un arroyo. Todos se aferraron a eso, al instinto humano de la última esperanza, de la negación de la tragedia. No tenían más idea en mente en esos momentos que organizar el viaje a México para ir hasta ese arroyo a buscarla. Había una cantidad enorme de gente dispuesta a acompañarlos, como unas cincuenta personas. Los alrededores de la casa de mi mamá en Lakewood se llenaron de fans y reporteros. Salimos a dar una breve declaración en la que yo apenas podía articular palabra, y donde expresamos nuestra fe en aferrarnos a través de la oración a ese pequeño porcentaje de posibilidades que quedaban de que Jenni estuviera viva.

Volví a llamar al enlace oficial con el gobierno de México para ponerle al corriente de lo que estaba pasando. La respuesta del procurador fue tajante.

—No puede ser, señor Rivera. No hay la más mínima chance de que esté en ningún arroyo. No hay la más mínima posibilidad de que haya sobrevivido. Lo que sí necesitamos es, como le dijimos, que viaje a Monterrey para tomarle una muestra de ADN y confirmar si los restos son los de su hermana o no.

Aun así, seguían sin creerlo. Toda mi familia se volvió furiosa contra mí. Fruto de la tensión del momento, llegaron incluso hasta decirme que yo quería que pasara eso y por eso estaba diciendo lo que estaba diciendo. Fueron momentos muy complicados para todos, en los que se dijeron atrocidades irreproducibles. Prácticamente, me culparon a mí de lo sucedido. Fue muy duro escuchar aquellas barbaridades. Mayeli entró a defenderme y se armó un pleito enorme. En mitad de esa tensión, intenté poner paz entre todos y mantener la serenidad, porque algunas palabras de mis hermanos sí eran muy hirientes y en aquellos momentos tenía bastante con lo sucedido como para ponerme a pelear por esas ofensas. Si no lograba mantener la calma, aquello podía convertirse en un infierno. Por tanto, respiré profundo, me puse a la defensiva y traté, de la manera más apaciguada posible, hacerles ver que simplemente yo estaba siendo interlocutor de las autoridades mexicanas, haciendo lo que me decían.

Nos calmamos, nos sentamos y expuse la cosa como estaba. Debía ir a Monterrey para hacer las pruebas de ADN. Eso provocó una nueva bronca. Patty Chávez, que había viajado para reunirse conmigo allí, lo confirmó. El conflicto ahora estaba en el hecho de que fuera yo el que viajara. Los hijos de mi hermana, por aquel entonces, le tenían más confianza a Juan que a mí. Ellos querían que fuera él quien se desplazara a Monterrey. Traté de hacerles ver que el gobierno solo me quería a mí de interlocutor, a él no lo iban a aceptar. Para zanjar aquello, mi papá tomó una decisión salomónica: que viajáramos tres hermanos —Juan, Gustavo y yo, incluso él mismo—, pensando más en buscarla en el arroyo que en cualquier otra cosa.

Seguí la corriente de mi familia para evitar chocar con ellos. Por otro lado, lo entendía. Yo mismo hubiera actuado igual y me hubiera aferrado a cualquier clavo de esperanza de no haber tenido la certeza que yo tenía, que además me puso en guardia. Pensé en la posibilidad de que hubiera sido un atentado. En ese caso, desplazarnos toda la familia hasta allá podía ser una pésima idea. Tuve que sacar agallas y, en contracorriente de todos, hablarle a mi padre seriamente.

—No, apá, no podemos hacer eso. Es una irresponsabilidad, créame, no sabemos si haya sido un atentado o no, qué tal si vamos para allá y nos dan en la torre a todo el mundo. No, apá, no voy a permitir eso, se pongan como se pongan mis hermanos.

—Pero cómo que no —me interpeló rápidamente, tan rápido como yo le insistí con más fuerza.

—Como que no, apá, no lo voy a permitir. No voy a dejar que vaya nadie de la familia a poner su vida en peligro. Yo tengo que ir, pero a mí me van a proteger. No se preocupe por mí que voy a estar protegido, pero usted, Pedro, Juan, no, en absoluto, no vamos a ir.

Se desató otra ardua discusión con mis hermanos hasta que finalmente se decidió que fuera yo y me acompañara un hermano. Se hizo una rifa para eso y salió Gustavo. Los hijos de Jenni no se mostraron conformes: insistían en que fuera Juan. Zanjamos el asunto con que viajaríamos los tres. Nos subimos al avión y llegamos temprano en la mañana a la capital regiomontana.

Nada más llegar, Patty lo tenía todo organizado. Nos dio toda clase de facilidades, sobre todo a mí. Como no sabíamos lo que estaba sucediendo, ahí mismo en el aeropuerto nos puso camionetas blindadas y todas las medidas de máxima seguridad para proteger todo el operativo. Allá estaba involucrado el gobierno y no teníamos idea del alcance del suceso ni de la organización que pudiera estar detrás de este. Patty había hecho sus averiguaciones.

—Lupe, honestamente, no sé si sea accidente o no —dijo de forma escueta, con una expresión que no dejaba dudas del alcance de la tragedia y de lo que ella en realidad pensaba sobre la disyuntiva que quería plantear. No había nada que hacer.

—Entonces es que usted sabe algo —le respondí tratando de descifrar su mirada.

—Sí, yo sé. Hay muchas cosas que no están bien, y como no están bien, no puedo yo decirles así nomás tan tranquila que fue un accidente. No te puedo decir eso.

—¿Por qué? ¿Las cosas que no están bien invitan más bien a pensar que no lo fue?

—Pues, qué te digo...

Evitaba ser explícita por la incomodidad y delicadeza del asunto, pero no era necesario que lo fuera: me quedaba muy claro su mensaje. No se iba a demorar el día en que me contaría todo lo que llegó a saber.

La tirantez con mis hermanos no cesó. Seguían en una actitud negacionista e impertinente con las autoridades mexicanas que facilitaron de inmediato un helicóptero para llevarnos al lugar del siniestro y que ellos vieran, con sus propios ojos, que por desgracia todo era verdad. Se enojaron porque les dije que no podía acompañarlos al lugar del suceso. Por aquel entonces, yo estaba recién operado de la rodilla. No podía subir escaleras y menos caminar montes por terrenos agrestes y rocosos como los que nos tocaba patear. Juan y Gustavo subieron al monte y yo me quedé abajo con todo el papeleo que había que hacer. Al regresar del paraje, trajeron el bolso que habían encontrado, donde mi hermana cargaba el dinero y la Biblia, y me hicieron ver el hecho de que habían quedado unas hojas del libro sagrado intactas. Solo tenían como un perímetro quemado a su alrededor, pero se leían íntegras todas las palabras, mientras la bolsa y el dinero estaban destrozados. De hecho, Juan lo cargaba en las manos como si fueran virutas de papel.

Me solicitaron que viera los restos de Jenni. Me advirtieron que no existía un cadáver como tal sino pedazos del cuerpo sueltos que pudieron rescatar. Precisamente por eso, se necesitaba la prueba del ADN. No fui capaz y me alegro de no haberlo sido. Aquella imagen me hubiera acabado de destrozar. Hice la prueba y el forense confirmó al cien por cien que los restos que tenían eran los de mi carnala. Mis hermanos no lo aceptaban y armaron un escándalo. Decían que no le tenían confianza al gobierno y se empeñaron en ver los restos, pero yo me puse firme y lo impedí. Le dije rotundamente al procurador que no iba a permitir que nadie viera a mi hermana así, al tiempo que trataba de calmar a mis carnales. Alguien allí debía mantener la frialdad necesaria para gestionar aquella tensión. Tuve que disculparme con el procurador y con todo el mundo, y pedir a Juan y a Gustavo que se serenaran, porque no sabíamos qué había pasado. Podían comprometer su propia seguridad y bastante teníamos ya con lo que había como para agravar la situación.

Le pedí a Patty que nos ayudara con los contactos que ella tenía en las funerarias para que embalsamaran los restos de mi hermana, de modo que pudiéramos acabar todos los trámites para llevarla con nosotros a la casa. Le pedí otro favor, ya avanzada la madrugada. Estaba tomando y no podía dormirme, no hallaba el modo de hacer algo para quitarme el dolor de encima. Entonces se me ocurrió algo. Le pedí que me apartase el estudio.

Aprovecharía el tiempo y el insomnio para matar la angustia grabando la canción "Yo te extrañaré", que tan solo unos días atrás había programado grabar con Jenni mientras cenábamos en la casa. La pista ya estaba lista, la había hecho el maestro Manuel Cázares, preciso tras haber acordado mi carnala y yo grabarla a dúo. Eran las dos y media de la mañana cuando me puse a meterle la voz a esa canción y desahogar así mi pena. Eso también provocó el enojo de mis hermanos. Ahí sí me valió madres, no iba a ponerme a discutir por algo que me nacía del corazón.

Nos entregaron los restos de Jenni ya embalsamados en una caja chiquita, donde la transportamos en caravana, con una carroza que yo personalmente manejé para celebrar una pequeña ceremonia religiosa en una capilla de San Nicolás, Nuevo León. Nos tomamos una fotografía en la que la estamos besando los tres hermanos. Después, nos dirigimos con el cortejo fúnebre al Aeropuerto Internacional de Monterrey, desde donde embarcamos de regreso a Los Ángeles a bordo de un vuelo privado. Nuestra llegada a Long Beach fue retransmitida en vivo por televisión. Al aterrizar, había otra camioneta fúnebre esperando. Los restos se fueron camino de la funeraria y nosotros nos fuimos a casa de mi mamá. Ni mis papás ni mis sobrinos vieron jamás, por fortuna, aquella diminuta caja, solamente el cajón que todo el mundo vio en la ceremonia del Anfiteatro Gibson.

Al llegar, la tragedia fue todavía mayor. La casa de mi mamá era ya un circo atiborrado de periodistas y fans. Otra vez, me tocaba llegar con la misma noticia. No olvidaré los ojos de mi apá, su mirada cuando llegamos y le dije, ni el semblante abatido de mi mamá, porque ellos no lo acabaron de creer hasta que regresamos a Los Ángeles con los restos de mi hermana. Mi mamá nunca acabó de creerme. Necesitó escucharlo de la boca de Gustavo y de Juan para darse cuenta de que no volvería a ver más a su hija. Es lo más duro que me ha tocado aguantar en la vida. Los gritos y llantos corales de todos mis hermanos, mis sobrinos, mis hijos y la familia entera son algo que me acompañará en ese dolor que partió mi vida en dos y que estará conmigo por siempre.

Me vine completamente abajo, estaba exhausto de dolor. Le dije a mi jefe que ahí estaba mi carnala, que mi chamba terminaba ahí. A partir de ese momento, necesitaba que otra persona se hiciera cargo de todo lo que faltaba por hacer en conversaciones con el gobierno de los Estados Unidos y en la organización de las exequias. Estaba vacío, no hallaba fuerzas ni para respirar. Me fui a la casa y me quedé solo. Me emborraché. Fue la constante desde ese día en adelante durante muchos meses.

Se organizaron dos ceremonias: el homenaje público que tuvo lugar en el Anfiteatro Gibson el 19 de diciembre en las horas de la mañana, y el funeral privado familiar del panteón el 31 de diciembre. En la primera, se colocó el ataúd cerrado entre el escenario y el público. La ceremonia fue transmitida en directo por internet y por televisión.

A la tristeza lógica de la situación, se añadió otra cuando tuve la idea de proyectar el video de la grabación de "Yo te extrañaré" después del pequeño discurso de poco más de dos minutos que hice, las palabras que más me han costado pronunciar en público en toda mi vida. Me referí a nuestro último encuentro como el mejor regalo de mi vida, cuando me dio ese abrazo y me dijo que me amaba. Yo quise darle de vuelta otro regalo, un pequeño homenaje en su memoria, para sus hijos y para toda mi familia allí presente. Un regalo en forma de canción que por entonces confesé no ser capaz de cantar en público. Mis últimas palabras salieron entre lágrimas a borbotones de emoción antes de dar paso al video.

—Jenni, yo te extrañaré, siempre estarás en mi corazón, siempre te amaré y nadie te igualará. *I love you.*

Regresé a sentarme al lado de mi familia mientras comenzaba a sonar la canción. No pude dejar de llorar, ni mientras sonaba la canción en plena ceremonia ni en todos los momentos posteriores, cuando comprobé, una vez más, que ese gesto que yo había preparado con todo el amor del mundo era procesado por el prisma mezquino de esos medios sensacionalistas y faltos de todo escrúpulo, que se pusieron a darme duro sin tener idea de cómo eran las cosas. Hubo quien dijo que yo nomás había ido a Monterrey a grabar la rola para tomar ventaja de la situación en lugar de ir a buscar a mi hermana. ¿Cómo se podía ser tan infame? De todas las notas crueles que he padecido en mi vida, esas fueron sin duda las peores. La gente debe entender que para un artista la música es una terapia, el mejor desahogo posible. Por eso todos los compañeros, todos los solistas, todas las agrupaciones y todos los músicos en general me entendieron tanto con lo de aquella canción como después que pasó todo y me hundí en la bebida. El propio maestro Manuel Cázares me animaba para meterme al estudio a grabar cuando supo de la crisis en la que caí tras aquella trágica pérdida.

—Estos sentimientos que traes, Lupe, necesitan que te metas al estudio. Al mismo tiempo, hacerlo te va a ayudar a componerte y a evadirte del problema, pero necesitas bajarle al alcohol: eso te va a matar.

Luego de haberse proyectado el video, saqué fuerzas para cantar junto al ataúd la canción "Sufriendo a solas". En principio, dije que no lo iba a hacer, pero la emoción del momento me dio fuerzas. Una vez que nos pusimos de pie con la banda allí presente, me lo pidieron y lo hice. No me podía rajar. Tenía que sacar la raza de artista por mi hermana. Como siempre habíamos platicado, el artista debe ser duro y frío en momentos así.

El *show* debía continuar. Hubo un momento en que me atoré por la emoción. Le eché coraje. Creo que, si me hubiera quebrado a mitad de la canción, el público no me habría perdonado. Supe reponerme y llegar hasta el final. Entonces sí me quebré completamente y lloré en el regazo de mi hermana Rosie hasta quedarme seco de lágrimas.

Patty Chávez y yo coincidimos en una ocasión en Miami más o menos en la época en que finalizaron las investigaciones. Tomamos hasta emborracharnos. Esos tragos volvieron a amargar el recuerdo de diciembre de 2012, de las cosas que entonces no me quiso contar y que salían del dolor de su corazón con dirección al mío. Le dije que había aprendido a convivir con ese dolor, que tras aquel domingo maldito volví a nacer en cierto modo, como un ave fénix que renace de las cenizas de la pena más grande de toda su vida. Lo que no te mata te fortalece, sobre todo espiritualmente. Necesitaba esa fortaleza para poder afrontar ese tipo de conversaciones. En una de esas borracheras, me confesó que había grabaciones con unas pláticas y unos contactos en las que se habían dicho cosas que dejaban poco margen para la duda de lo que sucedió aquel fatídico día.

Hay cosas que nunca les he contado a mi papá ni a mi mamá para no remover la herida, pero el asunto para mí, con la información a la que tuve acceso, está muy claro. En esas grabaciones se puede escuchar cómo el piloto, por alguna razón, se niega a emprender el viaje y la gente de la torre de control señalaba que no iba a soltar el avión. Rápidamente, recibieron una orden amenazante de que por supuesto que lo iban a soltar y que el avión debía salir sin demora alguna. Había una insistencia muy pesada con una voz siniestra e inconfundible para que la aeronave de mi hermana despegara. La voz que decía una y otra vez que el avión de mi hermana tenía que salir sí o sí la tengo clavada en lo más profundo de mis entrañas. Jamás la podré olvidar, ni por el tono tenebroso ni por la descarga del recuerdo de terror que produce por todo mi ser cada vez que la evoco. Era una voz tan peculiar que, desde entonces, no he dejado de estar pendiente por si la volvía a escuchar otra vez por algún lado. Uno nunca sabe si se la podría encontrar en algún lugar. Era tan inconfundible que así pasaran otros doce años más la reconocería sin duda alguna. ¿Quién era esa voz amenazante que daba órdenes que pasaban por encima de la torre de control y del piloto?

Las especulaciones que se originaron sobre las causas del suceso fueron muchas. Casualmente, la Dirección General de Aeronáutica Civil mexicana no pudo contar con la grabadora de voz del vuelo porque nunca se encontró la caja negra. La única teoría que explica este misterio y responde las cuestiones previas es que el Learjet 25 con matrícula N3445MC estaba saboteado con un explosivo programado para estallar en un momento determinado, bien con un temporizador o con un detector de altitud, probablemente al alcanzar los diez mil pies.

Eso explica que el avión desapareciera de forma súbita del radar y llegara a tierra prácticamente desintegrado. Los metales y los restos de las víctimas quedaron dispersos a varios centenares de metros a la redonda y en las copas de los árboles. La ropa no estaba quemada sino desperdigada, como caída del cielo. Los expertos que consultamos apuntaban a esta vía. En su criterio, cuando un avión se desploma en picado desde el aire, genera un cráter o señales, como restos del combustible, que no se hallaron en el municipio de Iturbide, donde ocurrió el accidente. De haberse generado una falla mecánica previa al accidente, se habría registrado alguna llamada de emergencia o *Mayday* y la aeronave habría tenido un tiempo de planeo en el que habrían podido comunicarse con la torre de control.

Esta única hipótesis lógica está corroborada por el testimonio de los habitantes de la zona del siniestro, que vieron una bola de fuego en el cielo. Los dueños del rancho del ejido Tejocotes, donde cayeron los restos del avión, se dedican a criar cabritos. Yo fui a platicar con ellos. Uno de los hermanos me dio más detalles. Diariamente se levantan a las cuatro de la madrugada para dar de comer a los animales. Ese día se levantaron como siempre, pero, a diferencia de la rutina ordinaria, algo llamó su atención en la oscuridad habitual de la noche a esas horas sobre los montes en los que habitan. Fueron testigos de excepción. En su relato, dijo textualmente que el cielo de pronto se puso rojo, anaranjado, con un destello enorme que alumbró toda la manada de cabritos que estaban alimentando en esos momentos. La manada salió corriendo asustada por el estruendo y la luz desplegada en la noche cerrada. A los pocos segundos, vio cómo la luz de repente se apagó y, dentro del silencio que se hizo, escuchó con claridad tanto el silbido de los restos de la aeronave precipitándose abruptamente hacia el suelo como el estruendo de su impacto contra las rocas.

Para este testigo no cabe ninguna duda de que el avión explotó en el aire en pleno vuelo, algo que tampoco es novedad en los atentados terroristas mafiosos. En 1989, el narcotraficante colombiano Pablo Escobar detonó un artefacto en un vuelo comercial de la compañía Avianca entre Bogotá y Cali que transportaba 110 personas. La aeronave estalló a los pocos minutos de despegar de la capital colombiana y los testigos vieron exactamente lo mismo que vio el criador de cabritos de Nuevo León: una bola de fuego en el cielo que precedió al chiflido de los pedazos de avión precipitándose al suelo. Esta parte tumba la versión de que la explosión había sido en tierra tras el impacto de una caída en picada. No hubo ningún superviviente, ni en el vuelo de Avianca ni en el de mi hermana. Es imposible sobrevivir, es un atentado infalible. Nadie puede superar la explosión y la posterior caída al vacío.

Se ha publicado mucho al respecto y se han hecho notas y documentales que, lejos de aclarar nada, han sembrado más confusión, además de generar materiales falsos y morbosos difundidos en la red. Cuando falleció el jugador Kobe Bryant en un accidente de helicóptero en 2020, vi mucha basura viral que me recordó lo de Jenni. Me dio mucho coraje comprobar hasta qué punto toca fondo la crueldad del ser humano, y reforzó mi creencia en la dualidad del bien y el mal, porque cosas así son un claro exponente de la maldad y la podredumbre de algunas almas.

No puedo asegurar de manera categórica que a mi hermana la mataron, porque no hay un culpable, pero desde luego es lo que siento con todos los indicios en la mano. Desconocía por completo que ella pudiera correr peligro cantando en México. Supe que le había pedido una entrevista al compositor y productor Pepe Garza porque se sentía amenazada, pero yo no calibraba ese peligro. De hecho, yo siempre le había aconsejado que, si tenía un problema con algún personaje de alguna organización, lo arreglara inmediatamente y no dejara ningún cabo suelto. Después me di cuenta de todo. Me llegaron a enseñar algunas fotografías y a poner grabaciones con conversaciones muy fuertes. En una de ellas, se decía que Jenni había hecho llegar unos regalos muy grandes de representaciones de la Santa Muerte a ciertas personas pesadas, no sé exactamente con qué fin. En todo caso, nada me demostraba la culpabilidad de una persona en concreto como autor intelectual del atentado. Han salido muchas especulaciones al respecto con algún que otro nombre propio de narcos, pero uno, que ya tiene conocimiento de cómo se manejan los códigos de esas gentes en México, detecta con rapidez que son contenidos mediáticos sin fundamento.

Mi papá nunca dejó de insistirme que buscáramos, convencido también de que a su hija se la habían matado. Siempre lo frené. ¿Para qué íbamos a buscar? Intentaba hacerlo razonar: si íbamos por lo legal no íbamos a ganar. Por tanto, si nos decidíamos a buscar era para enfrentarnos con la gente que pudo estar detrás del atentado.

—¿Usted está seguro, apá, de que es una buena idea ir a México a darse en la madre con esa gente? Porque, si tan seguro está, la única opción que tendríamos es ir a darnos de chingadazos a ver quién sobrevive. Y, pos, no creo que tengamos una sola chance de salir victoriosos con alguien que tenga el poder y la capacidad de organizar un atentado de semejante calibre, porque eso no cualquiera es capaz de hacerlo. Mejor dejémoslo así. Es casi mejor no saber, porque ahí sí nos va a llevar la chingada —le decía.

Sigo pensando igual. No tengo certeza de quién pudo haber hecho eso a mi hermana. Siempre hay un borracho que habla de más, pero en este caso, hasta la fecha, no ha ocurrido. La neta, prefiero no llegar a saber.

Capítulo 3

JALISCO Y SONORA, EL ORIGEN

Mi papá fue bien estricto en los valores que nos enseñó. Dos de los más importantes estaban marcados por el origen de la familia. Uno era querer a México como la patria de nuestro corazón y el otro querernos como hermanos, no pelear entre nosotros, hacer gala del amor fraterno y apreciar que teníamos techo y comida. No tuvo mayor obsesión toda su vida que evitar que se repitiera en nosotros una infancia triste y dura como la que a él le tocó vivir. Había que esforzarse por el pan diario y dar gracias a Dios por ello. El semblante de su rostro se abatía cuando recordaba que la escasez de alimentos provocó que uno de sus hermanos muriera de hambre porque mi abuela no tenía nada para darle de comer. Eso le afectó muchísimo y marcó su personalidad. Por eso, se empeñaba en que respetáramos nuestros orígenes, en que supiéramos de dónde veníamos para ver con claridad hacia dónde queríamos ir. Jamás lo olvidé. Muchas de las lágrimas que he derramado en los logros clave de mi carrera han sido por recordar mi propio origen plagado de estrecheces y dificultades.

Mi nana Juana, la mamá de mi papá, tuvo siete hijos. Los crio en condiciones de extrema pobreza en Pueblo Yaqui, Sonora, adonde se mudaron procedentes de Jalisco, tierra natal de mi jefe, que nació en La Barca en febrero de 1947. Mi tata Juan era soldado, capitán del ejército mexicano. Se la pasaba fuera de la casa durante largas temporadas, ajeno al drama de miseria con el que su esposa lidiaba. Cuando mi abuela lograba reunir el dinero para comprar un kilo de carne, se quedaba con un cuarto para ella y sus hijos y el resto lo revendía. Le echaba toda la imaginación que podía para hacer rendir la comida. Preparaba una receta de huevo en agua. Hacía una salsa, como un caldo que iba espesando. Entonces agarraba el único huevo que tenía, lo mezclaba y lo repartía entre todos, a taco de huevo por persona. Es a día de hoy el desayuno preferido de mi apá, recordando los tiempos duros que le tocó vivir en Pueblo Yaqui.

La necesidad le obligó a dejar los estudios en sexto año de primaria porque había que trabajar. Lo primero que hizo fue andar detrás de las chivas mientras estaban todavía en Jalisco. A los seis años, se puso a vender chicles, pan, tamales, huevos cocidos y carne en Pueblo Yaqui, para sacar dinero con que poder subsistir y ayudar en la casa, un patrón que se repetiría en mí a esa misma edad.

Sobrevivieron como pudieron en esos años de su primera infancia hasta que se fueron a Hermosillo. Tenía entonces 14 años y allá se puso a trabajar vendiendo billetes de lotería y tacos de caguama en un restaurante. Muy pronto, conocería a mi mamá y se harían novios. Eran muy jovencitos, él tenía 15 años y ella, 14. Mi jefe contaba que se la había presentado una novia de un hermano suyo y mi mamá decía que él se enamoró de ella en un concurso de aficionados en la radio local XEDL AM. Por aquel entonces, eran muy frecuentes esos concursos que las diferentes estaciones promovían para tratar de captar oyentes.

Mi amá solía acompañar a su hermana cuando esta se presentaba a cantar, hasta que ella misma se animó a participar también a ver si lograba ganarse los cien pesos que entonces daban como premio. El evento se hacía en un salón que tenían en las mismas dependencias de la radio. Allí acudía mucha gente en calidad de espectadores dado que se emitía en vivo. Uno de esos asistentes fue mi apá, que se enamoró de la voz y la belleza de aquella joven a la que presentaron en su turno como Rosa Amelia Saavedra.

Mi mamá canta muy bonito y nunca perdió su afición. Su mayor desempeño como cantante lo hizo interpretando el góspel en la iglesia. Nunca intentó lanzarse a la cantada como artista profesional, pero mantiene su sensibilidad para reconocer un buen intérprete o una buena canción. Estuvo muchos años en la música y sabía cuáles canciones estaban buenas. Nos ayudaba a seleccionar buenas rolas, tenía un gran oído para elegir temas. No le falló su intuición cuando escogió para que grabara la canción "Borracho nací", que acabó siendo un éxito, o para seleccionar temas como "Sufriendo a solas". Cuando nosotros arrancamos en la cantada, mi papá se dio cuenta de que las versiones que hacíamos de algunos éxitos funcionaban y mandó grabar como unos cuarenta *covers* con banda en Sinaloa, que fueron previamente escogidos por mi jefa, como quien dice, a la brava. Entre ellas, estaba ese inolvidable tema que canté delante del féretro de mi difunta hermana Jenni.

El romance entre Pedro Rivera y Rosa Amelia Saavedra nació clandestino. Para no afrontar la desaprobación, decidieron fugarse juntos a buscar un futuro en Guadalajara, aprovechando un golpe de suerte de mi jefe con la lotería que vendía. Pero la aventura no salió bien. Mi mamá recuerda que fue muy duro. Vagaron por las calles debido a que mi papá no hallaba trabajo. Lo encontró al fin en un depósito de camiones de pasajeros donde les cambiaban el aceite, los lavaban y los ponían a punto. Ese trabajo le permitió ganarse unos pesos con los que subsistir, pero no les alcanzaba para pagarse un hospedaje. En aquellos talleres, había un pequeño cuarto en el que solían guardar los asientos de los camiones que no servían luego de haber sido reemplazados por unos nuevos. Aquel lúgubre cuarto se convirtió en su techo y los asientos viejos y rotos, llenos de chinches, en su lecho.

Duraron apenas dos meses en aquellas duras condiciones de extrema pobreza. No quedó de otra que regresar a Sonora. En Hermosillo, se hicieron espacio en una casa donde vivían hacinados junto a un matrimonio joven que eran amigos de mi padre, otra pareja, la mamá y otro hijo. A ellos les tocaba dormir en el piso en uno de los pasillos. La situación era mala, pero todavía iba a empeorar. Al muy poco tiempo de regresar, a mi papá lo agarraron en plena calle y se lo llevaron preso por culpa del reclamo de mi abuelo, que nada más fugarse su hija había puesto la denuncia de que se la habían robado. Mi mamá se quedó desamparada y sin dinero. Tuvo que empeñar una pulsera para poder comer, porque no podía aparecerse por la casa de sus papás. En el México profundo de aquella época, el hecho de que una hija se fuese de la casa para fugarse con el novio era una afrenta grave y una vergüenza pública de difícil perdón para la familia. Mi mamá se quedó, por tanto, durmiendo en aquel pasillo y pasando hambre mientras su pareja estaba en la cárcel.

Por suerte, el perdón llegó. Mis abuelos se compadecieron de su hija. Ella hizo un alegato apelando al amor que sentía por aquel hombre, lo defendió y dijo que no había sido robo, que ella se fue por su propia voluntad. Se mantuvo firme y leal, lo cual ablandó a su papá, quien finalmente cedió y de ese modo Pedro Rivera pudo salir de la cárcel, donde apenas estuvo un par de semanas, no los tres meses que por ahí ha contado alguna que otra vez. Como dice mi mamá, a veces a mi jefe le gusta ponerle mucha crema a los tacos. La situación se normalizó y mi papá entró a casa de sus suegros. Se casaron y se ubicaron en una casita en Hermosillo, donde nació mi hermano Pedro luego de que mi mamá regresara embarazada de Guadalajara.

Posteriormente, se fueron a Obregón con mi abuela materna a tratar de ganarse la vida, pero no duraron mucho porque no salió nada ni había mayor cosa que hacer allí. Fue entonces cuando hubo que tomar una decisión. Por un lado, mi papá había oído hablar mucho de las oportunidades de trabajo que se daban en los Estados Unidos y decidió probar suerte. Por otro lado, mi mamá empezó a sentirse mal: estaba embarazada de nuevo. La gestación avanzaba y eso significaba que era otra boca más que alimentar. No hubo más solución que separarse. Decidieron que mi jefe se jalara para los Estados Unidos, mientras que mi jefa se regresaría, con mi hermano Pedro, de año y medio, y esperando otro hijo, a la casa de sus papás a Hermosillo, donde nacería Gustavo el 17 de marzo de 1966.

Mi apá se fue solo a Mexicali para cruzar la frontera de alambre. Por eso hizo una canción que se llama "Me voy de alambre". No era lo mismo irse de alambre brincando la cerca que irse de mojado. Los "espaldas mojadas" eran los que cruzaban por la playa o por el río, una denominación que traducida al inglés derivó en *wetbacks*, una de las palabras más despectivas y racistas que he conocido en los Estados Unidos. Él nos contaba que no cruzó con un pollero[4] sino con una mica[5] chueca, prestada. Esa mica decía que la persona tenía un tatuaje en el brazo izquierdo. Él se lo tuvo que hacer, aunque le daba mucha pena, por si le pedían la documentación. Luego le regresó la mica al amigo, pero

---

[4] Pollero, sobre todo en México, se refiere a la persona que transporta de forma ilegal a trabajadores indocumentados a otro país, principalmente a los Estados Unidos.

[5] Documento de residencia legal para extranjeros.

se quedó el tatuaje, y por eso siempre andaba con manga larga para que no se le viera.

Una vez en territorio estadounidense, llegó hasta Indio, California, desde donde una persona que encontró en una gasolinera lo llevó a Los Ángeles. Era el dueño, a quien cayó en gracia. Una vez allí, le compró un boleto en el Greyhound, le dio veinte dólares y lo mandó para Fresno, dándole la instrucción de irse al barrio mexicano y esperar los camiones que recogían a los jornaleros para los trabajos temporales en el campo. Ese trabajo duro fortaleció mucho a mi papá. Después de un par de años aproximadamente, y de hacer un dinero, cruzó de regreso a Hermosillo por mi mamá y mis hermanos Pedro y Gustavo. Mi jefa recuerda que le tocó así porque, a pesar de que ya tenía el pasaporte, necesitaba la firma del esposo que autorizara que podía sacar a los hijos del país. De ese modo, mi papá sacó el suyo y lograron una visa temporal para entrar como familia en los Estados Unidos en el último trimestre de 1968, aunque se quedaron más de lo permitido y se convirtieron automáticamente en ilegales.

El primer destino era Culver City, California, donde nada más llegar fueron acogidos por unos parientes de mi mamá en tanto conseguían trabajo y rentaban una casa para establecerse, como así pasó. Les dejaron dormir en un cuarto pequeño trastero, donde guardaban todos los enseres que no servían. No era una vivienda ideal, pero ellos se sentían felices. Como reza el dicho: "Contigo pan y cebolla cuando hay amor".

Esos inicios no son nunca fáciles para las familias que llegan a los Estados Unidos con una mano delante y otra detrás. Si pasan muchos días, los familiares que los acogen empiezan a poner mala cara y deben peregrinar de casa en casa hasta poder tener un hogar propio. Por fortuna, mi papá y mi mamá no demoraron tanto en encontrar trabajo en uno de los sectores industriales fuertes de la zona en la empresa Peerless Plastics. No era nada fácil por la barrera del idioma, pero lo consiguieron. Se emplearon ambos como operadores de máquina, un empleo que solo le daban a las mujeres, en el que no sé cómo pero mi jefe se coló. Mi mamá duró poco tiempo a causa del embarazo de mi hermana Jenni. Su estado le provocaba vómitos con el aceite que empleaban, se desmayaba y se indisponía; por eso la corrieron. Mi apá sí se quedó en la fábrica y gracias a eso pudieron rentar un cuarto pequeño por el que pagaban, en aquel tiempo, veinte dólares a la semana. Era una casita con una sola recámara, donde dormían los cuatro juntos y donde muy pronto llegó la bebé, la primera niña de la familia.

Mi mamá no sabe con seguridad si mi hermana fue engendrada en Hermosillo o en Culver City. Lo que sí recuerda perfectamente es que fue en California donde sintió los primeros síntomas del embarazo, pero estaban casi recién llegados. Por tanto, pudo haber sucedido en cualquiera de los dos países. Tenían apenas unos meses en los Estados Unidos cuando nació mi hermana Jenni el 2 de julio de 1969. Mi papá recordaba que el nacimiento de mi hermana le costó solo ochenta y cuatro dólares de hospital. El siguiente fui yo y el precio no subió mucho.

Mi primer canto arrancó de madrugada en el Ronald Reagan UCLA Medical Center en Westwood, un hospital en la ciudad de Los Ángeles, California, el domingo 30 de enero de 1972, cuando irrumpí berreando en este mundo con un fuerte llanto, pidiendo paso en la jungla de asfalto. Salí rápido. Mi mamá llegó al hospital a medianoche y dos horas después ya me tenía en sus brazos. Era el mismo hospital donde había nacido mi hermana Jenni dos años y medio antes. Ella fue la primera en hacerlo en los Estados Unidos. Mi mamá se acuerda que por aquel entonces el hospital estaba muy nuevo.

Abrí mi boca con fuerza, como un polluelo recién salido del huevo abre el pico. Era la sexta boca del nido de una familia a la que no le sobraba el alimento pero sí las ganas y la voluntad de salir adelante. Mi mamá y mi hermana Jenni tenían toda la ilusión del mundo de que fuera niña, pero ni modos de que se cumpliera su deseo. Aparecí yo con mi cabezota de varón, bien grandote, pesando más de cuatro kilos.

Mi nacimiento tuvo lugar pocos meses después de morir mi tío Guadalupe Rivera, un boxeador que se puso el alias de "El Toro". Mi papá eligió para mí su mismo nombre para honrar con mi vida la memoria de su hermano, y yo elegiría después su apodo para darme a conocer como artista. Mi hijo L'Rey quiere heredar el apodo ahora que anda metido en el boxeo y darse a conocer como L'Rey "Toro" Rivera. Es muy honorable de su parte querer perpetuar el sobrenombre de su tío abuelo. Mi nombre y mi sangre me atan por tanto a unos orígenes de los que me siento especialmente orgulloso, envuelto en la bandera mexicana.

Cuando me hice famoso me surgieron sendas actas de nacimiento, una en Hermosillo, Sonora, y otra en La Barca, Jalisco, por obra y magia de las invenciones de algunos periodistas. Sin embargo, mi acta real de nacimiento es la de la ciudad de Los Ángeles, California. La nota que me presentaba como ciudadano californiano nacido en México caló entre mucha gente como tantas otras falsedades que los medios difunden, a veces por desconocimiento, a veces por falta de rigor y a veces, lo que es peor, con alguna mala intención. En ocasiones se corrigen, pero en otras el error se queda para siempre en el imaginario colectivo. La verdad sea dicha, yo nunca me tomé el tiempo ni la molestia de corregir las falsas noticias que sobre mí se han publicado, porque de haberlo hecho habría necesitado invertir un tiempo y una energía que no siempre tenía. Esta en concreto de mi nacimiento me la tomé con bastante sentido del humor y en buena onda. Si querían pensar que nací en México, pues órale, me decía a mí mismo; al fin y al cabo, México es el país que está en mi corazón. Me siento mexicano, soy hijo de mexicanos y amar a México, entre otras muchas cosas, es lo que mi papá nos enseñó desde que tuvimos uso de razón.

Jenni y yo nacimos cuando la familia vivía en Culver City, donde yo fui engendrado y tuve mi primer techo como bebé, en aquella pequeña casita donde convivían mis padres y mis tres hermanos mayores. Mi mamá dice que no fueron embarazos planeados, pero sí estaban en los planes de Dios. Recuerda que se embarazó de mí luego de regresar de un viaje a Sonora por la muerte de mi abuelo, su papá, del mismo modo que cuenta que a diferencia del embarazo de mi hermana Jenni, que fue muy tranquilo, durante el mío tuvo muchas peleas con mi papá por temas de celos. Según ella y la sabiduría de la tradición popular, esa pudo ser una de las causas que determinaron mi fuerte carácter y mi personalidad.

De Culver City, la familia se mudó para Carson, California, a una casa más grande con tres recámaras, donde cumplí mi primer año y donde di mis primeros pasos, pero no tengo memoria de esa etapa. Era muy pequeño. Mi mamá recuerda que allí protagonicé una anécdota siendo un bebé de poco más de un año. Me les perdí. Me llamaban, pero no respondía y no me hallaban. Se asustaron bastante y pusieron a mis hermanos a buscarme por todos lados, hasta que por fin me encontraron oculto bajo una cama. Me había ido gateando a meterme hasta allí y me quedé dormido.

Mi papá contaba que nos tocó mudarnos otra vez de volada por un problema que tuvo con un vecino que provocó que nos expulsaran de la comunidad en la que vivíamos. Se daba de bruces con el racismo supremacista que tanto daño le hace a una nación formada a base de puros inmigrantes. Les hicieron sentirse discriminados como mexicanos. Unos niños de familias descendientes de anglosajones —güeros, como nosotros les llamábamos— le echaban tierra y lodo a mi mamá dentro de la casa por puro gamberrismo con la intención de fastidiar. Ella se ponía a limpiar aquel piso de madera y enseguida le embarraban otra vez todo el suelo. Le daba mucho coraje. Mi papá habló con el papá de uno de aquellos muchachos, que además se tomaba el atrevimiento de regañar a mis hermanos. Le echó en cara lo que sucedía, pero lo hizo con tal vehemencia y en un idioma que no entendía que provocó que el tipo pusiera una queja en la oficina diciendo que un mexicano lo quería matar.

Como consecuencia del relajo con aquel vecino de Carson, nos mudamos a otra casa un poco más al sur, en San Pedro, donde nos asentamos en una vivienda en el cerro con muchos perros, en una zona muy tranquila con mucha tierra alrededor, donde se podía jugar. Pero yo estaba todavía muy pequeño. Mis padres consiguieron un nuevo empleo pelando pescado en StarKist, una conservera de atún. Al mismo tiempo, mi papá, pluriempleado, prosperó en su otro trabajo en la fábrica de plásticos, donde dejó de ser operador de las máquinas, hasta lograr un mejor empleo como encargado en Imperial Molding, otra empresa fuerte del sector de los plásticos. Era una compañía en la que fabricaban todo tipo de utensilios, como vasos, bandejas, las cajitas donde se guardaban los casetes o las uñas postizas de las mujeres.

De San Pedro, la familia volvió a mudarse a la vecina Wilmington, California, muy cerca de Long Beach, que sería la siguiente mudanza y destino final con casa propia. Las primeras escenas que recuerdo de mi infancia tuvieron como escenario las calles de Wilmington, incluida la escuela a la que no quería ir. Tenía yo cuatro años. Me la pasaba llorando cuando mi mamá me llevaba al jardín de infancia o preescolar, lo que en Estados Unidos llaman *preschool*. Era tal el berrinche que formaba, que le tocaba quedarse allí para que yo me calmara. Afortunadamente, en esa época no trabajaba en las mañanas y podía quedarse hasta las 12 más o menos, que volvía a la casa para hacer de comer y demás quehaceres. Mi mamá dice que fui un niño mimado. Ella estaba muy contenta porque tenía los ojos muy grandes, muy consentido por ser el bebé de la casa. Así, acaparaba el cariño de mis padres y las quejas de mis hermanos, porque decían que yo me llevaba toda la atención. Esos celos los heredé yo a los seis años cuando nació Juan y tuve que cederle el trono de Benjamín del hogar.

Hay dos anécdotas que recuerdo especialmente y que describen cómo era nuestra vida y mi primera infancia por aquel entonces, en plena década de los setenta del pasado siglo XX. Nuestra casa estaba en la avenida Blinn, donde había unos yonques de carros cuyas instalaciones vigilaban unos perros San Bernardo enormes. Nosotros, de puros morros traviesos, con mis hermanos y otros amigos, íbamos y los soltábamos fuera de los yonques. A mí me han gustado los perros desde bien chiquito. Les tapábamos los ojos con cinta a ver cómo reaccionaban. Ellos se olían y por ahí de pronto se ponían a pelear, no sabíamos si por el hecho de llevar la cinta en los ojos o no, pero aquellas travesuras eran una diversión para nosotros. Después íbamos y les quitábamos las cintas de los ojos antes de que nadie pudiera darse cuenta y nos pudieran regañar. Los perros eran muy nobles, porque con ese tamaño nos hubieran intimidado completamente de haber tenido otro tipo de comportamiento agresivo.

En aquella época, no cabía sino echarle imaginación a la cosa para poderse uno divertir y eso es lo que hacíamos, salir a la calle a ver cuál era la siguiente ocurrencia porque no teníamos bicicletas ni carrito ni ninguna otra cosa para jugar. Algunas de esas ocurrencias no estaban exentas de peligro. Había por allí una barda que pertenecía a uno de los vecinos en la que se escuchaba un panal de abejas. Mis hermanos y sus amigos, que eran mayores que yo, me dieron un palo de una rama y me dijeron que fuera al cerco a una determinada altura de la barda y le picara al hoyo con el palo.

—Donde se oye el ruido, ahí pícale —me dijeron.

Yo todo ignorante fui y empecé a picar con ahínco, dándole con fuerza hasta que cedió un pedazo de madera y salieron de golpe aquellas abejas que me picaron toda la cabeza, no solo a mí, sino a ellos también. Como no había dinero para llevarnos al hospital, mi mamá nos regañó y nos dijo que a ver cómo nos curábamos nosotros mismos. Nos cubrimos la cabeza entera de lodo, que fue el único remedio que nos pudimos aplicar, aguantando el dolor y dando gracias a Dios de que ninguno de nosotros era alérgico a las picaduras de los himenópteros.

Capítulo 4

EL NIÑO DE LOS BOTES

Mi infancia son recuerdos variopintos de altos y bajos, de muchos contrastes y muchos sacrificios. Habrá quien piense que una infancia como la mía es un horror, un infierno propio de explotación infantil, de un niño que se la pasaba buscándose unos dólares en trabajos inadecuados en la calle, sin comer, con el estómago vacío, por momentos atronador. Mi panza parecía a veces alojar un cielo repleto de fuegos artificiales.

—Mijo, ande y vaya al puesto y venda algo si quiere comer, porque si no vende nada no va a comer, ¡órale! —me repetía mi papá desde los siete años en adelante. No bromeaba.

Parecerá un drama a primera vista. ¿Explotación infantil? A mí lo único que me explota al recordar mi niñez es una sonrisa. Para mí, fue una infancia maravillosa dentro de la mentalidad con la que crecí, de la educación que mi papá nos inculcó desde bien plebes. Si me preguntas, te responderé que es la mejor infancia que pude haber tenido. Sin lugar a dudas la que me dejó una enseñanza complementaria que jamás habría aprendido en las aulas de la escuela. Habrá quien lo vea como un sufrimiento, como una práctica tercermundista. Yo lo veo como una instrucción muy valiosa que es parte de mi vida y que me forjó para ser la persona que hoy soy.

Mi papá fue saliendo adelante, poco a poco, a pesar de que se demoraba en regularizar su estatus dentro de los Estados Unidos. Acumuló doce años de ilegal, pero eso no fue óbice para seguir dándole vueltas a la cabeza en busca de nuevas actividades que nos permitieran vivir un poco mejor. Era visionario y creativo para los negocios. Le echaba imaginación para tratar de buscar recursos con los que llevar comida a su nido. Era impecable poniéndose en pie todos los días a las 4:30 de la mañana y su sueño era hacerse de un trabajo en el que no tuviera jefe. Hizo de todo, como tantos otros miles de mexicanos que cruzan la frontera rumbo al norte para buscar el pan de sus hijos. A mi papá le ayudó mucho su audacia e intuición para generar ingresos. Trabajó a destajo en lo que fuera, desde los duros empleos como temporero de la fruta, hasta la venta ambulante.

Un día, alguien llegó a la casa con el cuento de sacar unas fotos familiares con mis hermanos mayores todavía bien chamacos, que costaron lo que equivalía a siete semanas de trabajo de mi jefe. Contaba que eran unas noventa fotos de 4x6. Aquel contratiempo le dio que pensar y se le hizo que era un buen negocio. No se lo pensó dos veces. Se consiguió una cámara fotográfica Hasselblad y comenzó a tomar fotos de eventos familiares. Empezó por las iglesias, aprovechando bautizos, confirmaciones, primeras comuniones, bodas, lo que fuera. Muchos sacerdotes y pastores lo sacaban, porque él no podía hacer negocio allí. Lejos de amedrentarse, fue aprendiendo de los errores que cometía. Amplió el negocio con una cámara Polaroid de fotografía instantánea, con la que empezó a trabajar de noche tomando fotos en las cantinas, los restaurantes y los clubes para venderlas allí mismo sobre la marcha.

En Wilmington, se le presentó una oportunidad de rentar una barra, una cantina muy pequeña en la que apenas si cabían nueve personas por la que pagaba dos mil dólares. Mi mamá era la encargada de atenderla, servía los tragos y vendía los burritos que ella misma preparaba a los clientes. Cuando mi papá terminaba su jornada de trabajo en los plásticos y su ronda fotográfica nocturna, pasaba a recogerla. Ella acababa muy cansada de esa chamba, tenía que aguantarse a los hombres borrachos que la molestaban y le decían cosas. Tocó renunciar a ese negocio. El dueño de la cantina no se lo tomó a mal. Al contrario, se portó muy bien. Le propuso a mi papá comprar una casa que tenía en Long Beach. Él le respondió que no tenía dinero ahorrado para la entrada. Necesitaba el 10 por ciento del valor de la casa para el enganche, que eran 3,500 dólares. El señor consiguió el dinero prestado para mi papá y de ese modo nos mudamos a una casa propia.

Corría el año 1978. Yo acababa de cumplir 6 años cuando nació mi carnal Juan, que vino al mundo el miércoles 22 de febrero. Otro pico abierto en el nido, cuya despensa solo la abastecía el sacrificio del cabeza de familia rebuscándoselas como fuera. Desde que llegamos a Long Beach, mi mamá ya no tenía más trabajo que cuidar a sus hijos, el más duro de todos, que igual había ejercido toda la vida: darnos pecho y ser ama de casa. No había empleo más difícil que el cuidado de todos los chamacos, no pagado y muy poco reconocido, que merece la pensión más generosa del mundo.

Long Beach era la ciudad vecina de Wilmington, que nos acogió con los brazos abiertos y que a partir de ese momento fue testigo de todo cuanto habría de venir en el futuro para cada uno de los miembros de la familia Rivera Saavedra. Nuestra nueva vivienda fue una casa dúplex que con el tiempo se haría famosa, pues ya ha salido en muchas entrevistas, situada en el 2184 de la avenida Gale. Estaba dividida en dos cuartos. En el principal dormían mi amá y mi apá. Mi hermana Jenni dormía en el otro cuarto y los tres varones, Pedro, Gustavo y yo, dormíamos en la sala sobre unas esponjas en el suelo. Eran las esponjas acústicas que se usaban para los estudios de grabación. Nosotros nomás les poníamos las cobijas por encima y así dormíamos sobre el piso. Mi papá convirtió el garaje de la casa en un departamento chico y se lo rentó a mis tíos Licha y Baltasar Zabala. Allí vivían con sus hijos, mis primos. Luisa era la hermana de mi papá, que pasaba mucho rato en la casa. Solía llevar y traer a mi mamá, porque ella no manejaba.

En la casa solíamos repartirnos las tareas de limpieza para ayudar a mi jefa haciendo rifas entre nosotros, que organizaba Jenni. Cada uno sacaba el papelito donde estaba indicada la parte de la casa que le tocaba limpiar, ya fuera el baño, la sala, las recámaras, o la tarea en sí. A uno le podía tocar limpiar el polvo, al otro barrer, al otro trapear y así hasta completar la limpieza. No siempre estábamos conformes con lo que nos tocaba y tratábamos de negociar para cambiar las tareas. A veces había trato y a veces no, pero en ningún caso fue eso motivo de pelea alguna. La relación con mis hermanos era buena en general. Me llevaba bien con todos. Con el que más me llevé fue con Pedro. En mis primeros años, él era como un papá para mí porque era el mayor y mi papá se la pasaba fuera todo el rato, trabajando.

En la parte de atrás de la casa, cuando nos mudamos, vivían unos afroamericanos. Entre ellos, había un señor que andaba en una silla de ruedas, y tenían un perro dóberman rojo al que le teníamos un pánico terrible. Con ese sí no nos atrevíamos a hacer las mismas travesuras que con los San Bernardo de Wilmington.

Por fortuna, se mudaron y con ellos se fue aquel perro que hacía que no nos llegara la camisa al cuello cada vez que salíamos.

La palabra que asocio al recuerdo de aquellos años de infancia es "tranquilidad". Todas las cosas que me sucedían se me hacían normales en aquella mente infantil. No veía nada raro en ser como éramos y en hacer lo que hacíamos. Mi asistencia a la escuela era la de un niño normal. Toda mi vida escolar, más allá del preescolar que hice en Wilmington, se desarrolló en Long Beach, desde el *kinder,* luego el inicio de la primaria, hasta que me gradué de la preparatoria[6]. Hay una anécdota que cuenta mi mamá. Cuando nos mudamos a la casa de la Gale en Long Beach, ella me dejaba y me recogía en el *kinder*. Un día, la maestra llamó a mi mamá para que me regañara, porque decía que me había portado mal: le había dicho una palabrota. En el camino de regreso a la casa, luego de recogerme, me recriminó que le hubiera llamado a la maestra con una palabra fea. Le respondí que fue por culpa de un amiguito que me había pedido que le dijera así. Ella me regañó y amenazó con colgarme en el aguacate que teníamos en la casa de Long Beach. Aquello me dio pavor y le supliqué que me perdonara con la promesa de no volverlo a hacer. Cumplí mi palabra. Ya nunca más tuvo mi mamá una queja mía de la escuela.

Jugábamos mucho en la casa, y quisimos hacer una casa en el árbol. Imaginación es lo que nos sobraba, a falta de dinero. No éramos niños que estrenaran juguetes nuevos. Los únicos regalos que recibía por entonces, en Navidad, procedían de mi nino Juan, mi padrino de bautizo, Juan Martínez. Siempre tuve juguetes usados. Cuando llegaban las Navidades, mis papás no tenían los

---

[6] Preparatoria o "prepa" son los términos mexicanos que Lupillo usa en su lenguaje habitual refiriéndose a la enseñanza secundaria preuniversitaria, conocida en los Estados Unidos como High School.

recursos para comprar juguetes nuevos y nos regalaban unos de segunda mano que conseguían en los tianguis, los *swap meets* o las ventas de garaje. En los Estados Unidos, todo se vende. Los *garage sales* o *yard sales* representan toda una tradición en la vida de los estadounidenses y a nosotros nos permitió disfrutar de nuestros juguetes.

Con la ropa pasaba algo parecido. El único día que usábamos ropa de estreno era el primer día de escuela. Mi mamá se daba a la tarea de conseguirla. Eso sí, era solo el primer día; a partir del segundo ya acudíamos con la ropa de años anteriores. Conforme cada uno de nosotros iba creciendo, dejaba la ropa en herencia al siguiente: Pedro se la dejaba a Gustavo, y este luego me la dejaba a mí.

Entre la casa y la vecindad transcurría el tiempo. Era muy amiguero. Todo el mundo me conocía en el West Side de Long Beach. Me la pasaba arriba y abajo a bordo de mi patineta. Procuraba llevarme bien con todo el mundo, incluidos los pandilleros, a fin de evitar problemas. En la casa fueron siempre muy estrictos y extremadamente duros para mantenernos alejados de las pandillas. Conforme fuimos creciendo, algunos amigos del barrio se quedaron por el camino. Recuerdo el caso de José, que era muy bueno jugando béisbol. A los 12 años más o menos se había integrado a la pandilla, la clica del barrio, abandonando el deporte y entrando en caminos más oscuros. Nosotros nos mantuvimos siempre al margen de esos ambientes.

Entiendo la obsesión de mi padre con que no nos convirtiéramos en cholos, aunque también pienso que cuando se vive en un barrio a veces no se tiene otra opción. Yo esquivé el lado oscuro de las pandillas. Logré mantenerme alejado del peligro de las drogas, la delincuencia y el alcoholismo precoz. No fui pandillero, pero sí amigo de varios de ellos. Además, me convenía. Me los encontraba en la escuela, porque éramos compañeros de clase.

Hasta les echaba una mano con las matemáticas cuando alguno se atrancaba con la materia. Era un modo de hacer puntos para evitar algún tipo de represalia por el hecho de ser del barrio y no haberme unido a ellos. La verdad es que funcionó, porque no faltaba el que me quería meter una chinga, pero se encontraba con otros muchachos que me defendían y decían que yo era un bato bien *cool* y a toda madre. Con eso, conseguían que me dejaran en paz.

1978 fue un gran año para la familia, no solo porque tendríamos una casa propia, sino también porque finalmente se iba a regularizar nuestra situación legal en el país. Se habían hecho negocios y se había comprado una casa sin papeles, pero ya era hora de arreglar eso. Con el nacimiento de Juan, eran ya tres los hijos que habíamos nacido en el territorio de los Estados Unidos y que teníamos derecho por nacimiento a la ciudadanía y nacionalidad plenas. Más o menos en el mes de abril de 1978, mis papás obtuvieron la famosa *green card*, sus papeles de residencia legal en los Estados Unidos. Aquel año, el Congreso de los Estados Unidos aprobó el establecimiento de la comisión que desembocaría en la futura Ley de Control y Reforma de la Inmigración que firmó Ronald Reagan en 1986, gracias a la cual hubo amnistía para millones de inmigrantes indocumentados. La ciudadanía, a pesar de haber podido tenerla antes, la obtendrían mis papás 21 años después, en 1999, justo el año en que me hice famoso.

A mis seis años no solo vi cambiar el estatus legal en nuestro hogar; también estaba a punto de ver cómo cambiaba el mío propio. Para mí era normal compartir tiempo con mis hermanos tirados en el sofá o por el suelo en la sala pegados al televisor, cosa que por ejemplo jamás vi hacer a mi papá. Nunca se sentaba a ver la televisión o se quedaba parado sin hacer nada, nunca vi que llegara un viernes y dijera "es viernes y voy a tomarme unas cervezas". Probablemente por eso, no iba a permitir que nosotros pasáramos horas muertas sin hacer nada productivo. Por esa razón, un día todo cambió.

Fue a comienzos de 1979, si no recuerdo mal. Yo acababa de cumplir siete años. Mi jefe llegó un día a la casa de muy mal humor y conforme nos vio jugando en el solar a Pedro, a Gustavo y a mí, nos llamó, nos sentó en el sofá y nos dijo que ese iba a ser el último día ocioso para nosotros derrochando el tiempo libre que nos quedaba de la escuela. No nos quería volver a ver así, sin hacer nada, ni jugando afuera ni sentados o tumbados dentro viendo televisión.

—Esta no es una casa para criar holgazanes; se me van poniendo abusados, chamacos, que ya va siendo la hora. No quiero que se queden aquí en la casa ni se me hagan huevones viviendo la vida recia. Se me empiezan ya mismo a ser hombres y se me ponen a trabajar ahí afuera en lo que sea. A partir de hoy, les toca traer su lana a la casa porque si no, no comen. Mañana los quiero a todos a las cinco de la mañana en marcha.

A mi apá nadie le discutía una orden. Además, mi mamá lo apoyó siempre en todo. Nuestro hogar era un hogar mexicano a la vieja usanza, independientemente de a qué lado del Río Bravo estuviese la vivienda. Además, el dinero no le alcanzaba con lo que ganaba para mantenernos a tantos y había que hacer algo. La amenaza de no comer no era ninguna frase hecha, sino una manera eficaz de presionarnos. Aquel ultimátum se iba a cumplir cabalmente si bajábamos los brazos. Lo pude comprobar conforme empecé mi peregrinar por los diferentes empleos que me tocó afrontar de chamaco, muchos de ellos en puestos callejeros donde tocaba vender sí o sí. Créanme que el hambre es el mejor estimulador comercial que he conocido en toda mi vida.

Éramos los hombres, y desde muy niños se nos había criado con esa premisa de los viejos tiempos de que el hombre es el que lleva el dinero a la casa y la mujer la que la cuida. A nosotros nos inculcaron más la dedicación al trabajo, mientras que Jenni podía quedarse en la casa y dedicarse a sus estudios. Siempre andaba con su libro en mano. Era trabajadora, estudiosa, muy inteligente. Además, era aplicada y le gustaba mucho la lectura, solía leer bastante. Mi mamá estaba muy pendiente todo el rato de que estudiara y mis hermanos mayores la cuidaban mucho.

Cuando mi papá regresó al día siguiente de aquella plática, vio el solar vacío. Le preguntó a mi mamá que dónde estaban los chamacos y ella le dijo que habíamos salido a buscar trabajo tal como él había ordenado. Mis hermanos se pusieron a trabajar con sendas identificaciones falsas que los ponían por encima de la edad legal necesaria de 18 años cuando en realidad Pedro tenía todavía 14 años, camino a los 15; Gustavo, 12, muy cerca de cumplir 13; y yo apenas estrenaba mis 7 años. Pedro se consiguió un trabajo en un restaurante de lavaplatos. Gustavo se empleó en una pastelería haciendo donas. Muchas de aquellas noches nos cenábamos las donas que no se vendían y que él llevaba a la casa.

Faltaba yo, que tenía que buscar algo a como diera lugar con tal de no quedarme en la casa expuesto al regaño de mi papá. Cuando le preguntó a mi jefa que para dónde había agarrado yo, ella le contestó que me había levantado a las cinco de la mañana y que andaba juntando botes. Por mi edad, lo tenía más difícil: no había modo de falsificar nada porque mi apariencia física me delataba. Pero tarea había para chambearle y ¡órale! No había excusa. Entonces no se me ocurrió otra cosa que irme con una bolsa negra a juntar latas de aluminio que sacaba de los basureros y los cubos de basura del barrio. Las iba recogiendo también en los callejones, de los tambos (contenedores) de la basura. Mi hermano Pedro me asesoraba y me decía cómo debía hacer, la manera de apachurrar el bote para que pudiera meter la mayor cantidad posible en la bolsa. Se puede decir con sentido del humor que fui un adelantado y un pionero del reciclaje.

Hoy día, mi padre se arrepiente mucho de aquello, tanto en privado como en público. En diciembre de 2023, estuvo en un evento en el que contó la historia de por qué yo andaba juntando latas de aluminio. Él se quedó llorando en mitad del relato preguntándose cómo era posible que me pusiera a mí a levantar latas de aluminio a esa edad. A raíz de aquello, yo compuse una canción que titulé "El niño de los botes", que salió mientras andaba en *La casa de los famosos*. Cuando se la mostré a mi mánager y mi asistente se quebraron también nada más oírla por la historia que narra. Solo hay que escuchar las primeras frases:

Cómo olvidar al niño aquel
que pa' comer botes levanté.
Los tiempos duros son los que me hicieron fuerte,
no me avergüenzo y muy alto está mi frente.

Cuando me puse a cantarla a capela por primera vez, en un directo en las redes sociales, casi no pude del nudo que se me hizo en la garganta. Me quebré completamente. Con esa canción quería, entre otras cosas, manifestar que, lejos de reprocharle aquello, estoy muy agradecido con mi apá por la lección de vida que me dio día a día con su manera tan estricta de ser, que no se limitó solamente a los botes, y que me hizo el hombre que soy ahora. Fui el hijo que más trabajó a su lado, su fiel escudero. Le seguí allá donde iba y había chamba, muy pegado a él y aprendiendo de esa filosofía de vida basada en el sacrificio y el esfuerzo. Mi mamá dice que yo era el chamaco chiqueado de mi apá, al que siempre llevaba a todas partes. Por eso le quise dedicar la canción, para que no sienta ninguna culpa. Lo hice con todo mi amor, porque, pase lo que pase, yo siempre estaré bien orgulloso de mi viejo.

Cuando ya había cumplido nueve años, justo con Rosie recién nacida, empecé a acompañarlo a los viajes a Fresno o a Oxnard para algunos trabajos de temporero. Estuve allá en la pisca de la uva y el tomate con él. Luego nos fuimos cerca de ahí hacia el oeste, a la ciudad de Mendota, California, a piscar melón y uva bajo un sol de justicia y un dolor de lomos que se me ponía cada día de andar agachado todo el tiempo. Aparte de eso, tocaba aguantar hambre. Mi papá a veces mandaba dinero de más a Los Ángeles para mantener la casa. Llegaba el viernes y él y yo no teníamos dinero ni comida. Debíamos comer pura uva todo el día. No se valía quejarse. Mi apá decía que el hombre estaba hecho para sobrevivir. Las cosas que tiene la vida: esa escena se la recordé más de treinta años después, un día que nos ocurrió una curiosa anécdota cuando coincidimos los dos en un casino en Temécula después de unos cuatro meses que teníamos sin vernos. Yo quería presumirle un Tesla eléctrico que me había comprado y dio la casualidad de que él llegó con otro carro igualito de la misma marca. Los dos nos quedamos mirándonos el uno al otro con nuestros respectivos carros como diciendo que si lo hubiéramos hecho aposta no nos habría salido igual. Entonces nos acordamos del sol picando mientras nos dábamos a la dura tarea de recolectar la fruta y nos mirábamos en aquel momento, con dos carrazos de vanguardia último modelo. No pudimos evitar ponernos sentimentales y echar una lágrima.

Por la mañana estábamos en la pisca y por la noche mi papá aprovechaba para irse a los clubes nocturnos a tomar fotografías con la Polaroid. Al principio, solía dejarme en el carro mientras él tomaba sus fotos. Yo aprovechaba y, en lugar de quedarme quieto, me iba a los cubos de la basura de las mismas cantinas donde mi jefe estaba haciendo sus fotos a emular mis inicios como niño de los botes y sacar unos dólares extras levantándome latas de aluminio.

Después se amplió el campo de acción de las actividades nocturnas con las fotos en Fresno. Los conciertos eran otro filón. Nos colábamos de contrabando en los bailes que se organizaban para los temporeros con los grupos más fuertes de aquel entonces, como Los Bukis, Los Yonic's, Los Muecas, Los Ángeles Negros, Patrulla 81, Revolución de Emiliano Zapata y muchos otros que se presentaban. En aquellos salones de baile de los centros de convenciones, fue la primera vez que fui a un concierto en mi vida. Por ahí debe guardar mi jefe fotografías que él me tomaba parado delante del escenario en la que se miraban todas esas agrupaciones de fondo. Yo tengo fotos con Marco Antonio Solís y Los Bukis junto a Los Johnnys y Los Muecas.

Una vez dentro de esos conciertos, mi papá tomaba fotos instantáneas con la Polaroid que yo inmediatamente tallaba, las despegaba, las metía en una carpeta y se las presentaba a la pareja. Era otra manera de buscarme la vida como negociante que yo iba aprendiendo. Las fotos instantáneas en los bailes y en los eventos funcionaban. Tanto fue así, que cuando yo me hice artista, mi exesposa Mayeli le entró al asunto. Ella solía acudir a mis presentaciones a tomar fotos instantáneas de las parejas y las cobraba a veinte dólares cada una. Hizo un buen dinero con eso, al punto que le sirvió para invertir en el negocio del maquillaje y de las proteínas.

En esa época fue la primera vez que escuché la canción "Abrazado de un poste", de Lorenzo de Monteclaro, que me enganchó mucho. Aquel verso era inolvidable: "Me dejaste abrazado de un poste esperándote y nunca llegaste". Todavía no descarto grabarla algún día. Cuando conocí a Lorenzo muchos años más tarde, le conté esa historia. Fue también durante aquellas jornadas en el norte de California, cuando canté por primera vez en público en un concurso de aficionados que se celebró en el teatro México de Fresno. La idea fue de mi papá, que mirando por dónde conseguir un centavo, se enteró del concurso y me animó a ver qué salía. No había nada que perder. Quedé tercero y me gané veinticinco dólares. Más allá del dinero, aquel concurso dejó en mi subconsciente la idea de que yo podía cantar y, si bien no volví a probarlo en los años siguientes, el canto afloraría cuando se me presentó la oportunidad en 1992. La maestra de ceremonias de aquel concurso se llamaba Lupita Lomelí. Cuando me hice famoso era la conductora de *Arriba Valle Central*, un conocido programa de televisión de Fresno. En una ocasión, me entrevistó y se quedó muy sorprendida cuando le platiqué la anécdota, ya que ella no se acordaba de aquel niño de 9 años que ahora era un exitoso artista a punto de cumplir 30.

Cuando regresamos a Los Ángeles, nos pusimos a cortar yardas de vecinos y a recorrer el resto de las calles del barrio buscando a ver quién necesitaba que le cortáramos el pasto de la casa. Les cobrábamos cinco, seis o siete dólares. Al cumplir los 10 años, mi papá, luego de ver lo bien que nos había ido en Fresno, me pluriempleó de asistente suyo como fotógrafo y me mandó a vender casetes piratas en la calle, que yo voceaba al famoso precio de dos por cinco dólares. A veces, me mandaba a vender a Wilmington y yo tenía que recorrer quince millas por una carretera peligrosa en la bicicleta. Amarraba la caja de las cintas en los cuernos de la bicicleta y allá que me jalaba. Los vendía por todos lados, en los departamentos, a veces en las marquetas mexicanas, en las carnicerías, en el *swap meet*, principalmente en el mercado de pulgas de Paramount. Cualquier negocio era bueno para ofrecerlos y ver si la gente los quería comprar.

Muchas veces yo mismo me he preguntado, mirando atrás, a cuánto ascendería el madral de cintas que yo vendí en la calle, un dato imposible de saber. Lo que sí sé es que uno de los artistas de los que más casetes despachaba era Vicente Fernández. Fue mi gran ídolo desde que vendía su música. Uno de los momentos más emotivos de toda mi carrera fue cuando compartí escenario con él por primera vez. No olvidaré la emoción de ir a un *show* suyo y ver que se iba a aventar "Despreciado" con el mariachi. La sorpresa fue mayor cuando me acercó el micrófono entre los vítores del público para que subiera a cantarla. En un palenque en Guadalajara, sucedió algo parecido. Ahí acudí con unos amigos e íbamos disfrazados de cholos, dando la nota, ubicados en la segunda fila. Vicente me identificó a pesar de mi boina y mis lentes oscuros y me invitó a cantar.

Él supo de todas esas peripecias mías de morro, porque se las conté desde el primer día que nos conocimos. Le platiqué cómo me había hecho muy fan suyo y me sabía todos sus éxitos a base de comerciar con aquellas cintas piratas. Era capaz de responderle en cuál portada iba una determinada canción o cualquier detalle relacionado con su discografía. Le reconocí que fue mi favorito desde chiquito. Él se quedó muy sorprendido. No daba crédito de que pudiera tener tanto conocimiento de su música. Hasta una prueba me hizo.

—Pero ¿cómo es posible que sepas tanto de mi música?

—Pos, porque me la pasé vendiéndola mucho tiempo en las calles.

—A ver si es verdad que te las sabes todas: ¿cuál fue mi primer éxito?

—Oh, claro, señor, "Palabra de rey".

—¿Y el tercero?

—El tercero fue "Volver, volver".

Además de eso, le daba detalles de las portadas. Finalmente, me creyó, se asombró e incluso se emocionó.

—¡Eres impresionante, cabrón! —me dijo el señor, enjugándose alguna lágrima.

—Es la bendición que Dios me ha dado en la vida, maestro. Quién me iba a decir que iba a estar hoy yo aquí contándole luego de andar hasta pasando hambre con sus casetes a cuestas, vendiéndolos por todos lados —le respondí yo.

En Paramount no solo vendía casetes. En esos tiempos, no se podían cruzar medicamentos ni productos originales mexicanos. Yo acompañaba a mi papá a Tijuana y nos dedicábamos a pasar de contrabando en la camioneta canicas, galletas, dulces y medicinas que luego vendíamos en el pulguero. Nos levantábamos a las 4:30 de la mañana para llegar al mercado a las 5:30 y ser de los primeros en la fila para agarrar un buen lugar para la venta.

No acababa ahí mi trapicheo. Cualquier cosa que me pudiera dar un dólar de beneficio era susceptible de ser ofrecida. Llegué a vender naranjas y chicles. Primero eran Chiclets y luego cambiaron a Canel's, y hasta los burritos que mi mamá nos hacía para la ponchera para comer durante el día. En lugar de comérmelos, iba y los vendía, por supuesto de manera ilegal, porque no tenía un puesto para poder vender comida, pero me dejaba un dinero. Vendía cada burrito a un dólar. Dinero que ganaba, dinero que entregaba a mi jefe para contribuir a la economía de la casa. No siempre tenía recompensa, no tenía una paga mensual, en absoluto. Solo de manera esporádica, cuando alcanzaba, me daban cinco o diez dólares a los que trataba de sacarles el máximo provecho, porque era la única cantidad de la que disponía para divertirme.

Recordando aquella época, me ha pasado más de una vez que he visto a algún chavo vendiendo chicles y he parado el concierto para subirlo al escenario a preguntarle si vendía chicle, mazapán o lo que fuera. Ahí mismo, con la gente de la banda y bajo el clamor popular, acabábamos comprándole todo lo que llevaba por mucho más de lo que valía y, en lugar de aventarlo al público, se lo devolvíamos y le decía que se fuera a descansar a la casa con el dinero y la mercancía. Este gesto lo he repetido en muchas ocasiones, no solamente de cara al público, también en privado. En un palenque a finales de 2024, lo hice con un chavo al que le compré todos los vasos de papitas que llevaba. Además, le autografié los vasos y el bato se puso a venderlos con el autógrafo y todo, seguro que mucho más caros. Yo sé perfectamente lo duro que es para esos niños el trabajo y les ayudaba con todo el gusto del mundo.

La lucha por salir adelante en mi infancia fue el pilar sobre el que se asienta una de las virtudes que agradezco a Dios a diario, como la generosidad, la solidaridad, la ayuda al prójimo. Mi predisposición para colaborar en actos benéficos ha sido total desde mis inicios. Baste, por ejemplo, recordar el caso de Joseph, un niño de Culiacán desahuciado por los médicos a causa de su enfermedad si no se le hacía un trasplante de médula. Acudimos al llamado con una cantada gratis para contribuir a generar fondos que permitiesen su operación.

El único fastidio que le tomé a aquel trabajo de vendedor ambulante de cintas fue las horas que me quitaba para jugar al béisbol. Mi papá nunca nos llevaba a los juegos. Antes, al contrario, me regañaba. A mis 10 años, en lugar de andar jugando béisbol con los otros morros, andaba en las calles vendiendo. A veces era muy cruel la cosa porque me llevaba a vender a parques donde andaban jugando. Yo me quedaba parado con mi caja de casetes en la cerca, mirándolos con envidia, sin poder unirme porque tenía que vender las cintas a la gente que andaba ahí mirándolos. Me quedaba embobado y mi papá se enojaba.

—¡Guadalupe! ¿Qué chingaos hace mirando a esos mocosos jugar béisbol? Ándele y se me pone a vender.

—Pero, apá, es que yo sí quisiera hacer eso, mire que ahí están jugando todos los morros.

—No, no, no, ni madres, cabrón. Vaya y venda los pinches casetes porque necesitamos feria.

Me perdí muchas prácticas y muchos juegos porque tenía que estar vendiendo los casetes. Los sábados era el día que los niños salían con sus papás a jugar béisbol. Ese era mi sueño, pero en su lugar mi papá me llevaba a trabajar. A veces, lo recuerdo con un poco de tristeza, pero por otro lado fue algo que me sirvió mucho en la vida para asimilar desde tan corta edad la filosofía del espíritu de sacrificio por el trabajo.

Me aficioné mucho a este deporte influenciado por mis hermanos. Yo vi que a ellos les apasionaba y tomé interés. Fue mi carnal Pedro el que me enseñó a jugar y me llevó al estadio. En una ocasión, salté de la grada al campo porque quería conseguir un autógrafo de aquel gran pelotero que era Darryl Eugene Strawberry. Me arrestaron, me pusieron una multa de quinientos dólares, me castigaron con un año sin poder ingresar al estadio y encima me quitaron el autógrafo, que fue lo que más me dolió. Recordé esa anécdota cuando le marqué a Pedro para contarle que iba a llevar a mi hijo a la final de la serie mundial a Nueva York a finales de 2024 para ver lo que luego sería la victoria de los Dodgers sobre los Yankees. En aquella llamada se saltaron las lágrimas porque, como tantas otras cosas que me han pasado en la vida, sabía de dónde venía y a dónde había llegado. Platicamos de la primera vez que él me llevó al estadio, nos hicimos en los asientos más baratos que había arriba, donde estaba el letrero de los Dodgers, y los jugadores se veían bien chiquitos a tan larga distancia.

—La primera vez que fuimos tú y yo, carnal, gastamos un dólar con cincuenta centavos en cada boleto y nos alcanzó para una soda y un *hot dog*. ¿Recuerdas que mirábamos con envidia a toda esa gente que compraba playeras, gorras, sudaderas, mientras que nosotros no podíamos comprar nada de eso porque no nos alcanzaba el dinero?

—Claro, carnal, ¿cómo no me voy a acordar?

—Pues, fíjate, te llamo nomás para contarte que ahorita acabo de comprar dos boletos para mi morro y para mí para llevarlo a la serie mundial. Me toca ir a Nueva York porque estoy trabajando y no voy a alcanzar a ir a Los Ángeles —le dije a duras penas conteniendo el nudo en mi garganta de la emoción que aquello me provocaba.

—¿Estás bien, carnal? —preguntó él.

—Oh, sí, sí, es que nomás me emociona acordarme del dólar y medio que pagamos nosotros. Ahora que le pregunté a mi hijo que en qué parte del Yankee Stadium quería los boletos, me respondió que donde pudiera. ¿Y sabes qué le dije? ¡Qué chingaos! Me voy a sacar la espina de cuando yo fui de morro con tu tío Pedro, porque no se me olvida el antojo que teníamos de una playera o una sudadera y no teníamos la feria para poderlas comprar. ¡Me gasté 18,000 dólares en esos pinches boletos, carnal! ¡Me los gasté porque nos lo merecemos, qué chingaos! Y le doy gracias a Dios, carnal, por haber permitido hacerlo posible. Tú sabes que Dios es grande y nunca falla.

Él se quedó muy impactado. Le conté además que no solo fueron los boletos: pagué otro dineral en los vuelos de primera clase hasta Nueva York y el mejor hotel de Manhattan. El día del juego le volví a marcar en videollamada y le puse la cámara para que viera la intensidad del momento que estábamos viviendo y el lugar donde estábamos.

—¡Wow! *God is good*. Disfruta, carnal, hablamos después —es todo lo que atinó a decir.

Mis propias hijas fueron, cuando les platiqué la idea, las primeras que me animaron a hacerlo y a gastar ese dinero. ¿Cuándo se iba a dar otra final de Serie Mundial entre los Dodgers y los Yankees y quién sabía si íbamos a estar con la salud necesaria para verla? Poder vivir esa experiencia con mi hijo es algo que no tiene precio y estas anécdotas quedan alojadas para siempre en nuestros corazones.

Pedro también fue testigo de otra anécdota. Un día, me llevó al Park Stadium donde jugaban los Dodgers y yo, todo soñador, le dije que algún día iba a estar en ese campo. Él se reía, pero años más tarde, cuando la rompí con "El Moreño", di uno de mis primeros conciertos importantes justamente allí y me conseguí la playera oficial de los Dodgers, que dice Lupillo en la espalda. La playera cuelga enmarcada en una pared de mi casa, por supuesto. Ese día le hablé por teléfono nomás para recordarle que mi predicción se había cumplido, así no fuera jugando al béisbol sino cantando, el sueño de un deportista que la música le cumplió. Algo parecido le sucedió al gran Julio Iglesias cuando cantó en el estadio del Real Madrid.

No he dejado de recordar en cada uno de esos logros que, con 11 años, la lista de trabajos temporales del niño de los botes había crecido enormemente siguiendo la filosofía de vida que me inculcaron y que cumplí a rajatabla. No puedo olvidar que con 10 años también entré a echar una mano en la construcción. Yo mismo, junto a un señor que me enseñó a hacerlo, le eché el piso de cerámica a toda la casa familiar donde todos crecimos en la avenida Gale. Con ese mismo maestro albañil, me enganché a trabajar en el ramo. Me llevaba cuando lo llamaban para realizar algunos trabajos en otras casas y ahí me ganaba unos dólares extra. Ese maestro se llama Efraín Zamudio. Lo conocí de un modo muy curioso cuando trabajaba como fotógrafo con mi papá. Le tomé las fotos de su boda junto a su esposa y sus hijas, que ya las tenía y estaban bien chiquitas. Él me enseñó el oficio de la construcción en todas sus facetas, me hizo albañil, plomero e incluso con el tiempo me quitó el miedo que le tenía a la electricidad mostrándome como hacer instalaciones de tres y cuatro cables. Me ha ayudado en la construcción de mis casas de manera ininterrumpida desde hace treinta años forjando una amistad eterna. Luego fui yo quien le proporcionó trabajo para que se sintiera activo estando jubilado y enfermo; mejoraba cuando se sentía útil. Por desgracia nos dejó mientras estaba yo en *La casa de los famosos* en febrero de 2025. Descanse en paz, mi querido Efraín.

A esta chamba le agarré afición, se convirtió en un pasatiempo para mí. Siempre me gusta hacer cosas en mi propiedad y no he dejado de ejercer el oficio haciendo todo tipo de reformas en casa y asesorando a gente conocida. Si no hubiera sido cantante, no tengo dudas de que me habría dedicado a la construcción. Puede que todavía esté a tiempo.

Capítulo 5

LA ESQUINA DE LOS BOTONES

El niño de los botes pudo ser también el de los melones, las naranjas o los casetes. ¡Cuántas veces no habré pensado que buena parte de mi público pudo haberme comprado en su día un burrito, un chicle o una cinta sin acordarse, ni de lejos, que el chamaco que se lo vendió era el mismo bato que tenía enfrente en el escenario! Claro que también he pensado que otras gentes sí me pudieron haber reconocido, lo cual es bien chistoso. Cuando yo vendía chicles en el *swap meet*, había un señor que se llamaba Felipe Chaidez. Él hacía lo mismo que yo hago hoy en día. Me compraba todos los que llevaba y los aventaba para regalárselos a los niños. También me compraba mucha música. Al cabo de los años, cuando ya era famoso e iba a algunos de los eventos gratuitos que organizaban en la radio para el público, me lo encontré.

—¡Eh! ¡Tú eras el de los chicles! —exclamó cuando me vio. Un grito que se convirtió poco menos que en un grito de guerra, porque me lo repetía cada vez que iba a verme cantar.

No olvidaré jamás aquella expresión. Él se presentaba como Felipe Chaidez de Amaculí, Durango. Por supuesto, le correspondí. Cada vez que nos encontrábamos, le daba su atención al hombre, lo invitaba al *backstage* y hasta un corrido le hice. La letra de "Felipe Chaidez" cuenta las adversidades que le tocó enfrentar a él y a su hermano Humberto. Se convirtió en una relación entrañable, hasta que falleció. No pude acudir a su funeral por un compromiso de trabajo, pero lo recuerdo con mucho cariño. Fue la única persona que se acordaba de que el borracho pelón tan exitoso era el mismo niño de los botes al que le compraba chicles y casetes.

Por esa época de chamaco buscavidas, yo estaba en los primeros años de la primaria. La nueva condición de tener que rebuscarme el dinero que mi papá me impuso desde los siete años no fue óbice para dejar de lado los estudios. No era mal estudiante, sobre todo en matemáticas, materia que me encantaba y en la que solía destacar sobre el resto de la clase. Eso me generó varios reconocimientos desde el tercer año que ponían muy feliz a mi amá. Con la lectura y las asignaturas de letras me pasaba todo lo contrario; con esas siempre me tocó batallar, a diferencia, por ejemplo, de mi hermana Jenni, que devoraba libros a una gran velocidad. Era capaz de sacarme, en la misma evaluación, un 10 en matemáticas y un 2 en literatura. Visto con la perspectiva de los años, digamos que fui un estudiante sobresaliente en la escuela cuando quería.

Toda esa hiperactividad de mi infancia, pubertad y adolescencia la encajé positivamente en mi mente. Era parte de la supervivencia. Los hombres de la casa arrimábamos el hombro para incrementar los ingresos con los que abastecer a una familia que, por aquel entonces, ya tenía siete bocas que alimentar. No paraba de darle vueltas a la cabeza y, entrado ya en la pubertad, bien pude haber adoptado también el apodo de morro de los botones. Tal vez eso amerite otra rola, porque el morro de los botones volvió al lugar de los hechos con un Grammy bajo el brazo completamente emocionado y envuelto en lágrimas.

En el año de las Olimpiadas, mi papá hizo un gran negocio con la venta de botones, y en eso tuve yo bastante que ver gracias a haberle heredado la capacidad de tener iniciativa. Por esa época, el grupo Menudo andaba muy famoso y teníamos muchas fotografías de ellos que me conseguía de las revistas y sobre todo de los pósteres. Antes, en las discotecas, te regalaban pósteres de los artistas de moda y más promocionados. Yo iba a buscarlos, preguntaba si tenían de Menudo y me daban un bulto enorme. Con todo ese material en mi poder, le platiqué a mi jefe la idea de comprar una máquina para hacer botones con cada uno de los rostros de los integrantes del grupo, que podíamos vender a un dólar. Recordé esta anécdota muchas veces con mi hermana Jenni. Lógicamente, aquello era pirateo puro, porque no era un producto oficial de ellos ni de ninguno de los motivos o personajes que llegamos a hacer después.

Me hizo caso y compró la maquinilla. Las había de tres tamaños: grande, mediano y chiquito. Él compró el mediano, pero pronto el negocio fue más allá de las puras caras de Menudo. Cuando nos enterábamos de que había un concierto, allá que íbamos. Mi papá me cargaba de botones y yo me ponía a vender en una esquina, con una toalla, a dólar el botón. Los vendía en un santiamén. Vendí también de Timbiriche, pero los de Menudo eran mucho más rentables porque había una fiebre tremenda por el grupo. El que más se vendía era el de Ricky Meléndez aun con sus frenillos y todo en los dientes e incluso después de dejar el grupo. Ricky Martin lo sustituyó en 1984 y alcanzamos a vender botones con su cara también. Otro miembro del grupo, Johnny Lozada, se dedicó después a la comunicación. Me hizo una entrevista cuando yo ya era famoso y se quedó perplejo cuando le conté que había vendido sus botones.

El negocio creció durante las Olimpiadas de Los Ángeles de 1984. Resultó que la misma compañía que nos vendía los insumos para hacer los botones fabricaba los botones oficiales de los Juegos Olímpicos y llamaron a mi papá para que se deshiciera de ochenta mil botones que les habían salido defectuosos. Le pagaron 40 dólares por llevarse esa basura de allí. El mismo día que los recogimos, fuimos hasta un dompe a tirarlos, pero estaba cerrado y nos llevamos los bultos para la casa. Al llegar, los sacamos del carro porque debíamos desocupar el vehículo y los echamos al suelo. Yo me quedé mirándolos, antojado con la idea de hacerme una colección de todos los modelos. Eran unos botones bien bonitos, parecían como en 3D. De pronto los movías y el águila se convertía en un pelotero con el logo de los Juegos. Los defectos que tenían eran mínimos. Yo los arreglé, completé mi colección y me los coloqué. Lo primero que hice fue mostrarle a mi papá. El mensaje lo captó enseguida: ¡Aquellos botones se podían vender!

Nos pusimos manos a la obra. A vender botones de todas clases alusivos a distintos deportes, que cargábamos en franelas. Nunca olvidaré la esquina en la que yo me ponía a vender. Allí me dejaba mi papá y me decía que no le avisara hasta que se me acabaran. Esos botones oficiales se vendían a 10 dólares y nosotros los vendíamos a dólar. ¡Los vendimos todos en seis días! Desde el lugar donde yo los vendí, tenía una vista hacia un edificio todo glamuroso. Yo me quedaba embobado mirándolo, porque se me hacía como una especie de Neverland. No hacía sino preguntarle a mi jefe qué sería lo que sucedía allí. Fuera lo que fuera, debía ser algo muy grande solo al alcance de algunos elegidos.

Muchos años después, me hice famoso y me nominaron a los Grammy. El día de la ceremonia, me dirigí a la sede del evento en calidad de nominado dentro de una limusina, tumbado, enjoyado y pisteando con mis amigos, entusiasmado con la idea de que me pudiera ganar un Grammy. Conforme nos acercábamos y tuve aquel edificio a la vista, se me vino como un *flash* a la cabeza mi imagen de vendedor de botones y las pláticas con mi papá respecto al lugar al que en esos momentos me dirigía. Cuando pasamos por la esquina donde yo vendía los botones, le pedí al chofer que se detuviera súbitamente y se estacionara allí.

—Pero, señor, debo llevarlo a la alfombra roja, no me puedo detener aquí.

—No, ni madres, he dicho que aquí, por favor.

Me bajé en esa esquina. Me senté en la banqueta. Me puse a recordar las veces que yo miraba ese edificio todo nuevecito cargado de botones y le preguntaba a mi jefe:

—Apá, ¿qué chingaos harán en ese edificio?

Nos quedábamos los dos mirando como si tras aquellos muros hubiera un mundo imposible. Aquella noche me gané el Grammy y cuando salí regresé con la limusina a la esquina. Le marqué a mi viejo muy emocionado.

—¿Qué traes, cabrón? ¿Dónde estás? —me contestó de una.

—Aquí en la calle donde vendíamos los botones, ¿se acuerda?

—Oh, sí, sí, claro, ¿y qué anda haciendo allá, hijo?

—Ya me di cuenta de lo que se hacía en ese edificio que tanto mirábamos en las Olimpiadas —Al acabar esa frase me quebré de la emoción y entre sollozos atiné a acabar la frase—: allí se dan los reconocimientos a la gente que tiene talento, apá. Me gané el Grammy, apá, y me lo dieron allí, en ese pinche edificio del que yo le hablaba de morro reventándome por vender botones.

Mi jefe se quedó callado sin saber qué decir. La emoción lo alcanzó. Simplemente me dio las gracias. Todas las veces que he contado en privado o en público esta anécdota, no he podido evitar quebrarme con el recuerdo de aquel morro pegado a su padre, matándose por recoger botes o por venderlos para tratar de vivir mejor y tener, al menos, el dólar y medio que le costaba ver sus juegos de béisbol.

Hicimos miles de dólares en tres días con la venta de los botones. Lo más significativo para nuestra biografía es que con ese dinero mi papá financió su primer disco de mariachi. Ese sueño latente que en algún momento le invadió de darse a la cantada podía ser posible. Ese mismo año de 1984, debutó como fotógrafo de fijas en una película e hizo sus pinitos como actor. No lo logró como artista porque no tuvo éxito, pero de algún modo la incursión en la música puso en marcha el proyecto que acabaría siendo Cintas Acuario, el gran comienzo del camino que me llevó a la fama y cambió la vida de toda la familia. Una nueva aventura empresarial en la que, como siempre, el hijo chiqueado, su fiel escudero, estaría a su lado.

Capítulo 6

EL BESO, EL PASTO Y EL SEXO

Lo escuchaba todo el rato en las canciones. Me despertaba gran curiosidad. ¿Cómo serían las cosas del querer que tantos casetes llenaban por ambas caras? Dos caras era precisamente lo que yo le veía al asunto, una en la que todo parecía color de rosa, esas rolas que rezumaban alegría; otra en la que no se hacía sino llorar y sufrir. ¿Cuál de las dos me tocaría a mí? La primera vez que me formulé esa pregunta retórica, escuchando uno de los casetes de Vicente Fernández que más vendía en el *swap meet* de Paramount, no podía ni imaginar que un mismo nombre de mujer me iba a hacer vivir las dos caras del amor, el tema universal más recurrente de la música. Cuando apareció la rola de "Mujeres divinas", me tomé al pie de la letra una de sus estrofas para no hablar mal de las damas. He tratado de mantenerme fiel a mi palabra.

El amor me llegó así, de esa manera. Mi adolescencia empezó con un beso a una María y acabó con una hija con otra. Mis primeros romances fueron a las puertas de la prepa. En la primaria, bastante tenía con buscar dólares hasta debajo de las piedras para no quedarme sin comer. El estómago vacío era capaz de nublar cualquier hormona que apuntara hacia el corazón. Igual, mi primera asomada al amor no fue nada serio, típicas aventuras de colegiales de esas edades en las que uno aprendía a besar, a dar la mano, a abrazarse. Hasta que llegó ella. Era la segunda María. Ahí sí caí, ahí sí empecé a ver las letras de algunas canciones como un himno autobiográfico que quería dedicarle para que viera lo que estaba sintiendo. Fue la mujer que me robó el corazón, pero no la que me robó la virginidad ni el primer beso. Mi primer beso tiene una historia curiosa.

Una de esas primeras aventuras pasajeras fue con otra chava que casualmente también se llamaba María. Ella quería que le diera un beso, pero yo no sabía cómo hacerlo. A mis 14 años que tendría por aquel entonces, no había besado jamás en la boca a una muchacha e ignoraba completamente el procedimiento. María tenía a su vez una amiga que se llamaba Roberta, quien se veía bien brava y aventada desde bien chiquita. No se me ocurrió otra cosa que preguntarle a la amiga si ella sabía cómo se besaba para que me echara una mano. Me echó la mano y la lengua, porque ella fue la que me enseñó a besar dándonos unos besos tremendos, a escondidas por supuesto, porque ella también tenía novio. Roberta besaba bien rico, fue una excelente maestra. En cada clase acababa bien excitado sin saber qué seguía, si es que seguía algo, porque uno era consciente de estar haciendo algo clandestino. Prolongó sus clases por una semana y ahí sí me quedaba yo como fuera de onda. Más que clases, ya aquello parecía otra cosa.

Entonces regresé donde María dispuesto a aplicar mis conocimientos. Nunca preguntó cómo le había hecho para besarla tan rico y por supuesto nunca le dije. Si me está leyendo dondequiera que esté, es hasta ahora que descubrió mi truco.

Ese fue mi primer beso, dejando a un lado el entrenamiento con Roberta, claro está. Lo di en la escuela, en las dependencias de la Stephens Middle School de Long Beach, en la que estuve justo antes de pasar al Polytechnic High School de Long Beach. Una vez graduado en la ciencia del beso, me solté y se me dispararon las hormonas. Me enamoraba de todas las morras, todas me gustaban, pero me encontré con la barrera de la timidez. Siempre he sido así, un hombre tímido al que le ha costado saber llegarle a una mujer. He sido muy malo para el arranque de la conquista. Lo sigo siendo de hecho, pero siempre hubo alguien que me echó una mano para conectarme con la mujer que deseaba.

Mucha gente piensa que todos los artistas por el mero hecho de serlo somos cazadores, por decirlo de alguna manera, conquistadores y mujeriegos compulsivos, pero no es así. Yo nunca he sido capaz de dar ese primer paso, de acercarme a la mujer que me gusta. Son cosas que mucha gente no sabe. Lo más fácil para el público es pensar que en aquella época Lupillo era un vago y que andaba en la calle con toda la pandillera, con ojo alegre, noviero, pero la realidad era muy distinta. En lugar de noviero o de ser un hombre que andaba continuamente a ver a quién se agarraba, era un morro que en la escuela era tímido hasta para preguntar el número de teléfono de las muchachas. Esa timidez no la he perdido. Si tuviera que ir a hablar con una mujer que me gusta, no sabría ni cómo empezar. Por eso, a lo largo de mi vida procuré tener un intermediario que hiciera ese primer contacto del que yo no era capaz. De no haber sido por estos mediadores, no habría tenido un solo romance. Porque eso sí, una vez que alguien me daba el paro y me conectaba, ahí sí yo ya me soltaba y desplegaba mi arte para rematar la faena. En cierto modo, fue lo que sucedió con aquellas primeras chavas de mi adolescencia.

Luego de la primera María, salí con otra muchacha al poco tiempo de entrar al *high school*, algo más formal que la del primer beso, pero no tanto como luego me puse con la mamá de mis primeras hijas y mi primera esposa. Esta se llamaba Aracely. Para poder llegar a ella, me serví de una amiga común que se llamaba Claudia, que fue la que hizo ese primer trabajo de acercamiento que yo era incapaz de hacer. Duramos seis meses saliendo juntos. Con ella ya estaba bien preparado para un beso y más que eso, aunque no me animé. Digamos que el destino reservó los honores de mi primera vez a una experta treintañera que se apropió de un estreno que parecía reservado para María Gurrola.

Con María pasó lo mismo. Nos conocimos en la prepa, en la Poly. No íbamos a la misma clase. Yo tenía 17 años y estaba terminando el undécimo grado; ella tenía 16 y estaba acabando el décimo. Me gustó desde que la vi, pero no habría pasado nada de no ser por la persona que me hizo llegar a ella, un amigo común, Ventura. Si hubiera llegado a saber lo que pasaría después, es probable que se hubiera cuidado mucho de relacionarnos, porque cuando María me conoció a mí nos gustamos enseguida. Con eso, el bueno de mi amigo quedó sin chance alguna, porque él también andaba detrás de ella. Ahora que lo pienso, tampoco se me hace raro que ella me escogiera a mí: la neta es que Ventura estaba más feo que yo.

Empecé a cubrirla de detalles. Le compraba su almuerzo en la escuela, le escribía sus cartitas, le dedicaba canciones, le regalaba flores a cada rato, la cubría de un ambiente romántico que, eso sí, se me dio bien toda la vida. Una vez roto el hielo, sé conquistar a una mujer que me gusta porque me nace. Es algo que surge de adentro, nada impostado ni superficial. Además, creo que ellas notan cuando un hombre tiene algún gesto que hace con cariño verdadero o cuando hace un obsequio solo por quedar bien. Ser caballero fue algo innegociable para mí desde mi primer amor. En eso soy muy clásico, un romántico consentidor hecho a la vieja usanza. Nunca dejaría que una mujer me invitara a cenar ni que me abriera una puerta.

Aquello era el típico noviazgo de prepa y María se convirtió en mi primera novia formal, oficial, por decirlo así, de esas que todo el mundo sabe que es tu pareja. Vivimos la preparatoria juntos. Ella quería participar conmigo en todos los proyectos del último grado del *high school* a pesar de ir un año por abajo: estaba por entonces en el undécimo grado. Logré convencer a ciertos profesores y gente de seguridad aduciendo que éramos novios para que la dejaran pasar conmigo, así su identificación no se correspondiera con la clase.

Vivía yo feliz con el triunfo de mi conquista colegial cuando conocí por casualidad en la calle a una señora casada de 33 años. Yo jugaba al béisbol durante toda la prepa. Ya desde la primaria usábamos las instalaciones del Poly, donde desahogaba mi afición a este deporte. No se me daba nada mal, por cierto, solamente mi estatura me frenaba en el sueño de poder avanzar como pelotero. Después de los juegos de pelota, tipo tres y media de la tarde, tenía que caminar como unas cinco cuadras desde el campo de juego del Poly para regresarme a la casa. En ese trayecto me encontraba regularmente con una señora que regaba su pasto. Siempre estaba ahí y me veía pasar. La escena se volvió familiar para ambos, ella con sus shorts, toda informal, mirándome pasar, y yo me le quedaba mirando. Se me hacía muy guapa. De pronto empezamos a saludarnos. Cada vez que pasaba me decía "buena tarde" y yo le respondía. El saludo fue diario, cada vez un poco más largo, como quien va tomando confianza poco a poco.

Una de esas tardes cuando yo pasaba, vi que la manguera se le había enredado y tenía dificultad para regar su pasto. Aprovechó que yo pasaba para pedirme ayuda, a ver si yo podía colaborarle para arreglar la manguera, que se le había atorado de tal forma que parecía más difícil de desenredar que un ovillo de anzuelos. Inmediatamente acudí y pude solucionarle el contratiempo sin mayor dificultad, y ya una vez allí empezamos a platicar. Nos presentamos formalmente, bromeamos sobre el hecho de que llevábamos meses de saludarnos sin conocernos. Incluso me ofrecí a arreglarle su jardín porque tenía experiencia cortando yardas.

Me invitó a pasar a su casa y me ofreció limonada. La plática se alargó y se profundizó. Empezó a preguntarme mi edad, si tenía novia, si ya había besado a una chica o si había hecho algo más que dar un beso. Luego de confesarle que tenía 17 años y que dividía el tiempo entre los estudios y la disquera de mi papá, a la siguiente pregunta le respondí que sí. Era justo en esa época que empezaba a salir con María Gurrola, teníamos muy poco tiempo. A la última cuestión respondí que no, a pesar de que oportunidades había tenido, pero le confesé que todavía no había desvirgado ni a mi novia ni a mí mismo.

La señora se fue excitando conforme avanzaba la plática, inundada de deseo ante la idea de estrenar ahí mismo el vigor de un adolescente. Fue entrando en materia de manera explícita hasta envolverme en una especie de hipnosis. No pude resistirme a aquella seducción. Era Dustin Hoffman delante de la señora Robinson. Fue un derroche de instinto animal para satisfacer la imaginación de una mujer de 33 años con un *teenager.* Yo me convertí en su fantasía y ella, en mi gran profesora del sexo tal como Roberta lo había sido del beso. Así como a la primera no le importó el hecho de tener novio para adiestrarme con su lengua metida en mi garganta, tampoco a esta señora —cuyo nombre prefiero reservarme para evitar un disgusto a su esposo en caso de que me lea— le importó estar casada para cabalgar desnuda sobre mí en el sofá sobre el que previamente derramó la limonada.

Desde aquel día, cambié muchas tardes el bate de béisbol por las citas clandestinas en la casa de mi particular señora Robinson. De una a cuatro, lo único que bateaba yo era aquel cuerpo de mujer desenfrenado que me contagió la infidelidad y me traía loco. Visto en perspectiva, el asunto tiene muchos atenuantes. Cierto es que nada pude ni quise hacer para resistirme a los encantos de aquella señora, pero mi subconsciente lo procesaba desde un punto de vista pragmático. Era el mismo patrón de comportamiento de mi primer beso. Aquel doctorado en el sexo lo tomé como un tutorial que me iba hacer afrontar con más seguridad el momento mágico de la primera vez con la mujer que amaba de verdad, que por supuesto era mi novia. El sexo del pasto no dejó de ser una maestría que desencadenó una serie de acontecimientos que acabarían por evitar que yo muriese en la Guerra del Golfo. La maestría fue tan buena que acto seguido empecé a tener relaciones con mi novia y, a las primeras de cambio, nuestros primeros encuentros íntimos acabaron en el embarazo de Ayana. Ahí se gestaron mi primera hija y mi primera boda.

Capítulo 7

IN HOC SIGNO VINCES

El día que mi hermana Jenni quiso quitarse la vida tuvo un impacto tremendo cuya onda expansiva amenazó con afectarnos a todos. Entonces no entendía nada. Ahora debo mencionarlo como un momento muy importante de mi vida, pues fue aquel amago de tragedia el que nos acercó a la fe cristiana. La fe me ayudó mucho a vivir y procesar todos los quebrantos que se originaron en el entorno familiar a causa de las malas decisiones de mi carnala. Precisamente, fue ella la que me jaló. En el proceso de rehabilitación de su intento de suicidio, alguien le habló de una iglesia que la podía ayudar a restablecer la sanidad en su alma. Ella averiguó. Cuando por fin se decidió, me invitó a que la acompañara y acudimos a congregarnos a Victory Outreach, una iglesia evangélica que se encontraba allí mismo en Long Beach, que debía simbolizar su propia victoria ante la dura prueba por la que estaba pasando —la suya, la mía y la de toda la familia— mediante la entrega de nuestros corazones a Jesús.

—¿Saben qué significa *in hoc signo vinces*? ¡Sepan que Cristo siempre vence! —fueron las palabras enfáticas que le escuchamos al pastor tras mi hermana sincerarse, contándole el infierno por el que estaba pasando y la necesidad de salir victoriosa de todo ese proceso.

Aquella frase en latín, traducida al español como "con este signo vencerás", en alusión a la cruz, respondía a la célebre visión de Constantino I en el cielo antes de la batalla del Puente Milvio contra Magencio, el 12 de octubre del año 312. Constantino el Grande venció, hizo del crismón su estandarte y se convirtió en un emperador clave para sacar al cristianismo de la clandestinidad y la persecución. Para nuestro guía espiritual, aquel héroe bizantino simbolizaba, al igual que la figura de Pablo de Tarso, la victoria de la verdad de Jesucristo, una victoria que se nos ofrecía con los brazos abiertos en aquel lugar en el que Jenni y yo empezamos a conocer el camino de Dios. Abrazar la fe nos conduciría, profundizando en el contenido de la Biblia, a la victoria en la vida sobre todas las oscuridades que nos han atenazado.

Nosotros crecimos en un entorno católico: teníamos hecha la primera comunión, la confirmación y todos los sacramentos. Habíamos estudiado el catecismo. Sin embargo, no llegué a estudiar la Biblia, a escudriñarla a profundidad y aprender de la Palabra de Dios hasta que todas esas convulsiones familiares nos llevaron a Victory Outreach. Lo que más me llamó la atención y me hizo quedarme en la iglesia evangélica fue que, a diferencia de lo que había conocido antes, ahí no te imponían una determinada Biblia, la de color rojo, por decir algo, sino que tú podías escoger, de modo que yo un día tomaba la roja, pero otro día tomaba la azul, la amarilla o la que fuera. Tenía total libertad para llegar a la conclusión de que el mensaje era el mismo. Eso me dio mucha confianza, me hizo sentir bien y di un paso adelante a mis 12 años recibiendo a Cristo en mi corazón y volviéndome a bautizar junto a mi hermana. Fue una gran ayuda para ella y para mí. Nos dejó para siempre citas bíblicas que no caducan, que repetimos constantemente cuando había que afrontar una situación complicada, como la que fue una de las plegarias favoritas de mi carnala, la de la serenidad:

"Dios mío, concédeme la serenidad para aceptar todas las cosas que no puedo cambiar; valor para cambiar aquellas que puedo y la sabiduría para distinguir la diferencia".

Llegó un momento en que Jenni dejó de ir, pero yo seguí yendo. Me iba solo en mi patineta desde la casa recorriendo las aproximadamente cuatro millas que me separaban de la iglesia, tanto a la ida como a la vuelta. Era la mejor terapia, una vía de escape en la que trataba de encontrar la salida correcta de las cosas negativas para procesarlas a través de un filtro espiritual positivo. Eso fue una bendición, no quiero ni imaginar, si no hubiéramos tomado esa decisión, las consecuencias que aquellas vivencias traumáticas hubieran podido acarrear en cada miembro de la familia, por caminos equivocados, entregados al alcohol o las drogas.

Mi mamá, sin embargo, no acababa de entender muy bien mi apego con aquella congregación. Católica de toda la vida y devota guadalupana, como la mayoría de los mexicanos, no podía asimilar que el pastor fuera un hombre divorciado. Para ella, eso no era correcto. En muchas partes del México profundo persiste, a la fecha de hoy, esta manera de pensar y estos prejuicios sobre el divorcio, el aborto o la maternidad fuera del matrimonio, derivados del pensamiento católico más conservador.

—Jefa, pues qué quiere que le diga, yo creo que un soldado que va a la guerra te puede explicar mejor la guerra que otro que la vive en la retaguardia y no conoce el frente —solía yo decirle para tratar de convencerla.

Si la fe es sólida, si lo que has podido sentir en el plano espiritual a través del Espíritu Santo ha sido pleno, las cosas que hagan los hombres no deben hacer tambalear tu creencia. Ese es el error de mucha gente, la confusión del ser humano en general, que se enfoca en el hombre, que mira a la religión de los hombres o las conductas de los hombres. El hombre se equivoca, siempre va a cometer errores, va intrínseco en su naturaleza, es la parábola de la manzana de Adán y Eva. A veces, la mala conducta de un sacerdote o de un pastor es la excusa de mucha gente para salirse del camino de la fe y hacer las cosas malas que quieren hacer. Es lo que les digo a mis hijas cuando les reprocho que se salen de lo bueno con cualquier pretexto para hacer cosas que no son correctas. A mí, si el pastor era divorciado o no, lo que quisiera hacer con su vida privada, no me movía un milímetro de mi fe. Nuestros guías no son buenos o malos, ni debemos ensalzarlos o criticarlos, porque quien es bueno es Dios. Nuestra relación no es con los hombres, es con Dios.

Mis padres me educaron inculcándome el temor a Dios para no ir en contra de su voluntad. Es la misma educación que les he dado a mis hijos. Soy un hombre temeroso de Dios, convencido de que hay que respetar sus leyes, sus mandamientos, no ir en contra de su ética ni sus arquetipos universales. Dios para mí es todo. La Biblia es un libro de aprendizaje continuo. Por muchas veces que la estudies, nunca dejas de aprender algo nuevo.

Fue una labor lenta, pero poco a poco mi amá empezó a entender hasta el punto de congregarse también en la iglesia evangélica, a la que se unió mi hermano Pedro como asistente del pastor, donde finalmente coincidimos todos los miembros de la familia. Años más tarde de mi llegada con Jenni a Victory Outreach, cuando mi carnal mayor pasó por su particular calvario que lo acabó llevando a los caminos rectos del Señor, yo dejé de congregarme en esta iglesia y empecé a ir con el resto de mi familia a la de Pedro, la iglesia Ministerio Logos de Long Beach, en la que predicaba el pastor Tin Mejía. Mi mamá siempre me recuerda con nostalgia aquellos días en los que estábamos todos juntos en ese mismo templo, hasta que algunos pecados capitales empezaron a meter mano. Cada cual emprendió su camino y nunca nada fue igual.

La fe ha sido vital en toda mi vida para que la cruda de todos los tragos de amargo licor que me ha tocado tomar no me hundiera en el fango. Fueron cosas que tuve que pasar para saber enfrentar todo lo que me ha tocado vivir. La vida no es fácil. Cuando Dios nos la dio no dijo que iba a ser sencilla. Al contrario, la vida es una pelea y una guerra constante que me va a tocar llevar hasta el día de mi muerte. Así uno tenga todo el éxito y todo el dinero del mundo, nunca habrá una tregua. Mi jefe me lo decía cuando yo tenía nueve años.

—No porque trabajes mucho y ganes buen dinero se te va a quitar el hambre. El hambre va a seguir y vas a tener que seguir trabajando igual de duro.

Las cosas que él me iba diciendo en su peculiar manera de expresar su filosofía me sirvieron para entender que había que perseverar a como diera lugar. A esa sabiduría, le sumé las enseñanzas de la iglesia que proclamaba el alcance de la victoria. Ese aprendizaje me fortaleció para seguir adelante, porque no sospechaba yo en esos momentos en que miraba el sufrimiento de mi hermana en Victory Outreach, siendo yo un polluelo apenas saliendo del cascarón, que el reto que se me venía por delante iba a ser una cruz de igual o mayor tamaño.

He cargado esa cruz, pero por encima de todo el sufrimiento, nunca olvidé las palabras en latín del pastor: *In hoc signo vinces*. Con ese signo siempre se vence. Cristo siempre vence y brindo porque sé que seguirá venciendo.

Capítulo 8

LOS PALOMAZOS DEL FOTÓGRAFO

La fotografía y la música se dan la mano, se entrelazan en el camino trazado por la vida de mi familia y la mía propia. La una llevaría a la otra. Bien podríamos habernos llamado Fotos Acuario. Tal y como sucedió después con la disquera y, como ya mencioné, luego de lo bien que nos fue en Fresno, mi jefe me puso a chambear como asistente suyo de fotografía en Los Ángeles. Cargaba las baterías, las carpetas y los flashes en una bolsa o en un veliz y me encargaba de cambiar los lentes a la cámara o las pilas cuando era necesario y colocarle o quitarle el *flash*. Él se dedicaba tan solo a tomar las fotografías. Me familiaricé poco a poco con la cámara Hasselblad de rollo de formato grande que él usaba y, conforme fui creciendo, también me llegué a aventar como fotógrafo. Aprendí el enfoque particular que aquella vieja cámara exigía y me puse a disparar hasta que me gané su confianza para hacer las fotos.

Nosotros fuimos fotógrafos de quinceañeras y de bodas. En mis presentaciones o en algunos eventos a los que he acudido como artista consolidado, ha habido gente que me ha saludado recordándome que yo estuve en su boda o en su fiesta de 15 años con mi papá tomando las fotos. Lo comentan con ese tono simpático y anecdótico que tiene el mirar al bato que se desgañita en el escenario o se pasea por la alfombra roja asociando esa imagen a la del día que cargaba una vieja Hasselblad. No faltaron en aquellos días las veces que nos corrían de alguna iglesia, pero el ingenio de mi papá era inagotable. Le dio por irse a las radiodifusoras a tomarles fotos a los locutores. Ellos posaban todos orgullosos junto al micrófono y mi papá les tomaba varias fotos. Luego imprimía la mejor de todas en 16x20 para regalárselas. De ese modo se los ganaba y eso acabó convirtiéndose en una puerta de entrada a las estaciones de radio, algo que fue de gran utilidad cuando la disquera se puso en marcha.

El puente más grande entre la fotografía y la música se tendió cuando compró la cámara Polaroid para hacer fotos nocturnas en las cantinas, los restaurantes y los clubes. Dentro de la rutina de su pluriempleo, cuando terminaba su horario en la fábrica, se iba a tomar fotografías instantáneas y echarse sus palomazos. Les tomaba fotos a las parejas que iba encontrando felices y enamoradas disfrutando de la noche y se las vendía por veinte dólares. Yo participé en varias de aquellas aventuras con la Polaroid. Pedro Rivera se hizo el fotógrafo de Long Beach, un personaje popular en los clubes nocturnos que entre foto y foto se aventaba una rola cada vez que alguien le gritaba aquello de que cantara el fotógrafo; más todavía una vez que grabó con mariachi “Voy a bajar una estrella” con la lana de los botones.

Diría, con poco margen de error, que México es el país del mundo donde más se canta. La prueba son los restaurantes, las cantinas o las reuniones privadas donde no falta un mariachi, una banda o un trío. Dentro de cada mexicano hay un cantante, ya sea de regadera, de parranda o de tarima, afinado o emisor de gallos, pero un cantante, al fin y al cabo, que si no aflora en la sobriedad aflora en la borrachera. Como buen mexicano de pura cepa, mi papá lo llevaba dentro y no desafinaba tanto.

La música mexicana fue parte de nuestro hogar toda la vida. Mi apá nos tocó desde muy niños la música en la casa. Crecimos escuchando a Jorge Negrete, Pedro Infante, Vicente Fernández, José Alfredo Jiménez, Javier Solís. A mi amá le gustaba escuchar también música melódica como José José, Camilo Sesto o Julio Iglesias. Conforme crecí, escuché a Ramón Ayala, Carlos y José y todas las bandas norteñas de la época, música con la que me familiaricé vendiéndola en casetes en las calles. De muchas de las grandes figuras, llegué incluso a vender los antiguos *8 tracks* que les llamaban, los famosos cartuchos de ocho pistas que, vistos hoy en perspectiva, parecen la prehistoria de los soportes musicales.

En ese peregrinaje por las cantinas y los clubes nocturnos, mi padre fue conociendo a los distintos grupos musicales del regional mexicano que se presentaban para animar aquellas veladas. Entre foto y foto, fue preguntando y enterándose de cómo se ganaba la vida esa gente, los honorarios que recibían por cantar y el negocio de los casetes. Uno de aquellos músicos le abrió los ojos al contarle los buenos dividendos que podría generar una rola exitosa. Empezó a darle vueltas en la cabeza al asunto, que despertó ese carácter suyo visionario del que ha presumido para los negocios, y así fue como se le empezó a ocurrir la idea de que tal vez podría poner una disquera para poder grabar a esos grupos. Mi papá fue un visionario y esa virtud es una de las cosas que le he heredado.

Fue al pasar las Olimpiadas cuando aquella idea empezó a madurar y a tomar forma. Gracias al dinero que se hizo con la venta de los botones, se echó hacia adelante con el plan de convertir esa afición a la cantada en una posible fuente de ingresos.

Su disco como cantante fracasó, pero eso no le desanimó. Al contrario, un día le regalaron un máster que activó el sueño por otro lado: si no podía ser cantante, tal vez podría ser empresario. Trató de averiguar los pasos que debía seguir para poner en marcha un negocio de casetes, pues su desconocimiento al respecto era total. Nunca le tuvo miedo a lo desconocido ni a arriesgar con tal de hallar una fuente de recursos que no lo tuviera matándose a trabajar el día entero para que le alcanzara el dinero. La música podía ser la solución a su sueño de sobrevivir sin tener jefe. Esa era la principal motivación, al igual que me sucedería a mí cuando grabé mis primeras canciones. No tenía una idea previa. Tener una disquera no era el gran sueño de toda la vida, en absoluto. Lo único que él tenía era pura necesidad, la misma que tuvo desde que pisó suelo californiano procurando continuamente la forma de mantener a su familia y estar bien con todos nosotros. La ignorancia y la inexperiencia en el sector no fueron impedimento para echar adelante un proyecto que bautizó como Cintas Acuario, que nacía con un claro propósito: puro casete y puro regional mexicano.

Mi apá siempre fue así de aventado, con una fe inquebrantable en sus visiones de futuro. Renunció al trabajo principal que tenía en esos momentos como mayordomo[7] en la compañía de plásticos Imperial Molding. De un día para otro, dejó de ir a trabajar allí y se aventó sin tener ni idea de música, sin estudios de ninguna clase y sin hablar inglés. A él nunca le gustó el idioma: era y es muy de su español. Nos tenía prohibido hablar en inglés en la casa y si llegaba algún amigo hablándolo de volada nos pedía que corriéramos a ese cabrón.

En 1987, llegó el primer disco con Genaro Rodríguez y sus Bribones de Durango, cuyo título en el casete era *Vamos al*

[7] Persona encargada de la vigilancia del personal y los trabajos de empresa.

baile. Genaro y mi papá se conocieron en un evento de radio y ahí nació la amistad que acabó con el regalo de aquel máster con doce corridos, para que arrancara la que iba a publicarse con el número 001 del serial de Cintas Acuario. Era un máster que les había producido Paulino Vargas, el de Los Broncos de Reynosa, y que se había publicado en México a través de Eco, una subsidiaria de Discos Peerless, pero sin mucho éxito. Mi papá no sabía qué hacer con eso cuando se lo obsequiaron. No sabía ni lo que era. Lo llevó a un sitio a preguntar y le explicaron que de ahí podía sacar hasta un millón de casetes. Le enseñaron la manera de editar el material, de hacer la portada y ahí mismo se fue con sus primeros mil casetes. Cuando empezó a venderlos, se dio cuenta de que se ganaba dinero y siguió hacia adelante. El casete número 002 lo grabó mi papá. Pedro Rivera cantaba bajo el título de *Camino al infierno/La Amnistía* con el corrido de Pedro Guerrero, acompañado por Genaro Rodríguez y sus Bribones de Durango.

Aprovechó su trabajo como fotógrafo de Long Beach para tratar de rentabilizar los casetes de la disquera, algo que hizo desde el primer disco con Genaro Rodríguez. Cargaba las cintas en el carro y cuando vendía las fotos en los clubes nocturnos, ofrecía un paquete de foto y casete con la ayuda de las ficheras. Las usaba a cambio de una propina como modelos para tomarse una foto con el galán de turno y, cuando este compraba la foto, la morra lo persuadía para que ahí mismo adquiriera también el casete. La noche que lograba vender veinte cintas ya era muy buena. El negocio funcionaba y se sostenía discretamente así en los primeros tiempos.

Viendo que la cosa empezó a funcionar, faltaba legalizarla. Justo al revés del orden natural de las cosas, porque se había aventado sin saber lo que era publicar una canción, mucho menos lo que era una editora. Fuimos aprendiendo todo en el camino.

Tuvo que buscar asesoría legal para registrar la marca. Resolvió el asunto preguntando en el mundo de la música. Fue así como llegó hasta un abogado que se llamaba Gerald Weiner, con el que pudo ejecutar todo ese proceso en el que se gastó un dineral. En 1987, se registró Cintas Acuario como corporación y después creó la editora Cintas Acuario Publishing, a la que siguieron dos más, Sonora Publishing y Cervantes Publishing. Sin tener ni idea de música, sin estudios y sin hablar inglés, fue una de las primeras personas que hizo una editora de música hispana en los Estados Unidos.

El modelo de venta de paquete de casete y foto no pasó inadvertido a otras bandas, grupos y artistas que amenizaban las veladas. Estas agrupaciones recibían apenas 160 dólares por tocar en las cantinas, tenían deseos de publicidad y buscaban la forma de promocionarse, hacerse famosos y vender discos. Vieron una oportunidad de grabar tras observar al fotógrafo con su Polaroid vendiendo alegremente fotos y cintas. Lo buscaron e hicieron negocio. Ellos le ofrecieron producir sus propios másters para que Cintas Acuario los publicara y los vendiera. De ese modo, el catálogo de artistas creció hasta juntar seis grupos que quisieron estar con nosotros, entre ellos, recuerdo, Los Rayantes del Valle de Oxnard, California.

Cintas Acuario echó a andar sin nadie más que nos echara una mano y con momentos de tensión que generaban muchas dudas. Mis otros hermanos estaban en sus respectivos trabajos y mi hermana, ya amancebada con Trino Marín, había tenido a su primera hija en junio de 1985, inmersa en aquel ir y venir de su propia casa a la de mis papás, fruto de una relación tóxica cuyos efectos más nocivos se dejaron ver principalmente en esos años.

El entusiasmo de mi jefe en sus primeros pasos como empresario musical solo me lo contagió a mí, que era el único trabajador de la empresa. El resto de la familia estaba en contra. Mi mamá era la otra cara de la moneda. Encajó muy mal todo aquello. Estaba desesperada, creía que toda aquella locura iba a ser la ruina para la familia, que aquellos artistas no iban a vender ni un casete. Contemplaba con estupor el hecho de que su marido ni siquiera supiera cómo se tenía que cobrar cuando puso en marcha la editora. Por ese desconocimiento y todos los errores que se cometieron, se perdió muchísimo dinero. Los nervios los tenía a flor de piel y cada dos por tres se ponía a gritar amenazando con que se iba a divorciar si no se retractaba de aquella aventura. Estaba claro que no compartía el acto de fe de su esposo en la nueva empresa, como tampoco creían mis hermanos, que también lo tachaban de loco y le preguntaban a cada rato qué demonios estaba haciendo, tratando de disuadirle de lo que creían era una insensatez y de convencerle para que volviera a conseguirse un trabajo que asegurara el sustento como el que tenía y al cual había renunciado. Tuvieron que pasar muchas vicisitudes y mucho tiempo para corregirlos a ellos y darle la razón a mi padre, pues llegó el momento en que aquel proyecto que tacharon de locura les acabó dando chamba a todos ellos.

Capítulo 9

LAS CINTAS DE LOS ACUARIOS

La disquera acabó siendo un punto de inflexión para la familia Rivera y, por supuesto, para mí mismo. Nada se entendería hoy en día en mi carrera sin el paso previo y entrañable por Cintas Acuario. Puedo decir que le debo todo, sin olvidar mis propios méritos, porque le dediqué mucho tiempo y mucha energía. Desde el primer minuto, una vez que todo estuvo formalizado, como el fiel escudero que era, empecé a trabajar con mi papá en la disquera que bautizó con su signo del zodíaco, que también es el mío. Por mucho tiempo, él estuvo celebrando el cumpleaños el 18 de febrero como su fecha real de nacimiento. Ese era el día que festejábamos en la casa desde que éramos bien chamacos, aunque tenía duda de si había nacido el 18 o el 17. En cualquiera de los dos casos seguía siendo acuario. Lo que pasó es que luego se modificó la fecha en su acta de nacimiento al 23 de febrero, día en el que finalmente fue registrado, de modo que a efectos legales se convertía en piscis. Pudo haber sido Cintas Piscis, porque ahora él dice que es piscis, pero con independencia de la burocracia, la realidad es que acuario éramos él y yo cuando nació la empresa, y acuario quedaría para la posteridad.

Empezamos a operar desde la casa en el 2184 de la avenida Gale, en un espacio del dúplex que él habilitó para la empresa. Me tocaba hacer de todo, me iba preparando sobre la marcha. Mi papá y yo aprendimos juntos al mismo tiempo. No hubo tarea que me dejara sin hacer, no hubo un solo departamento o fase del negocio que no asumiera. Así era, porque en ese arranque la compañía no tenía más empleados que mi jefe y yo. Encima, tenía que sacar tiempo para la escuela. En todo caso, era una considerable mejora. Luego de mi tránsito desde los botes hasta la pisca de la uva y la venta ambulante, trabajar desde la casa ayudando a mi jefe era toda una bendición.

Me encargaba de organizar la grabación en el estudio. Cuando quedaba todo mezclado y el máster listo, me ponía a dividir el lado A del lado B de las canciones para que quedara parejo, ya que se trataba de cintas de casete. Seguidamente, había que ordenar las portadas. A las dos semanas de empezar a trabajar, ya estábamos tomándole fotos al grupo para la portada del casete. Era el único paso del proceso en el que mi jefe sí tenía experiencia. Elegíamos la que más nos gustaba y con ella ordenábamos el diseño. Una vez que las cintas estaban listas, ya duplicadas y todo, yo era el que se encargaba de llevar personalmente el casete a las distribuidoras. Había en aquel entonces veintinueve distribuidoras de música en Los Ángeles. También iba directamente a las discotecas conocidas a ver si lo querían comprar. Incluso en los tianguis poníamos el puesto para vender y también, por supuesto, en los clubes nocturnos y las cantinas con el paquete de foto y cinta.

Cuando empezamos a tener contactos y entrar en la radio, yo era también el que iba a las estaciones para promover el material, a ver si lográbamos que lo tocasen. Mi jefe empezó a rentabilizar las fotos que les había regalado a los locutores. Se intentó por todos lados. Pablo Carrillo lo invitó a la radio a su conocido espacio Laboratorios Mallo, y hasta allá fuimos a ver si tocaban nuestra música. A diferencia de la mayoría de compañías, cuyos anuncios se pasaban en las estaciones más populares como la de Humberto Luna en el 1020, mi papá se anunciaba en la sintonía de Radio Express en el 1090 de AM, porque no disponía de mucho dinero para eso. Pagaba mil dólares para que tocaran seis veces al día a los artistas. Él programaba las canciones después de las 7 de la noche para minimizar el enjambre de la mala calidad del sonido de la emisora y aprovechar el largo alcance que las estaciones de onda media adquirían con la llegada de la noche. Radio Express era la que más se dedicaba al regional mexicano y, gracias a su largo alcance, podía llegar de noche hasta Guadalajara, Jalisco o a lugares tan lejanos como Durango. Lo comprobábamos porque gracias a eso nos llegaron algunos pedidos desde aquellos remotos rincones mexicanos.

Batallar con la radio fue muy duro al principio, porque la mayoría de las estaciones no nos pelaban: decían que no les gustaban nuestros artistas. En esos años, si la radio no te tocaba no existías, si no existías no vendías, y si no vendías tu negocio era una ruina. Por eso el arranque fue muy complicado. A veces nos quedábamos en números rojos, situaciones muy críticas que ponían en riesgo el mero hecho de poder sacar el material de las duplicadoras. Íbamos con el agua al cuello. En aquella delicada coyuntura, le sugerí a mi jefe que grabáramos corridos, porque es un género muy popular que forma parte de nuestra idiosincrasia. Los corridos contaban nuestra propia historia y eran los que más se vendían en las discotecas y en el *swap meet*.

No me equivoqué: con los corridos nos fue mucho mejor. Poco a poco, con tropiezos y todo, logramos seguir adelante en la carrera. Mi papá pudo comprar una segunda casa en el número 270 de la calle Ellis, adonde se mudó la familia con Juan y Rosie todavía bajo el mismo techo de mis papás. En la calle Ellis se establecieron las nuevas oficinas de la disquera, en las que se vivieron muchas anécdotas. Ahí, por ejemplo, recuerdo ver a Chalino Sánchez sentado en las escaleras esperando que llegara mi papá, quien se demoraba a veces cuando se iba temprano al gimnasio antes de regresar a la casa y acudir a las oficinas.

En 1989, tuvimos el primer golpe de suerte. Conocimos a Julia Beltrán en el Centennial Park, en una de las ferias católicas que organizaban las parroquias. Solían invitar a artistas para que amenizaran el evento. Julia acudió con su hija Graciela, cuya actuación nos encantó. Mi papá cerró un trato para grabarla y aquel día nació la que acabaría siendo la primera estrella de la compañía, Gracielita Beltrán. Mi papá se encontró con un problema porque, a diferencia de los grupos que tenía, que solían producir sus propios másters, a ella tocaba grabarla y no sabía cómo hacerlo. Llegaron al acuerdo de que él rentaría el estudio y ella pagaría el mariachi.

Se acertó al apostarle a Gracielita, aun cuando el éxito no fue inmediato. Los primeros discos no funcionaron tanto. Fue con el tercer disco cuando consiguió un *hit* e hizo progresar otro poco más a la compañía. Graciela fue la primera artista que se nos disparó en ventas. Su éxito fue creciendo hasta que mi papá la licenció en EMI Latin, y Cintas Acuario dio un salto enorme que, curiosamente, suscitó un pequeño problema. Graciela acabaría enojada con mi hermana Jenni, básicamente por una cuestión de celos. Mi papá la consentía mucho, se la pasaba piropeándola. La llamaba "reina de la disquera" y mi hermana se fue incomodando con la situación.

—¿Cómo que esta es la reina si yo soy su hija? —refunfuñó en alguna ocasión.

Esto se repitió en cierto modo con otra cantante, Érika Ortiz, más jovencita que Graciela, que también le provocaba celos a mi carnala, a pesar de que en aquel entonces ella todavía no cantaba. Eran más celos de hija que de artista.

Antes de que Graciela cerrara un trato directo con José Béjar en Capitol Records y dejara Cintas Acuario, su música revalorizó nuestro sello y ese éxito atrajo a otros nombres que se convertirían en nuevos activos de la disquera. Ese fue, por ejemplo, el caso de Chalino, al que se unieron otros artistas que llegaron conforme fuimos acumulando más conocimientos de la industria. Entre ellos estaban Paraíso Tropical de Durango, Los Razos, El Chapo de Sinaloa, Voces del Rancho, Los Canelos de Durango y Rogelio Martínez. Los Razos fueron muy exitosos. Los Canelos de Durango y Paraíso Tropical de Durango también lo fueron y dieron mucho dinero, si bien en un escalón inferior a las grandes estrellas de la compañía.

Gracielita, Chalino, mi hermana Jenni y yo mismo conformamos el elenco de grandes estrellas. Valentín Elizalde pudo haber sido otra estrella de Cintas Acuario. Nadie sabe por qué se salió de la compañía. Lo que sucedió fue que, cuando yo despegué, se reunió con mi papá poniendo queja de que toda la promoción iba para mí. Sentía que no se le apoyaba lo suficiente. Encontró un padrino dispuesto a respaldarlo para que triunfara, de modo que se marchó y, efectivamente, logró el éxito hasta el punto de que sería una competencia directa mía hasta su trágico final, cuando fue asesinado en Reynosa en noviembre de 2006.

He de encajar en este contexto un incidente que sufrí apenas un mes después de la muerte de Valentín y que fue volteado por algunos periodistas haciendo creer lo que no era. Dijeron entonces que en diciembre de 2006 mi camioneta había sido baleada saliendo de cenar de un restaurante; que iba acompañado de mi representante Rafael Montiel; que un individuo nos abordó y disparó a la camioneta, que no contaba con blindaje, pero milagrosamente ambos salimos ilesos. Se desprendía de la información que alguien había querido atentar contra mi vida. No faltaba el comentario en la nota especulando sobre el motivo de la balacera relacionándolo con el atentado que le costó la vida a Valentín Elizalde. En absoluto fue un atentado contra mí. Eran *fake news*. Para empezar, he de decir que Rafael Montiel era mi publicista, no mi representante, y no iba conmigo cuando se produjo aquel suceso en Guadalajara, que no tenía nada que ver con lo que querían dar a entender. Fue un intento de asalto de delincuencia común, obra de un tecato[8], como les dicen allá, que no buscaba otra cosa que robarnos el dinero. El intento de asalto fue en una carretera, no a la salida de ningún restaurante. Los bandidos aprovechaban que los vehículos debían frenar por los muchos topes que había para detenerlos y robar. Nosotros, en lugar de detenernos aceleramos, y en ese momento, en plena huida, el individuo disparó sin que afortunadamente alcanzara a nadie de los que íbamos en la camioneta.

Chalino merece un aparte porque fue alguien a quien aprecié muchísimo. Me dejó una profunda huella, aparte de alguna que otra anécdota. Su imagen no se me borrará jamás de la mente. La verdadera historia de Chalino la conocemos muy pocas personas. Desde luego, fue el artista que yo más admiré en esa época. Más allá de su talento artístico, era todo un personaje. Te podías sentar a platicar con él por horas y quedabas absorto con sus historias. Todo comenzó con un encuentro casual en uno de los

---

[8] Denominación popular usada en México y otros países para referirse a una persona adicta a las drogas y propensa a la delincuencia común.

puestos del tianguis donde vendíamos los casetes. Un día, llegó un bato que se dio cuenta de la rola que tenía puesta y me empezó a preguntar por el artista que estaba sonando.

—Oh, sí, es un bato que canta bien a toda madre. Se llama Chalino, la está haciendo poco a poco. Yo pongo mucho su música.

—¿A poco? —preguntó haciéndose el interesado.

—Sí, sí, tiene unos corridos bien perrones.

—¡Qué bueno que te guste, porque ese tal Chalino soy yo!

Yo me quedé boquiabierto, sin saber bien qué decir ni qué hacer. Finalmente, respondí con entusiasmo que mi jefe era Pedro Rivera, el dueño de Cintas Acuario, y él me confesó que lo andaba buscando porque le gustaría grabar en la disquera. Chalino, en realidad, andaba buscándonos porque se había enterado de que habíamos grabado a Graciela Beltrán. Enseguida lo llevé al otro puesto donde estaba mi papá, los presenté y empezaron a platicar. No tardaron mucho en llegar a un acuerdo, y de ese modo se incorporó al catálogo de la compañía, lo cual fue un beneficio mutuo.

El primer material suyo que manejamos nosotros fue un disco que se llamaba *13 Mejores Éxitos*, con una portada en la que había una foto que tomó mi papá y que con el tiempo se ha convertido en una de las más buscadas por el público. Es una imagen en la que él está posando sentado en el comedor de nuestra casa con un arma. También tomó las fotografías que ilustraron *El Gallo de Sinaloa* en una camioneta Ford roja, que se ha usado para recopilatorios y reportajes de prensa como una de las imágenes icónicas de Chalino.

Su carrera se fue expandiendo. Antes de que nuestros caminos se cruzaran, él no era tan fuerte como le he escuchado a algunas personas. Eso no es cierto. Su gran éxito vino junto a nosotros a nivel local en los Estados Unidos y eso, lógicamente, nos dio un enorme impulso. El reconocimiento por parte de varias personas de la industria fue mucho mayor, aunque cuando más se agigantó su figura fue después de su muerte, gracias a los tratos que mi papá hizo con disqueras grandes, que lo convirtieron póstumamente en una figura internacional.

Mi relación personal con él fue muy especial, siempre fluida. Yo era el distribuidor de la disquera y lo vi en infinidad de ocasiones. Iba a recoger su material y le ayudaba a distribuirlo. Fui muy seguido a su casa en Paramount, California, domicilio que sigue ocupando su viuda hasta la fecha. Conocía a toda su familia, a Marisela y a sus hijos, Adán, que en paz descanse, y Cynthia, que estaban bien chiquillos. Cada dos por tres caía por ahí a recoger las cajas de casetes. A veces, me quedaba platicando tomando un café. Con él nos hablábamos a cada rato. Cuando tenía que negociar algo, lo arreglábamos rápido, porque a veces me pedían rolas que estaban en másters que él tenía bajo su propio sello, RR, y tenía que pedirle que me vendiera material para poderlo meter en alguna cinta junto al que era de propiedad nuestra. Aparte de lo que grabó con nosotros, él tenía su propia disquera pequeña, pero no hallaba el modo de distribuir sus casetes, de manera que nosotros se los comprábamos. Me vendía el casete en dos dólares y yo los vendía en dos y medio. Así empecé a desparramar su música.

Una de las veces que llegó el inolvidable genio del corrido, mi jefe no estaba y lo atendí personalmente. Le compré dos cajas de casetes. Al pasar una semana de aquella compra, fue a reclamar a mi papá que le debía trescientos casetes. Él le respondió que yo le había dicho que eran doscientos los que le había comprado. Chalino insistió en el reclamo, alegando que no le iba a robar cien casetes pues, según él, le faltaba una caja. De tanto insistir, acabó recibiendo una respuesta salomónica.

—Tú, cabrón, ¿con quién fue que hiciste el trato?

—Pues, con Lupillo, ya le dije.

—Órale, si hiciste el trato con Lupillo, ¿por qué me quieres cobrar a mí? Ve y cóbrale a él.

Al final se enredaron con la discusión y mi papá lo agarró y lo corrió de la oficina. A la semana, Chalino le habló para disculparse porque se dio cuenta de que la caja que le faltaba estaba en otro lado. Gracias a eso, hicieron las paces y pudimos seguir haciendo negocios con él, si bien en otro de ellos mi papá acabó corriéndolo otra vez de la casa. Fue cuando Chalino estaba produciendo el máster del disco *Nieves de enero.* Nosotros cerramos un trato por el cual le íbamos a pagar 7,000 dólares por dicho máster. Se los dimos, lo grabó y cuando lo tenía listo llegó a la casa y le pidió 3,000 dólares más a mi papá, quien se negó.

—No, Chalino, ni madres, teníamos un trato y de ahí no nos movemos. Cuando tengas huevos, cabrón, regresa para hacer los tratos. Si no, no regreses —le dijo firme, sacando ese carácter suyo de ser bien ley, corriéndolo de una vez con todo y máster.

Yo me quedé estupefacto, más allá de la tensión del momento, porque Chalino era bien bravo, de los que luego luego desenfundaba la pistola. Si yo hubiera tenido los tres mil dólares, de una vez se los habría dado. Traté de persuadir a mi jefe para que cediera, argumentando que con mil casetes vendidos más amortizábamos la diferencia.

—No, mijo, ni madres, quedamos en un trato y el cabrón tiene que saber que la palabra es para cumplirla.

El disco *Nieves de enero* acabó siendo el más exitoso de Chalino, pero nunca perteneció a Cintas Acuario porque salieron mal en el trato. No obstante, la relación no se quebró porque Chalino respetaba mucho a mi papá desde que se conocieron.

Su trágico final nos dio muy duro. Unos policías lo interceptaron después de una cantada en mayo de 1992, lo subieron al carro y a la mañana siguiente apareció muerto. Cuando recibí la noticia, me derrumbé. Él sabía que corría peligro. Su última grabación real original fue *Hermosísimo lucero*, una producción que hizo mi papá. Durante aquella grabación, hubo varias interrupciones. Él salía mucho a atender el teléfono a la calle porque el *beeper* le sonaba a cada rato. Eran amenazas muy fuertes. Todos éramos conscientes de que algo grave estaba pasando. Le confesó a mi jefe que corría mucho peligro. La respuesta que le dio fue lógica: si su vida estaba en peligro, ¿para qué iba a arriesgarse bajando a México a cantar? Le aconsejó que renunciara y se quedara en California, pero le pudo más a Chalino ese gusanillo que llevaba dentro de querer seguir creciendo como cantante que las amenazas, de modo que decidió ir aquella noche a Sinaloa, su tierra natal, a presentarse en Culiacán.

Su muerte tuvo causas más fuertes que las letras de sus canciones. En algunas pláticas que compartí con su hijo Adán en juntas con otras personas, comprobé que alcanzó a saber lo que en realidad había ocurrido con su papá, antes de perder la vida, también de un modo trágico, en un accidente de tránsito en 2004. Casi siempre que matan a alguien; los autores del asesinato, tanto intelectuales como materiales, acaban soltando la lengua en alguna borrachera. Mira por dónde tanto a mí como al malogrado Adán nos tocó estar presentes en una de esas borracheras y escuchar aquellas palabras, pues quien las pronunciaba no tenía ni idea de quién era el hijo de Chalino ni tampoco de mi estrecha relación con aquella familia. Digamos que aquel bato tenía mucha lengua y poco cerebro. No voy a compartir aquí esa falta de sensibilidad con la familia del difunto Chalino detallando el contenido de esa plática. Solo me limitaré a dejar constancia del gran recuerdo que me dejó aquel hombre, cuya música es imperecedera.

Mi papá consiguió una carta firmada por Rosalino Sánchez, que yo conservo, en la cual le otorgaba todos los derechos del uso de la marca y de los másters. Yo le insté muchas veces a que la usara para ayudar a la viuda y a la hija. Se ha resistido a hacer valer esa carta, porque es muy hombre para esas cosas, tal vez influido por las habladurías de que le había robado a Chalino y a otros artistas. Eso es rotundamente falso, quiero dejarlo bien claro. Los artistas vendían su talento y mi papá compraba ese talento. Ni Chalino ni muchos otros artistas conocían la palabra "regalía". Eran otros tiempos y otras formas, pero siempre por lo cabal, no hubo nunca engaño. Yo fui testigo, conozco todos esos tratos, hablo con propiedad. Con Chalino se acertó de pleno. Fue la segunda gran estrella de la compañía a la que, de algún modo, por esos requiebros del destino, le tomé el relevo. ¡Cuánto me hubiera gustado un dueto en vida con aquel gran hombre! No nos alcanzó el tiempo para eso, aunque sí pude hacer varios homenajes póstumos con gran sentimiento y cariño.

Capítulo 10

EL BEBÉ QUE ME SALVÓ LA VIDA

Yo a María Gurrola la amé mucho. Es la primera frase que se me ocurre para contar esa etapa de mi vida, porque es verdad y porque mi corazón hace una selección de los recuerdos con tendencia a retener lo bonito. Nuestra separación fue muy triste para mí, porque yo sí quise con locura a esa mujer. Me dolió mucho perderla, lo digo abiertamente, porque era consciente de lo difícil que iba a ser encontrar otra mujer así.

Teníamos apenas un año de novios cuando llegó la noticia que puso mi destino inmediato patas arriba. Yo pretendía, por aquel entonces, dejar la disquera e irme al ejército tras acabar los tres años de la prepa y graduarme con honores altos y buenas calificaciones. Aunque me gustaba mucho el béisbol, y llegué a alcanzar cierto nivel, sabía que mi altura no me iba a ayudar a llegar lejos, y la universidad no me atraía, no estaba por la labor de seguir estudiando. Mi sueño era incorporarme a los Marines. Esta idea la compartía con los otros tres inseparables amigos del barrio. Eran mis compadres. Los cuatro éramos uno solo y teníamos un pacto de amistad eterna que íbamos a perpetuar en la carrera militar. Hicimos todas las citas y los cuatro superamos todas las pruebas para entrar al Cuerpo de Marines de los Estados Unidos. En el mes de abril de 1990, con mis 18 años ya cumplidos, tenía tan solo que firmar para incorporarme recién graduado en el mes de julio. Era un hecho. Llegué a platicar con mi jefe para que fuera viendo a alguien que me sustituyera en mi trabajo en Cintas Acuario.

Mis deseos de verme a corto plazo rapado y uniformado se vinieron abajo cuando, pocos días antes de firmar mi solicitud, luego de haberse cumplido el primer año de noviazgo oficial, una amiga de María me habló para decirme que tenía algo muy importante que contarme. Mi novia estaba embarazada. Inmediatamente, fui a buscarla para contrastar esa información y así fue. Me anunció que íbamos a ser papás. Esa noticia alteró por completo mis planes. Se lo conté de inmediato a mis padres. Mi mamá me dijo toda disgustada que si ese era el diploma que le iba a llevar de la graduación. Se quedó muy consternada pensando qué iba a hacer para poderla mantener. Mi padre me agarró y fue muy claro.

—Usted tiene que hacer las cosas como son. Usted es hombre y tiene que responderle a esa mujer como los hombres, así que haga lo que tenga que hacer. Si necesita traérsela para la casa, se la trae, pero se comporta como varón.

Y tal cual lo hice. Fui yo solo a hablar con ella y con sus papás, di la cara y me hice cargo de la situación. Por lo pronto, decidí aplazar la cita inmediata con el ejército para quedarme con mi novia y hacerme responsable de todo lo que se venía con el bebé. Cuando regresé a la casa con María, mi papá la saludó, le dio un beso, le dio la bienvenida y se fue.

En lugar de alistarme, me quedé para casarme. No lo dudé. María era mi primer gran amor. No me importó renunciar por ella a una adolescencia en libertad donde hubiera podido salir con mis amigos y con otras chicas, como es habitual. No me importó no tener esa oportunidad. Yo era feliz con ella en las cosas sencillas, paseando por Belmont Shore, agarrados de la mano mirando el Queen Mary, soñando despiertos y enamorados con el deseo de una vida juntos. Aquel deseo dio un paso adelante en el tradicional *Prom*, el gran baile que se organiza en las secundarias de los Estados Unidos al final de curso, para despedir a los estudiantes que se gradúan ese año. Ahí le pedí matrimonio y le dije que me quería casar con ella. El 11 de marzo de 1989 le había pedido que fuéramos novios y el 18 de agosto de 1990 nos convertimos en marido y mujer tras graduarme en junio. A los 18 años, me casé con María Gurrola en Long Beach y con esa misma edad fui padre. Ella tenía 16 años cuando se embarazó y nos casamos. En noviembre cumplió 17, edad con la que dio a luz a Ayana el 23 de diciembre de ese mismo año.

Puedo decir que mi primera hija me salvó la vida sobre la campana, porque ninguno de mis tres cuates regresó con vida. De los cuatro amigos inseparables, fui el único que se quedó. Ellos sí firmaron y se fueron, pero yo no. Cuando supe de mi paternidad, me despedí de ellos comunicándoles lo que sucedía. No es que fuera a rajarme y renunciar al proyecto militar que tanto anhelábamos. Simplemente iba a quedarme un tiempo para acomodar a la muchacha, dejar todo organizado, emplazándonos a reunirnos en el siguiente llamado de noviembre, mes en el que había otra salida, sin sospechar lo que estaba por venir. Ese reencuentro jamás se produjo, porque aquel verano los acontecimientos iban a dar un giro radical. Al poco tiempo de desistir de mi incorporación inmediata a los Marines junto a mis cuates, estalló la Guerra del Golfo con la invasión de Kuwait por parte de Iraq en ese mismo agosto de 1990 en el que yo me andaba casando. Mis tres amigos, que habían seguido adelante y se habían alistado, fueron enviados a la zona de guerra y los tres perdieron la vida. Lógicamente, si yo hubiera ido, habría estado a su lado y tampoco habría regresado jamás. De manera indirecta, María también me salvó. Si no la hubiera conocido no habríamos sido novios, no la habría embarazado y mi nombre estaría en una lista de una placa en memoria de las víctimas de aquel conflicto. Así actúa Dios con nuestro destino.

Un día que andaba yo pisteando, le relaté esta historia a Ayana. Ella no la conocía. Le conté el modo en que, gracias a ella, la tenía enfrente en ese momento. Fue un momento muy emotivo. No sabía nada. Yo le había insistido a la mamá que no le contara, porque no quería que ella se sintiera con ese peso encima siendo una niña. Cuando vi que había crecido lo suficiente y que tenía un carácter fuerte y formado, decidí platicarle la historia.

Siempre he escuchado por las referencias bíblicas que Dios trabaja en formas muy misteriosas para labrar el destino y el camino de cada quien, y esta fue la primera vez en mi vida que pude sentir cómo ciertas decisiones que tomamos son giros de timón que van marcando la estela de nuestro existir, que influyen para que esa metafórica imagen de la bola de tenis golpeando la cinta de la red caiga en un lado o en el otro de la pista. Es la sutil barrera que separa ganar de perder, la vida de la muerte.

Capítulo 11

EL TAQUERO VELOZ

Desde el momento en que me enteré que iba a ser padre, empecé a tomar conciencia de que debía ponerme a buscar más ingresos. Con ayudar a mi padre en la disquera no me alcanzaba como para mantener un hogar. En cuanto acabé la prepa en el mes de junio, conseguí trabajo en un McDonald's, pero fue un desastre. Duré solo dos semanas. La carne estaba congelada, se sacaba fría y era muy difícil cocinarla así. Tenía serias dificultades. Me tocaba ponerla en agua para tratar de descongelarla. El mayordomo me regañaba por eso, era un afroamericano que me hablaba muy fuerte y me maltrataba. A la segunda semana, le reté en el estacionamiento a darnos de madrazos a ver si aprendía a respetar a las personas. Lógicamente, ahí mismo me corrieron. No es que yo fuera mecha corta, como se suele decir, es que en realidad el trato de ese bato era insoportable.

Un mes después de aquel frustrado empleo, me casé y establecí mi propio hogar. El polluelo dejó el nido para construir el suyo propio, así fuera que un nido estuviera pegado al otro. De esta forma iniciaba una década y un matrimonio que se extendió hasta finalizar el siglo con un recorrido de claros y oscuros. Pronto encontré no uno, sino varios empleos más. María fue testigo de mis principios en todo. Once años dan para mucho. Ella estuvo presente en cada primera vez, cada emoción, cada logro. Estuvo también en cada empeño de trabajar duro para mantener el hogar y tratar de generar una felicidad juntos.

Mi primer hogar propio fue un espacio de prestado en la casa dúplex de mi papá donde crecimos en Long Beach, California. Lo tenían rentado a otras personas, pero mi mamá habló con ellas pidiéndoles la casa porque me tenía que meter yo ahí. Allí nos hicimos con un espacio independiente en la parte de atrás con nuestra salita, cocina, comedor y un cuarto que ocupábamos donde dormíamos. Los otros cuartos no los usábamos porque estaban llenos de casetes y se usaban como almacén de la disquera. Mi apá nos cobraba 350 dólares de renta al mes y nosotros pagábamos nuestras facturas de servicios. Vivimos allí tres años, hasta que pude comprar mi primera casa, en 1993, con 21 años; una vivienda que adquirí en la calle Delta, en Long Beach, donde vivimos unos nueve años. De ahí nos mudamos a otra casa mejor que compré en Lakewood, nuestro hogar conyugal hasta nuestro divorcio. Cuando se dio nuestra separación definitiva, me mudé a Playa del Rey, donde viví hasta mi traslado permanente a Temécula.

Fue un tiempo maravilloso en aquella coyuntura de convivencia plena con toda la familia, con mis papás, con mis hermanos e incluso con mis sobrinas Chiquis y Jacqie, en los períodos que ellas estuvieron en la casa de mis papás y tenían una bonita relación conmigo y con María. De hecho, tanto Chiquis como Jacqie dormían muchas veces en la casa por la cercanía con sus primas. Jacquelin me decía que quería a todos sus tíos, pero que yo en particular era el más divertido. Era el que se las llevaba de paseo o al cine, sobre todo cuando nos reuníamos en las Navidades. Se juntaba mucho con mis hijas y también se quedaba a dormir en la casa, al igual que Chiquis. Era como una hija más. Sentían en el seno de mi hogar el calor de esa familia que ellas anhelaban y que ya se había convertido en una misión imposible entre Jenni y Trino. En parte, me adoraban porque las consentía mucho con regalos de todo tipo. Jugaba bastante con ellas, les retaba a ver quién lloraba primero por una recompensa de quinientos dólares. Nos reíamos con todas esas cosas, había un clima muy entrañable y nos divertíamos mucho en aquellos años en que la relación con mi hermana Jenni era muy estrecha.

A pesar de que nos mudamos, Jacqie seguía acudiendo a la casa para quedarse varios días con nosotros. Recuerdo una anécdota bien chistosa. Cuando me hablaba para pedir permiso para ir, yo le decía que sí, porque mis hijas la querían mucho, pero bromeaba con la condición de que tenía que dormir en el baño, porque me iba a arruinar con los colchones. La causa era la incontinencia urinaria que padecía en esa época y que, al parecer, podía deberse a una de las secuelas del abuso sexual del que fue víctima por parte de su padre.

Mis sobrinas eran como mis propias hijas y el trato, muy frecuente. Después, todo eso cambió. A cualquiera de mis hijas o a las de Jenni se les puede preguntar y responderán que son conscientes de que hubo un cambio, pero no por nada en especial ni por ninguna pelea. Simplemente, la separación se dio por el peso de las circunstancias. Vivíamos a distancias mucho mayores cada quien en su casa y el trabajo me absorbía mucho. Trabajé duro para afrontar la responsabilidad de una casa, dos bocas que alimentar y otra que ya venía de camino.

Desde que me casé, mi mente no tuvo más obsesión que la del trabajo y la supervivencia de mi familia. Yo redoblaba mi tiempo laboral para llevar a la casa los recursos suficientes con qué salir adelante. Llegué a tener hasta tres trabajos simultáneos. Apenas podía ver a mi esposa y estar en la casa desde las 4 a las 8 de la mañana. Dormía cuatro horas y trabajaba veinte. Me perdía fiestas o reuniones de familia por esa obsesión mía con el trabajo, que no dejaba tiempo para nada más. Sé que es un grave error. Uno debe organizarse de tal forma que encuentre espacio para la mujer y la familia, pero al principio no lo supe ver. No pude disfrutar de mis hijas por la intensidad de mis ocupaciones. De 8 de la mañana a 4 de la tarde, estaba en la disquera. De 4:30 de la tarde a 12 de la noche trabajaba de taquero en el Taco Bell de Seal Beach, que por cierto ya no existe. Y los fines de semana me iba a las pulgas a ayudar a la gente a levantar sus puestos y a cargar y descargar las camionetas. Por eso me daban entre diez y quince dólares por cada puesto. Hacía todos los que el tiempo me permitía. Después me iba a los yonques y desarmaba carros. Les quitaba el cromo, los renovaba y los ponía a la venta en el periódico *Recycler* para llegar entre todo a juntar un dinerito que me alcanzara para sobrevivir. Así nos mantuvimos esos primeros años.

Tanto esfuerzo y sacrificio de mi parte obedecía también a que yo no quería que mi esposa trabajara con el fin de minimizar el riesgo de que pudiera perder a los bebés. Vivimos juntos los embarazos con mucha delicadeza. Prefería que estuviera tranquila en la casa o, como mucho, que asistiera a clases, pero en ningún modo que trabajara. Ella se iba a la escuela y se regresaba en el carro con las amigas. Eso a mí no me gustaba, temeroso de que les diera por hacer alguna estupidez y tuvieran un accidente. Prefería que usara el camión público. Me discutía por eso, me echaba en cara que eran puros celos pensando que ella andaba allá o acá. No era eso, por mucho que no me creyera, sino simplemente puro instinto de protección.

Mi papá quería tenerme como gerente a tiempo completo cuando nos fuimos a las oficinas de la calle Market. Me ofrecía

350 dólares a la semana, pero no me precipité. No renuncié al otro trabajo de buenas a primeras, consciente de que tenía mi propio hogar y mis responsabilidades. Más bien, me sacrifiqué robándole más horas al día de las que en realidad tenía para repartirlas entre mis trabajos. En el Taco Bell me aventé cinco años trabajando en los que hice de todo, desde mero abajo hasta lograr ser *field manager*. A veces tenía uno tentaciones de robarse algunos tacos, pero tocaba dar el ejemplo, de modo que aprendí a contener mis bajos instintos. En todo caso, aquella etapa tuvo sus aventuras.

Recuerdo que al llegar me llamó la atención que el lugar estaba muy sucio. Yo le di trabajo a mis tías paternas, que lo empezaron a limpiar, y en muy poco tiempo conseguimos que el Taco Bell se viera un poco más bonito. Ahí me encontré con el problema de que no tenían seguro social, de modo que tocaba inventarse algo para poderles dar chamba. Eso me hizo famoso con el boca a boca en el pueblo de mi tía en México, de tal modo que las gentes se aventaban, cruzaban la línea e iban derechas al Taco Bell a buscarme, con la excusa de que supuestamente alguien les había dicho que yo les iba a dar trabajo. No se equivocaban. Yo le di trabajo a mucho indocumentado en Taco Bell por una cuestión humanitaria. Afortunadamente, la mayoría aprovechó la oportunidad. Les enseñé el trabajo bastante bien. Poco a poco, fueron progresando; unos se convirtieron en *field managers* y empezaron a ganar su buen dinero repartidos por otros Taco Bell, algunos en Phoenix, Arizona.

Para motivar a los trabajadores en aquel entonces yo agarraba veinte dólares que traía en la bolsa y los ponía a echar carreras para ver quién hacía más rápido, por ejemplo, un taco y un burrito y en cuánto tiempo lo tenían listo con una soda. El que menos tardaba se los ganaba. A mí nunca me ganaron. Yo tenía la marca establecida de 28 segundos y me gané una buena reputación como taquero veloz.

Siempre he estado orgulloso de mi pasado. Por eso nunca me he olvidado de mis orígenes ni en mis mejores tiempos como cantante. Después de un *show* en Arizona, le dije a mi gente que se me antojaba un Taco Bell, para darnos el aventón hasta allá. Fuimos con la camioneta y nos metimos al *drive-through* debido a que el espacio del *dining* ya estaba cerrado. Cuando llegamos a la ventanilla, el mánager que me cobró era un empleado que yo había formado en el establecimiento de Seal Beach. En cuanto me vio, me saludó y me preguntó que si me acordaba de él. Por supuesto que sí, le respondí, su nombre era Nereiro y había llegado a los Estados Unidos procedente de Centroamérica. Me dio mucho gusto verlo. Nos pusimos a conversar, nos dejó pasar al *dining* y me puse a hacer tacos con él como en los viejos tiempos, divirtiéndonos y evocando los días cuando trabajábamos juntos. Fue una noche a toda madre.

En Taco Bell estuve con mi seguro social, pero hubo otros trabajos a los que tuve que entrarles para ganar más dinero que sí estaban de plano en la economía sumergida. Volví a vender naranjas en las calles, a hacer trabajos específicos en la construcción y a vender en el *swap meet* para obtener unos dólares extra. Con todo y mis esfuerzos de pluriempleado, las cosas no eran fáciles para llegar a fin de mes y pagar puntualmente todas las facturas de la luz, el gas, el agua, el servicio de la basura, el teléfono, etc. Camino de mis 21 años, muy pronto iba a ser mayor de edad a todos los efectos legales y reales, pero a mí no me alcanzaba. Andábamos siempre muy cortos de dinero. Era esposo y cabeza de una familia que crecía de manera proporcional a los gastos, mientras los ingresos no le seguían el paso. Tenía que buscar más feria para hacer frente a las facturas y mantener a mi esposa y las dos niñas que a esas alturas ya teníamos, Ayana y Baby, que nació en 1992. Mi segunda hija fue prematura y batallamos mucho con eso, lo cual exigió más recursos todavía y más motivos para que fuera yo el que los generara. Dada esa situación, le insistí mucho más a María para que no trabajara y estuviera pendiente de los cuidados extra que precisaba nuestra segunda hija. Por si fuera poco, mi mujer se volvería a embarazar. Un tercer hijo de camino, otro pico más abierto en ese nido. Tenía que sobrevivir a como diera lugar.

Un día se me prendió una bombilla en la cabeza. Se me ocurrió una gran idea para generar una nueva fuente de ingresos que nos mejorara la calidad de vida e incluso nos permitiera mudarnos a una casa propia, sin sospechar ni visualizar los efectos secundarios de aquella ocurrencia, un retorcido efecto mariposa que marcaría la gloria y el infierno de los siguientes años.

Capítulo 12

LA SED DE VENGANZA

La oficina de la disquera estuvo en el domicilio de la calle Ellis más o menos dos años. Después se compró la casa en el 430 de la calle Market, oficinas que serían definitivas para Cintas Acuario hasta la fecha, cuyas paredes fueron testigo de la incorporación paulatina de mis hermanos, empeño personal mío, que se produjo de manera bien distinta según el caso. Hoy puedo decir que, gracias a mí y a las ideas que le iba aportando a mi papá, prácticamente todos entraron. Nadie puede decir lo contrario sin faltar a la verdad.

En aquel tiempo, mi papá me había dicho que me iba a regalar la disquera para la división del CD (disco compacto), que ya empezaba a pegar muy fuerte. La idea era que él se quedase con la línea de casetes y yo me encargara de hacer los discos compactos. Coincidió todo aquello con una época en que yo miraba cómo mi carnal mayor la estaba pasando bastante mal, batallando para sobrevivir. Pedro perdió el empleo fijo que tenía en la compañía McDonnell Douglas, la famosa constructora contratista de aviones y misiles que después se fusionaría con Boeing. De ese modo, le propuse a mi jefe una opción distinta.

—Apá, démosle mejor esa división de la disquera a mi hermano Pedro para que la maneje él y de ese modo entre en la disquera. Eso va a hacer que estemos todos juntos y que la empresa crezca.

Para meter a Gustavo, se me ocurrió la idea de construir un estudio de grabación propio. En el segundo piso de las instalaciones de la calle Market, había un cuarto que aprovechamos para construir el estudio entre Gustavo y yo. Él se iba a quedar a cargo de eso, de modo que ya los cuatro hermanos mayores formábamos parte de la empresa familiar: Pedro estaba a cargo de los CDs, Gustavo del estudio de grabación y Jenni entró para llevar la parte administrativa.

La función de Jenni era controlar la editora y registrar las nuevas composiciones que se iban a lanzar al mercado. El problema fue que no le puso mucho entusiasmo, tal vez desmotivada porque no había una entrada importante de dinero o contagiada de ese sentir general pesimista que hubo en mis hermanos desde el principio respecto la disquera. Tal vez porque tampoco pasaba por uno de sus mejores momentos por causa del ínclito Trino. El caso es que esa falta de atención de Jenni le costó caro a mi jefe, que perdió muchas canciones, robadas por causa del descuido de su hija de no registrarlas a tiempo. Un gravísimo error que implicaba soltar esas rolas por muy buenas que fueran para no meternos en un problema legal.

Faltaba Juan. Él se quedó en principio por fuera porque mi papá era muy celoso de cuidar su reputación y la del negocio. Sabía que desde muy temprana edad había tenido malas compañías con gentes que vendían drogas en la calle. Mi carnal nos preocupaba. De ahí que lo tuviera al margen para evitar que de repente a alguien le diera por correr la voz de que se usaba la disquera para blanquear dinero de la droga o cosas así. Él mismo lo decía, que no se iba a arriesgar a que agarraran a su hijo y lo relacionaran con Cintas Acuario. Juan se unió tiempo después por su propia cuenta, una vez que dejó atrás aquel triste episodio y empezó a producir las ediciones de los corridos perrones, que fueron un aporte positivo para la compañía.

Mis aventuras amorosas fueron algo que yo comí bien callado. No las compartí nunca en la intimidad del hogar con mis hermanos, menos con mis papás. Nunca me sentí cómodo ni con la confianza para hablar las cosas de mi corazón en el seno de mi familia. La causa era la timidez. Me daba una vergüenza enorme tener que exteriorizar mis sentimientos. El mero hecho de abrirme a platicar de esas cosas era algo que me retraía cuando me gastaban alguna broma preguntándome por mi novia. Cuando se hablaba de la vida sentimental de alguien en la casa, prefería ser espectador antes que protagonista, escuchando las historias de mis hermanos, entre las cuales había una que sobresalía por toda la pesadumbre que generó en mis jefes y en todos nosotros. En la casa fue muy ventaneado el tormentoso idilio de mi hermana Jenni con Trino Marín, que nos trajo a todos por el camino de la amargura.

Aquella relación nociva era la causa de las convulsiones que sacudieron el hogar que me tocó vivir desde bien morro. Uno procesaba todo eso dentro de la mentalidad imberbe sin comprender nada. Lo único que entendía era que mi hermana sufría mucho y que aquel tipo era el causante de todo el dolor que se extendía por la casa, con mi mamá compungida y mi papá de ceño fruncido. Jenni era la víctima y Trino el verdugo. Aprendimos a convivir con eso. Maltratar a una mujer era algo bien feo.

Todos maldecíamos a aquel tipo, pero nadie podía hacer nada. Ni yo ni mis hermanos mayores nos podíamos meter a pesar de que nos constaba que la maltrataba y la golpeaba. Mi papá nos decía que eso era un problema de ellos y que nadie podía intervenir. Crecí con ese pensamiento derivado de la orden de mi jefe de no intervenir en lo que él denominaba asuntos de pareja. Yo, que ya empezaba a sentirme atraído por las morras, me preguntaba cómo podía haber tipos que las trataran así de feo, ¿cómo se podía vejar y hacer sufrir a una mujer de esa manera?

Esas preguntas retóricas que me hacía desde la candidez propia de la edad explican, por un lado, el infierno que a mí me tocaría vivir más adelante, víctima de pruebas falsas de abogados sin escrúpulos, y por otro, mi intervencionismo, en contra de lo que decía mi apá, cuando he detectado este problema en mis propias hijas. No me iba a quedar de brazos cruzados con la excusa de que son cosas de pareja dejándolas sufrir lo mismo. Yo sí estaba dispuesto a frenar a cuanto cabrón osara maltratar a mis hijas dejándole bien claro que si ponía las manos encima de mi hija yo iba a poner las mías encima de él y lo iba a madrear. Me valía gorro que el bato adujera que uno no debe meterse en la relación, seguramente por miedo a que le pusiera una chinga. Mi respuesta en este sentido ha sido siempre tajante.

—Igual que tú vas y le pones la chinga a mi hija y luego se reconcilian y se van a cenar como si tal cosa, si le pones una mano encima, te la voy a poner yo a ti, y nos vamos a agarrar a madrazos, sin perjuicio de que después también nos vayamos todos a cenar como si nada hubiera pasado. Pero de que te madreo, te madreo, puedes estar bien seguro.

Me consta que de ese modo se lo piensan dos veces antes de alzar la mano. No sé si mi papá hubiera debido hacer algo igual con aquel sujeto, porque esa filosofía suya de la no intervención estuvo a punto de costarnos una desgracia. El nombre de José

Trinidad Marín es otro gran trago amargo de mi vida. El episodio de Trino lo tomé muy a pecho y hubiera podido tener consecuencias desastrosas para mí, más allá de las que ya de por sí tuvo para Jenni. Fue algo que nunca debió pasar, una atrocidad que mi mente no lograba digerir, un perdón que ni el paso del tiempo ha logrado otorgar, una sed de venganza que no pudimos saciar.

La entrada de Jenni a la disquera coincidió con el momento en el que, de una vez y para siempre, pudo zafarse del yugo de Trino. O eso creía ella, porque su recién estrenada libertad sufrió un mazazo tremendo cuya onda expansiva nos afectó a todos. En aquel año, Jenni se enteró de que Trino había abusado sexualmente de manera sistemática de sus hijas Chiquis y Jacqie, así como de su cuñada, nuestra hermana Rosie. Ahí comenzó todo aquel calvario levantando inmediatamente una denuncia en su contra para que se hiciera justicia.

No olvidaré aquel día. Jenni estaba platicando con Rosie en la oficina de mi hermano Pedro. En esos momentos estaba yo sacando y metiendo un material cuando las miré y me di cuenta de que estaban las dos llorando. Me acerqué de inmediato y les pregunté qué estaba sucediendo, a qué se debía aquel llanto tan amargo. De una vez, Jenni me contó que nuestra hermana le acababa de confesar que Trino había abusado de ella y de Chiquis. Aquello tuvo un impacto tremendo. El dolor se solapaba con la rabia. Por mi mente, no pasaba otra solución que tomar la justicia por nuestra mano. Ofrecí una recompensa de 50,000 dólares para quien nos ayudara a localizar a aquel desgraciado, puesto que no dábamos con él por ningún lado.

Mi padre lo tomó de otra manera. Él no quería que ninguno de nosotros hiciera nada por nuestra cuenta, sino dejar que la ley hiciera su trabajo. En esta ocasión, no le hice caso. Le dije que se trataba de un enemigo de la familia y que había que solucionar ese problema en función de los códigos de honor que regían en el barrio. Si en cualquiera de esos momentos me lo hubiera encontrado de frente, habría podido pasar cualquier cosa. Tal vez yo hubiera podido ir preso, pero él se habría ido directo al infierno.

Fue justo lo que estuvo a punto de suceder un día que me lo encontré cuando iba manejando por una carretera en Long Beach. Lo reconocí y enseguida hice una maniobra brusca y me puse a seguirlo con aquella rabia a flor de piel y toda mi furia de hombre dispuesto a acabar con aquel cabrón. Esa rabia me enajenaba por completo, me hacía perder los estribos, la compostura, la conciencia de que era un artista que debía dar el ejemplo. En esos momentos, era el hombre, el hermano y el tío de las víctimas, herido y dispuesto a vengarme de aquel sujeto que había faltado el respeto y vejado a mi carnala y a mis sobrinas. No tenía más pensamiento que repetirme que "a ese desgraciado me lo tenía que chingar a como diera lugar". Lo alcancé y le eché la camioneta encima, pero él tuvo la pericia para hacer una maniobra, eludirme y escaparse, porque sabía que donde le hubiera atinado le habría ido muy mal.

Por supuesto, soy una persona que respeta mucho la ley y a sus agentes, pero debo ser honesto y reconocer que el rencor contra Trino era tan grande que me hacía perder las formas y el control sobre mis actos, me sacaba esos códigos que manejaban los lobos del lugar donde me crie de chiquito, las leyes no escritas de barrio donde el abuso de menores era una aberración imperdonable y castigada con contundencia.

No estoy orgulloso de haber tenido aquel instinto vengativo que dictaban aquellos códigos y me incitaban a tomarme la justicia por mi mano con imprevisibles consecuencias. Era algo que digería yo solo. Jamás lo platiqué con mi esposa para no preocuparla ni asustarla. Ese instinto permanecía latente en mí y habría emergido de haberse dado la situación si antes de que aquel sujeto fuera arrestado lo hubiéramos agarrado nosotros. Reconozco que podría haber hecho algo más contra su bienestar que me hubiera acarreado a mi responsabilidad penal, pero gracias a Dios siempre hubo algo o alguien que se interpuso para no dar el siguiente paso. En una ocasión, Chiquis se me acercó y me abrazó. Dijo algo que le salió del alma.

—Tío, te pido por favor, no vayas a hacer nada en contra de mi papá.

Este es un asunto que no he platicado con mis sobrinas. Sé que hay una relación de ellas con el papá, que lo han perdonado. Yo, por supuesto, no las juzgo por ello y respeto completamente su postura. Puedo entender que al fin y al cabo es su padre y el perdón es un profundo valor cristiano.

Después de un tiempo prófugo, tras huir como un cobarde, a aquel puerco le llegó el San Martín en abril de 2006, cuando lo capturaron luego de que Rosie lo viera en un restaurante. Fue bruto hasta para eso. Es muy posible que si se hubiera mudado lejos de California nunca lo habrían agarrado. Un día, recibí la llamada de Jenni para decirme que estaba muy contenta porque ya lo habían metido preso. Confesó sentirse feliz también de que no lo hubiéramos encontrado nosotros. Sin necesidad de decirle nada, ella sabía que corría ese otro riesgo añadido de ver a algunos de sus hermanos metidos en otro lío legal por tomar la justicia por su mano, pues la mariposa conocía de sobra los códigos de su barrio. El alivio por tanto fue doble para mi carnala. Estaba exultante cuando me habló, decía que tanto ella como sus hijos podían vivir más tranquilos desde ese momento y, sobre todo, respiraba tranquila porque la policía lo había atrapado. Mi hermana estaba bien contenta. Yo, por el contrario, enojado al escuchar esa noticia, no podía evitar que el rencor de mi corazón herido con sed de venganza procesara su arresto como una victoria de Trino.

Al juicio solo fui capaz de ir una vez y ahí mismo se armó el desmadre. Fue un tormento. No hacía sino cruzarme miradas con mis hermanos como diciendo "aquí está, ¡vámonos por él, cabrones!". Tuve un altercado en la sala con él y sus familiares. Su hijo Michael se le fue a golpes al ver que se burlaba de mí, lo que provocó una trifulca en la corte. Me sacaron de allí. Por eso Jenni me pidió que no regresara.

—Lupe, entiendo tu mentalidad, sé que no puedes quitarte eso de la mente ni del corazón, de veras que lo entiendo. Pero no tiene caso que regreses mañana a esa sala, lo vuelvas a mirar, te mortifiques y en un momento dado te metas tú en un problema. De verdad te lo pido, no vuelvas.

Le hice caso. El tiempo pasó y acabó haciendo su trabajo. Si sus hijas fueron capaces de perdonarlo, no seré yo quien mantenga la llama de la venganza viva.

Capítulo 13

LA CANTADA

La idea que venía rondándome la cabeza como una alternativa más con la que mejorar la economía familiar tenía su lógica. Yo ya iba por mi tercer año de matrimonio y tenía más bocas que alimentar. Era mi responsabilidad tener a la familia bien y la música podía ayudar algo más de lo que ya lo venía haciendo. Sí, confieso que pasó a ser una opción encaminada más a satisfacer una necesidad que a cumplir un sueño, porque yo en realidad no soñaba con ser cantante, sino con tener una empresa de construcción.

La cantada fue una consecuencia derivada de mi trabajo en Cintas Acuario. Sumaba por entonces cinco años en la industria de la música, metido en el estudio de grabación junto a mi papá, haciendo las portadas de los casetes. Estaba familiarizado con todas las tareas propias del proceso de producción y distribución de los discos, acarreaba las cintas de Graciela, Chalino y demás artistas. Me volví tan experto que hasta era capaz de asesorar respecto a la calidad de los grupos y bandas que llegaban. Era el vendedor, llevaba y traía toda la mercancía con las distribuidoras, coordinaba cada paso dentro de las tripas del negocio. Me sabía todos los trucos, lo que se ganaba por lo bajo y lo que se podía llegar a ganar si una rola pegaba. En el estudio, se aprende mucho de la vida de los artistas. Conocía el estilo de vida de los músicos e intimaba a veces con los cantantes. De vez en cuando, me echaba un trago y un palomazo con ellos y me daba cuenta de que me les medía, no lo hacía mal. Tenía voz. Además, mi subconsciente siempre tenía presente que no me había ido tan mal en el concurso de Fresno de chamaco. Entonces, ¿por qué no?

Esa bombilla se prendió y se quedó en modo espera, hasta que el destino movió ficha y me abrió la puerta del mundo de la cantada de par en par. Actué siguiendo el instinto de supervivencia que me inculcó mi papá. Sucedió en una fecha programada para grabar un disco de una banda. El cantante falló, les dio plantón, y yo me presté a poner la voz guía de las rolas. Aquel acto detonó todo lo que vino después, tanto en mi vida profesional como en la personal.

Todo fue improvisado aquel día. Lo primero que pensé fue no hacerle perder a la empresa el dinero que había pagado por el alquiler del estudio de grabación apartado para grabar el disco. Allí se compraban bloques de doce horas. Si no se grababa eran dólares tirados a la basura, porque el estudio te cobraba igual con independencia de si tú aprovechabas las horas o no. Nosotros rentábamos el estudio porque era la única opción que teníamos antes de que me pusiera con Gustavo en la tarea de construir uno propio. En ese tiempo, la banda se acomodaba de tal manera que se pudiera aprovechar para grabar lo más que se pudiese. Era justo lo que íbamos a hacer. Los músicos estaban listos, pero el cantante no llegaba. Pasaban los minutos y el hombre nada que aparecía. Hasta que nos dimos cuenta de que no iba a acudir.

Viendo el problema, había que tomar una decisión. Agarré la libreta y vi que me sabía algunas de las canciones. Entonces se me ocurrió algo y reaccioné. Le hablé a mi papá contándole lo que pasaba y su respuesta fue que yo era el encargado y que yo me las debía arreglar solo para solucionar el problema.

—OK, apá, no se preocupe que yo lo soluciono. Yo le grabo, al menos que nos sirva para algo. Yo le meto la voz guía a las canciones y luego, pues, que venga ese cabrón y grabe la voz de a de veras.

No dejaba de ser una osadía de mi parte. Toda la experiencia que tenía eran mis cantos en la regadera y en algunas parrandas cuando me aventaba con algún trago encima. Yo no era músico ni era nada. Nunca tomé una sola clase de canto. De hecho, siempre digo medio en broma que el primer disco ojalá y nadie lo escuche. Me aterro hoy en día cuando me acuerdo del tesón con el que me puse manos a la obra con la libreta donde estaban apuntadas las letras. Metí la voz guía de seis canciones. Las dos primeras canciones que grabé en mi vida fueron "Eres alta y delgadita" y "El albañil". Cuando mi papá llegó y escuchó mi voz, hizo un elocuente gesto de aprobación.

—Hijo, esto quedó bien bueno. Ni voz guía ni madres, yo creo que así se va a quedar. Ya le valió a ese pendejo. Ya no hace falta que llegue nadie más. Tú terminas el disco.

A mi jefe le gustó y ahí entré. Así nomás. El mundo celebraba en 1992 el V Centenario del Descubrimiento de América, y Cintas Acuario descubrió, por pura casualidad, que tenía un nuevo artista. Este año tengo que resaltarlo en amarillo, porque fue decisivo para mí a pesar de la desgracia del asesinato de Chalino.

Una vez que tuve el visto bueno de mi apá, nos pusimos a trabajar en mi lanzamiento como artista. Él pensó que al escucharme tan bien con banda, había que trabajar para sacar un disco norteño primero. Nos pusimos manos a la obra. Me tocaba rebuscármelas. Nosotros teníamos en la disquera un grupo norteño para acompañar a los artistas. Le pagábamos doce canciones. Lo que hice fue renegociar el trato de tal modo que subieran hasta las quince canciones, a cambio de apenas cien dólares más. Las tres que sobraban las utilizaría yo para mi disco. De ese modo, teniendo ya el grupo, pude hacer mi propia producción sin necesidad de invertir una suma importante de dinero. A base de ese ingenio, logré mi primera grabación profesional con mis primeros doce temas y pude lanzar el primer disco, *El Gallo de los Sánchez,* con Los Leopardos del Norte, que incluye el famoso corrido que mi papá había compuesto, incluido en el disco homenaje al gran Chalino, así como el primer corrido que yo compuse para mi llorado cuate Miguel. Ese fue el arranque de mi carrera, porque las primeras canciones que grabé con motivo del plantón del cantante eran rolas con banda sinaloense que se usaron para el segundo disco, *El Profeta*, publicado en 1994, donde está la rola de "Qué sacrificio".

Desde mi primer disco, empecé a frecuentar las cantinas y a recorrer los restaurantes con dos amigos que me acompañaban, un bato que tocaba el bajo sexto y otro el acordeón, para ganar algo de dinero cantando corridos y canciones viejas que la gente ahí mismo pedía. Nos movilizábamos en un Camaro del 73 anaranjado, que todavía conservo. Fue el primer carro que compré y me costó 600 dólares. Frecuentábamos los restaurantes de mariscos de los muchos que había por toda la Long Beach Bulevar. Íbamos de mesa en mesa a hacer el talón que le llamábamos, lo que hoy le dicen la huipa, que es ni más ni menos que ir preguntando a la gente que estaba cenando si le apetecía escuchar una canción de la música norteña, que interpretábamos a cambio de unas propinas. En aquellos tiempos nosotros la cobrábamos de uno a tres dólares, dependiendo de la coyuntura.

Al principio, el día que me iba muy bien, podía regresar a la casa con veintisiete o treinta dólares en el bolsillo, dinero que inmediatamente le entregaba a María para varios gastos domésticos y que ayudaba a pagar el agua, la luz o el teléfono.

Mi padre fue el que me dio esa idea de perseverar en rondas de talón, porque quería que se me roncara más la voz. La tenía muy ladina y se veía más delgada para una segunda voz. Podía hacerle segundas a mujeres incluso, y él decía que eso no debía ser así: yo tenía que ser primera voz. Mi voz maduró un poco más tarde de lo normal, alrededor de mis 25 años. El consejo de mi papá fue que cantara mucho, que cantara a diario, que me tomara mis cervezas y mi tequila, incluso algún que otro cigarrito para que se me fuera roncando. Esos consejos fueron las únicas clases de canto que tuve en mi vida.

Tal vez por ese ajuste en mis cuerdas vocales, algunas veces no nos iba tan bien. Nos sacaron de varios restaurantes porque, según los dueños, yo cantaba muy feo. Eso nos hacía reír, pero no nos amedrentaba. Enseguida íbamos al siguiente restaurante. Me pasé casi tres años de mi vida en aquellas rondas. A base de constancia, me fui dando a conocer en los clubes nocturnos de toda la ciudad. Llegó el momento en que nos reclamaban para cantar porque los clientes preguntaban. Eso hizo que la recaudación fuera creciendo cuando, de las propinas, pasamos a presentarnos en clubes como Parral, Farallón, Lidos, Leonardos, los famosos Castillo y Hacienda. Podía levantarme 400 o 500 dólares en un fin de semana. Por ejemplo, el Parral nos daba 400 dólares por los tres días y la Hacienda nos daba 500 dólares por la noche. Ese dinero también iba directo a mi esposa para los gastos del hogar.

Fueron tantas noches en esas que las he recordado siempre con mucha emoción. Cuando me hice un artista conocido, volví a la mayoría de esos restaurantes, incluso a aquellos donde decían que cantaba horrible.

Cuando me hice cantante, todo el mundo se sorprendió. Nadie la vio venir, ni los músicos, ni los ingenieros, ni tan siquiera mi propia familia, incluida mi esposa. Solo me apoyaba mi apá. A él le gustaba la cantada. A esas alturas, era un apasionado de su negocio y barajaba el sueño de que mi hermana Jenni pudiera dedicarse a la música, pues estaba convencido de su talento, del mismo modo que creyó en el mío cuando me arranqué. Decía que sentía que me podía ir bien, pero que para eso debía perseverar, porque seguramente me iba a tomar un tiempo llegar al éxito. Me ponía varios ejemplos de artistas que tuvieron comienzos duros. A mí me gustaron de toda la vida las canciones de Vicente Fernández, Javier Solís y Pedro Infante, al tiempo que era un devoto de los corridos de Chalino. Hasta la fecha, sigo pensando que compuso los mejores corridos de México.

Del lado de las mujeres que amaba, sin embargo, encontré un rechazo absoluto.

—¿Cómo vas a cantar tú? —fue la frase que más repetían desde María hasta mi mamá, una frase que traía veneno en la entonación. La interrogación llevaba intrínseca una afirmación de menosprecio.

Mi mamá era muy fría con eso, no creía lo más mínimo en mí. Mi jefa me desanimaba y me pedía que no me la pasara cantando, porque eso me iba a hacer andar con mujeres y en mala vida. Yo le respondía que al que nace mujeriego le da igual el oficio. Si me empleaba en una carnicería y la cajera era mujer, pues iba a tener el mismo problema. No era cuestión de la carrera que se eligiese, sino de la personalidad de cada uno.

En el caso de María, la cosa acabó en algo más que un comentario. Fue una imposición. Ella no quería que yo cantara y lo expuso como una condición *sine qua non* para la continuidad de nuestro matrimonio. Eso marcó el primer seísmo en mi relación con ella. No estaba de acuerdo. No me había conocido como cantante, ni siquiera como aspirante a serlo. Me había conocido como un chavo que soñaba con ser beisbolista, alistarse en los Marines o tener su propia compañía de construcción. Buena parte de esa oposición venía de la experiencia negativa que ella había experimentado en su hogar con los problemas entre su padre y su madre, precisamente por culpa de la música. La familia de María tenía un gran idilio con el arte musical. Sus dos hermanos, Paulo y Alfonso, eran muy buenos, el primero con la guitarra y el segundo con la batería. Su papá es uno de los mejores músicos que he conocido en mi vida. Tocaba todos los instrumentos y grabó varios discos con un grupo que se llamaba Los Diablos. Era un músico muy completo el señor. En la canción de "Sufriendo a solas", de hecho, el requinto y la guitarra que suenan son de mi entonces suegro.

El patrón de comportamiento que había observado en su padre, como consecuencia de la vida bohemia y dispersa que se asocia al mundo del espectáculo, era un negro presagio de lo que podía ocurrir al vernos separados por mis compromisos como cantante. Para tranquilizarla, yo le decía que nos había tocado la lotería, que yo podía cantar tres o cuatro días al mes, pero teníamos los otros veintiséis para nosotros. Nada de lo que le dije pudo evitar que comenzaran los problemas en mi matrimonio justo cuando empecé a cantar, porque hasta entonces nunca nos habíamos separado, o, mejor dicho, nunca nos habíamos apartado. En mi época en Taco Bell le di trabajo como cajera pues tanto tiempo sin verla podía originarnos un problema. El trabajo en la caja era tranquilo y no requería mayor esfuerzo, para evitar que se pudiera lastimar. No la dejábamos barrer ni trapear ni hacer nada que requiriese un esfuerzo físico, porque ella era bien delicada de salud, sobre todo en los embarazos. Me daba mucho miedo que pudiera tener algún problema y se le pudiera venir un bebé y perderlo. Ya habíamos tenido una niña prematura.

A pesar de todo ese viento en contra de parte de mi familia y de mi esposa, sacamos aquel casete. Lo colocamos en los canales distribuidores habituales, como discotecas, *car washes* y *flea markets*. Lo llevaba para vender cuando tocábamos en las cantinas, clubes y restaurantes. En total, luego de un tiempo, logramos vender mil cintas aproximadamente. Yo me dije ¡*wow*! En aquella época, a nivel local, si lograbas vender mil casetes, así pasara un año para ello, es que ya te iba bien. ¿Será que sí soy cantante? Me lo empecé a creer. Ser cantante era una opción. Ser estrella empezó a ser un sueño y una posibilidad. Los Rivera tocaban desde ese año a las puertas de la fama, pero las puertas iban a demorar en abrirse. Desde mi primer casete de 1992 en adelante, fui haciendo cosas sin que sucediera nada relevante, pero no me rendí.

Me empecé a tomar en serio el asunto de mis propias grabaciones y a buscar quién me representara. Mi primer representante y promotor fue Triny Ruiz. Con él trabajaba desde que salía el sol hasta las 12 de la noche, no por andar de parranda, sino por rendir el día, si andábamos en carretera por llegar a tiempo a una entrevista en la radio. Triny era muy fuerte en el norte de California, de modo que todas las semanas agarrábamos por esos rumbos. En aquellos inicios, te tocaba echarte a la carretera y recorrer las radios una a una. Fue duro, porque en esos principios ninguna radio me quería tocar. Era muy frustrante, a veces eran muy crueles con sus comentarios, pero yo le decía a mi gente que no se preocupara, que yo la iba a hacer. Lo íbamos a conseguir, había que perseverar.

Estuve con Triny hasta que se puso como promotor también con Gustavo, con Juan e incluso con mi papá. Cuando eso pasó, yo le dije que iba a buscar por otro lado, porque le veía con una carga enorme de trabajo. Mis hermanos observaron que se movía mucho. Me llevaba todo el rato para arriba y para abajo. En ese deseo de ellos de lanzarse también como artistas, solicitaron sus servicios y él no le dijo que no a ninguno.

Cuando murió Selena en 1995, grabé "La Estrella de Texas", un corrido dedicado a ella que formó parte del disco *Selena, la Estrella,* en cuya carátula se me presentaba como "El Torito" Lupillo Rivera junto a la banda La Rebelión Norteña. El apodo, en honor a mi tío, lo adopté desde el primer disco. Primero fue Torito y luego se quedó en Toro. Ese trabajo originó mi primera entrevista. Me fui personalmente al Convention Center de Los Ángeles donde se estaba haciendo el homenaje a Selena, y me metí ahí como pude con los reporteros, a los que canté incluso un pedazo de la canción. Fue mi primera aparición en los medios de comunicación. Me empecé a dar cuenta de la importancia de la difusión, porque el corrido se vendió bastante bien durante todo el tiempo que duró el duelo y la fiebre popular en torno a la malograda cantante texana.

No pasó gran cosa en los siguientes tres años desde 1995 hasta 1998, a pesar de que le echaba ganas. No arrancaba. Al contrario, mi carrera musical se tambaleó en 1996 por un problema personal que causó mi primera crisis con María, como consecuencia de su insistencia en que desistiera de la cantada, tema recurrente en peleas matrimoniales cada vez más frecuentes. Es paradójico, porque gracias a mis inicios en la cantada pudimos comprar una casa, pero no fue suficiente. Su intransigencia respecto a que yo me dedicara a la música no se movió, chocó con mi negativa a dar mi brazo a torcer y provocó nuestra primera separación en 1996 por un período de seis meses, aproximadamente, en los que yo la pasé fatal. Tuve un amago de depresión y, por primera vez en mi vida, me pasé de frenada con los tragos amargos. El alcohol amenazaba con ser un problema todavía mayor que la crisis matrimonial que finalmente pudimos superar.

Ese tiempo de amargura tuvo su compensación porque me inspiré para componer. Fue lo mismo que me ocurrió tras la tragedia de mi hermana. En 2013 tuve un resurgimiento de mi faceta compositora. El dolor estimulaba la creación. Es obvio que los tragos amargos me han inspirado desde que escribí mi primer corrido en memoria de Miguel, uno de mis mejores amigos de la infancia, al que conocía desde el tercer año de la escuela primaria, que murió asesinado, como Chalino. Me dio muy duro, porque fue algo muy injusto. Era un muchacho muy querido en el barrio, que trabajaba en una taquería que regentaba su papá. Fiaba los tacos a todo el mundo, incluidos los cholos, y por eso nunca nadie podía imaginar que se le pudiera hacer daño a una persona tan buena. Sin embargo, el destino a veces tiende trampas muy sigilosas, imposibles de detectar y esquivar. Enfrente de la casa de su novia se concentraba una pandilla que era enemiga del barrio por donde él andaba siempre, cuyo nombre le dejaron escrito en el vidrio del carro. Eso le costaría la vida. Miguel se había comprado un auto clásico antiguo, un Chevrolet Impala del 69, vehículo que hoy en día mucha gente usa de *low rider*. Él tenía la idea de hacerlo carro de carrera. Cuando los pandilleros rivales se apercibieron de la pintada en el vidrio, lo mataron al creerlo un pandillero del barrio enemigo. Fue una grave confusión, una nefasta equivocación de la que nació mi debut creativo marcado por la tragedia. "Miguel Carlos Ortega" fue uno de los primeros corridos que grabé. Contenía un nudo en la garganta cada vez que arrancaba la primera frase. Era uno de los primeros tragos de licor amargo que la cantada me puso en el camino: un disco marcado por dos dramas sumando el de Chalino, el homenaje a dos personas muy queridas, cuyas vidas la violencia segó como la hoz siega la mies dejando un reguero de dolor que malamente se ahoga en el alcohol.

Mi productividad como compositor de corridos se potenció de 1996 en adelante de un modo más serio y constante tras mi primera crisis matrimonial. Al mismo tiempo, tuve una intuición. Dándole vueltas a la cabeza, viendo la dificultad que teníamos para que la radio tocase mi música, se me ocurrió explorar el terreno de los narcocorridos, algunos de ellos bastante fuertes. La radio no estaba por la labor de tocar los corridos, pero cuando yo me iba a investigar a las discotecas y a los *swap meet*, veía que era lo que más se vendía. Pensaba que grabando estas rolas podría crear controversia para llamar la atención de los programadores de radio y en cualquier momento se prendería la mecha. Una vez prendida, ya nada la podría parar. Esos eran mis pensamientos y no andaba equivocado, porque gracias al corrido finalmente lo conseguí.

Compuse un corrido del cártel de Tijuana que salió a nombre de mi papá, porque él decía que estaba muy fuerte. Si había algún problema, él se adjudicaría la autoría. Los corridos me generaron problemas de censura por el rechazo que había hacia ese género. Rolas como "Heraclio Bernal", "Judicial Federal", "Amado Carrillo 'El Señor de los Cielos'", "Me dicen el Chivo", "Gabino Barrera" y "Protector de Narcos" fueron algunas de las que efectivamente provocaron la controversia anunciada que algunos medios quisieron elevar a la categoría de escándalo. En una ocasión, declaré a la prensa mexicana que los narcos me infundían un gran respeto y que para componer me informaba con las historias que contaban los periódicos o con lo que ellos mismos me platicaban, lo cual no se entendió muy bien y levantó muchas suspicacias. Era cierto que conocí gentes del negocio que me contaban historias una vez que te analizaban y veían que eras una persona de respeto, si bien otras veces me llegaban por el amigo de un amigo. Lo que hacía cuando me enteraba de ciertas historias era cambiar los nombres, las fechas y los lugares para hacer el corrido.

No era algo raro trabajar en ese ambiente. Pocos artistas hay, sean del género que sean, que no hayan actuado alguna vez en ese tipo de narcofiestas privadas. Cada cual tiene sus contactos, como yo tengo los míos. Hasta Michael Jackson estuvo a punto de ir a cantar a la famosa Hacienda Nápoles del capo colombiano Pablo Escobar. No lo hizo porque no se fiaba, pero hay decenas de nombres ilustres que, por supuesto, no soy quién para airear, que sí lo han hecho. La diferencia es que algunos tienen miedo de reconocerlo y otros no. Unos son señalados por la prensa y otros no, lo cual, aparte de hipócrita, es chistoso, porque conozco a algunos periodistas que apuntan con el dedo, pero que también han estado en esas fiestas. Yo no tengo ningún reparo en reconocerlo. No dejé de ser un trovador que contaba historias de su tiempo.

No he cambiado de opinión. Yo respeto a esa gente. Desde luego, hacen cosas que yo jamás haría y si hay alguno en concreto que haya podido hacer algo abominable en mi contra o en la de mi familia, el pleito es contra ese en concreto, no contra todos. Por supuesto que puede llegar a ser peligrosa nuestra actividad si te metes con la persona equivocada, si no tienes en cuenta las rivalidades que hay entre ellos mismos. Es un terreno pantanoso que hay que pisar con diligencia. Es probable que el hecho de haber sabido manejar eso en mi barrio durante mi infancia con las bandas y mis amigos cholos me ayudara también a saber estar y no meterme innecesariamente en problemas con esas personas. Cuando ha habido algún malentendido con alguno de estos personajes, he descolgado inmediatamente el teléfono para arreglarlo rápido, cortarlo de raíz y no dejar cabos sueltos que pudieran comprometer mi seguridad, porque con esa gente las cosas son serias.

Como consecuencia de mi proliferación en el género y del ruido que provocaba, el filtro del amarillismo trató de perjudicarme una vez y sacar tajada a mi costa. Yo estaba tranquilo en mi casa cuando una estación de radio se puso a informar que me habían arrestado con posesión de droga. No me lo podía creer. Afortunadamente, el recorrido de aquella mentira fue corto y todo el mundo se puso de mi lado para defenderme y enterrar semejante aberración. Por desgracia, no siempre fue así. En cuanto di el salto a la fama, los bulos de ciertos depredadores mediáticos me cayeron a mordiscos con el claro objetivo de acabar conmigo. He llegado a temerle más a determinados periodistas que al más siniestro sicario del narcotráfico. Las cicatrices duran hasta la fecha y no han dicho su última palabra.

Capítulo 14

EL BORRACHO PELÓN

Si me pongo a pensar en el momento que marca un antes y un después en mi vida laboral, en el hecho que redirigió mi destino, en lo que redefinió mi propósito de vida en este mundo, lo tengo muy claro. Ese momento fue el día que me escuché a mí mismo cantando "El Moreño" en un aparato de radio. Cuando empecé a sonar en la radio, entendí que todo estaba cambiando.

Sucedió en 1999, justo al final del siglo, más o menos siete años después de haber logrado mi primera grabación. "El Moreño" lo cambió todo. Mi destino dio un giro de 45 grados para ponerse en línea recta hacia el éxito. Fue el año de mi gran despegue. Me convertí en el primer artista nacido en los Estados Unidos que funcionaba en México cantando música mexicana. Ese año tomé conciencia de que la música sería algo para siempre. Hasta entonces tenía serias dudas, porque después de cuatro discos sin un gran éxito ya estaba desesperado. En cuanto la rola pegó, el trato de la gente hacia mí fue diferente y el pensamiento de la dedicación exclusiva a la música adquiría en mi interior más tintes de realidad que de utopía.

Los mismos colegas de la disquera Sony, a los que conocía de llevarles material de nuestros artistas, tomaron conciencia antes que yo de lo que estaba pasando a raíz de aquel corrido. Cuando coincidimos en la distribuidora a la que yo llevaba material de Cintas Acuario, me advirtieron que se estaba generando en el mercado una gran demanda de material mío. De hecho, se sorprendían de verme chambeando ahí como si tal cosa.

—¿Y tú que andas haciendo aquí, Lupe? Deberías estar ya ensayando y preparándote para las presentaciones de lo que se te viene encima.

Experimenté un contraste muy marcado de sentimientos, unos altibajos que tocaron cumbre en el momento que Rubén Espinosa, el mero de Sony, me pidió una fotografía mía y un autógrafo.

—Mejor dámelo ahorita de una vez, que luego te vas a hacer muy famoso y ya no te vamos a poder volver a agarrar —me decía medio en serio, medio en broma, mientras yo cargaba todavía ese día algunas cintas de otros artistas para entregarlas como estaba acostumbrado a hacer.

Era una voz autorizada. Él estuvo también en Capital Records vendiendo la música de Los Tucanes en 1995 y 1996. En aquel entonces, era el grupo más fuerte. Me llegó a decir que yo sería el Tucán de 1999 en adelante. Eso se me hizo una ridiculez. Yo había vendido casetes de Los Tucanes de Tijuana como pan caliente. Le respondí que estaba loco de pensar que yo pudiera lograr algo así, pero él insistía. Se amparaba en su conocimiento y me repetía que debía ceder mi puesto en Cintas Acuario y que tenía que enfocarme en prepararme a conciencia, porque con el material que había generado iba a subir como la espuma. No se equivocó.

La intrahistoria de "El Moreño", la rola que me hizo llegar hasta ahí, fue curiosa. A mí me gustaba ese corrido de toda la vida. Incluso un artista de Cintas Acuario, Chago, lo había grabado previamente y lo habíamos distribuido a nivel local unos años antes. Yo quería hacer una versión propia, pero decidí dejarla fuera del disco que me disponía a lanzar en 1999 porque no me cabía. Había compuesto diez corridos y ni modo de meter una rola más. Entre los corridos, había uno por encargo que el bato todavía no me había pagado. Le hablé por teléfono desde el estudio reclamándole el dinero una vez que había quedado grabado. Me hizo que se lo pusiera al teléfono para que lo escuchara. Cuando vio que era cierto, le pedí que me mandara la feria, pero el tipo se rebrincó diciéndome que ya había quedado grabado, que ni modos de poderlo borrar. Insistí en que habíamos hecho un trato y lo estaba incumpliendo. Él respondió directamente que le valía madres creyendo, tal vez por puro desconocimiento, que era imposible que la rola saliera del disco una vez grabada. Ahí mismo le colgué el teléfono, le pedí al ingeniero que borrara ese corrido y, en su lugar, nos pusiéramos a grabar un tema de relleno que, preciso, era mi versión de "El Moreño". Era un buen corrido para lucir especialmente el acordeón y yo tenía un acordeonero muy bueno.

Dios sabe cómo hace las cosas. Cuando la grabamos, me di cuenta enseguida de que era el tema más fuerte del disco. Todo el mundo empezó a decir que estaba bien perro y que ese debía ser el sencillo. Me veía a todo el mundo con el casete clavado en esa canción. Lo interpreté como una señal. Yo hasta ese momento le tenía mucha fe a un tema que se llamaba "El avionazo", un narcocorrido que se introducía con la voz de una aeromoza, como un viaje de la compañía Pericana de Aviación, y que yo pensaba promocionar como sencillo. Pero cambié de opinión. Ese relleno me iba a cambiar la vida.

❖

Pepe Garza resultó ser una persona clave para convertirme en una estrella a pesar de que en un principio me tiró la rola a la basura. Era una figura importante en la promoción de la música mexicana en California y terminó siendo el gran gurú del género. Llegó a Los Ángeles en el año 1998 para hacerse cargo de la célebre estación de radio la KeBuena y promover muy poco después los Premios de la Radio. No tardamos en conocernos porque empezó a tocar música de Cintas Acuario.

Al muy poco tiempo de llegar, se dio a la tarea de tratar de refrescar la música que se escuchaba en la radio, porque tenía la sensación de que todo el mundo tocaba lo mismo con las figuras consagradas, como, por ejemplo, Vicente Fernández o Juan Gabriel. Quería ofrecer algo distinto con lo que abrirse paso. Salieron a la calle a ver qué onda y descubrieron un movimiento *underground* en el género regional mexicano que las radios clásicas no querían tocar, pero que tenía bastante audiencia. Dentro de ese movimiento callejero estaban grupos de nuestra disquera como Las Voces del Rancho o Los Razos. La primera vez que yo fui a la estación de la KeBuena de Los Ángeles fue precisamente a ofrecer a Los Razos, que traían un corrido que yo mismo compuse y se llamaba "Échenle gordas al perro". Luego más tarde acudí con Las Voces del Rancho y así conocí a Garza.

La KeBuena empezó a pasar nuestra música y mi papá se puso muy feliz por lo que aquello significaba para el negocio. La cosa empezó a funcionar para todos. Me involucré mucho en las promociones radiofónicas de un producto nuestro que llamábamos *discos perrones*. Se los dábamos a las estaciones de radio para que los regalaran. En aquellas canciones se escuchaba en una intro una voz que gritaba imitando a un borracho antes de que comenzara el tema. A Pepe Garza le llamó la atención una en concreto: "¡Yo quiero que Las Voces del Rancho se avienten 'El corrido de Baltazar'!".

Le fascinó. Quería que esa misma voz grabara un promocional de la propia estación de radio animando a la gente a sintonizarla. Rápidamente le informaron que la voz era del hijo del dueño de la disquera Cintas Acuario, que se llamaba Lupe. Recibí el recado para que fuera a platicar con él y le llegué a la estación para atender su petición de que le grabara aquellas cuñas. Yo aproveché para platicarle que también le había entrado a la cantada. Era una excelente oportunidad para presentarle mi nuevo material. Con la cinta bajo el brazo, fui a reunirme con él y me llevé un primer gran revés al tratar de promoverla. Me quedé petrificado cuando vi que, ni corto ni perezoso, delante de mí, la agarró y la echó a la papelera.

—Esto no sirve, tráeme algo que esté bueno —sentenció, al tiempo que la lanzaba hacia la canasta.

Reconoció al escucharme que percibía un estilo distinto, no tan en la onda de Chalino, que era lo que el público estaba acostumbrado a escuchar. Tenía dudas de si mi voz podía pegar por ser tan diferente a lo que venía pegando. Pepe era el director de programación de la KeBuena, la persona que decidía qué canciones se tocaban y cuáles no. Su decisión fue no arriesgar y no pasarla en Los Ángeles.

Viendo que no me la iba a pasar, lo que hice fue irme a su competencia. Como a Garza no le gustó, le pedí a mi papá doscientos dólares para irme a promover mi música a Fresno, California, pero mi papá no me los dio aduciendo que me tocaba luchar por lo que quería. Me fui muy triste luego de esa plática, pero no tiré la toalla. Viajé por mi cuenta al norte del estado y acomodé la canción con un locutor de la Súper Q en el 101.9 de la frecuencia modulada. Era la estación de Rafael Bautista, conocido como el Primo Rafa. Él escuchó el disco y se dio cuenta también de la fuerza de "El Moreño". Metió la canción de volada y enseguida empezó a pegar. Alcanzó el número uno en dos semanas.

No hacía sino imaginarme la cara de Garza, quien no demoró en buscarme e incluso confesarme el regaño de su jefe, Eduardo León, que le había echado en cara el hecho de que un tal Lupillo Rivera estaba rompiéndola en Fresno y en Los Ángeles no. Su secretaria, Vanessa, que era la que se concentraba en escuchar lo que pasaban en las otras radios, no hacía sino advertirle de lo fuerte que yo venía. Eduardo, que era el mero mero de la KeBuena, descubrió, platicando con el locutor de Fresno, la enorme sensación que la canción había causado. El hombre se interesó por mí y se dio cuenta de que era del mismo barrio de Long Beach. Ahí comenzó todo. Contactó a mi papá y recibí un gran apoyo de la estación. Entonces fue cuando Pepe empezó a tocarla también y se convirtió en un *boom* nacional. En tres meses, me convertí en un artista muy popular. "El Moreño" fue el primer gran éxito de Lupillo Rivera y el que marca mi punto de partida como artista famoso capaz de jalar multitudes.

El apoyo de la radio fue un factor decisivo. La KeBuena tenía que tomar una decisión ante el hecho de no ser yo el único Rivera que cantaba. Cuando yo exploté, ya mi hermana Jenni le había entrado a la cantada. Y no solo ella, hay que recordar que Juan y Gustavo lo intentaron también. Pepe Garza le dijo a mi papá que no podía estar poniendo todo el día puro Rivera en la estación, porque éramos cuatro los hermanos que buscábamos posicionarnos, los cuatro sacábamos sencillos y los cuatro nos queríamos oír. Él niega haber tomado una decisión drástica de "yo sí y Jenni no", tal como ficcionaron en la serie, porque no era cosa de dos sino de cuatro. Si para que una canción funcionara debía tocarse cada tres horas, él tenía que tomar una decisión, y en esos momentos pensó que el que más fuerte iba a pegar era yo. Pepe apostó por mí, lo cual siempre le agradecí. Y, la verdad, no se equivocó, sin perjuicio de que luego mi hermana lograra romperla también. Con Juan y Gustavo acertó plenamente en su pronóstico, pues nunca pasó nada con ellos.

El fenómeno Lupillo traspasó las fronteras locales y me convirtió en una figura tanto en los Estados Unidos como en México. En el año 2000, avasallados por ese éxito, convencidos de no saber gestionar muy bien todo aquello, nos preguntábamos qué íbamos a hacer. Con semejante madrazo, no sabíamos cómo actuar. Entré a la carrera sin saber lo que era un publicista, ni un *road manager*, ni un *tour manager*. Mis hermanos se limitaban a sus funciones dentro de la disquera y mi papá no sabía vender fechas. No había de otra que buscar un socio potente y fue cuando tomamos la decisión de llamar a las puertas de Sony y de buscar a Javier Rivera, que acabaría siendo el ideólogo de buena parte de las señas de identidad de mi personaje.

Cuando mi papá quiso promoverme para la licencia con Sony, yo le dije que no, que no me sentía todavía preparado para ese salto de gigante. Él me hizo ver que el mundo no estaba hecho para cobardes. Tomé valor y lo dejé en manos de Dios. No pude tomar mejor decisión. Empezamos a hablar. Fuimos a reunirnos con Óscar Lor y Abel de Luna. Nos preguntaban por el número de mi publicista, y yo miraba a mi papá porque no sabíamos qué hacer. Me decía que me inventara cualquier número. Me puse en primera línea sin tener el equipo que se suponía para un artista de ese nivel. El éxito nos llegó de sorpresa, todo lo fuimos aprendiendo en el camino. Llegamos a un acuerdo y firmamos un contrato de licencia para seis discos en los siguientes cinco años a razón de 60,000 dólares por cada uno. Aquello se me hacía un dineral. Le decía a mi papá que lo agarrara sin pensarlo, ignorando que tenía su trampa, puesto que incluía la regalía mínima que se le puede dar a un artista, algo así como siete centavos por venta, la mitad para mí y la mitad para mi papá. O sea, me correspondían apenas cuatro centavos, cuando a muchos otros artistas les daban entre tres y cuatro dólares de regalía. Perdí mucho dinero en ese trato porque yo vendí un madral de discos, pero a cambio estaba en una compañía interesada por el artista y dispuesta a apostar por él. Muchas de las ganancias que ellos obtuvieron gracias a mí se reinvirtieron en mi carrera. Era un ganar-ganar.

Estaré eternamente agradecido con ellos. Mi llegada a Sony Music fue crucial, porque con ellos convertí el nombre de Lupillo Rivera en una marca muy cotizada. Sony me hizo artista. Mi época más fuerte como artista fue con ellos. Estrenaba el nuevo siglo de la mejor manera. La compañía se encariñó tanto con mi talento que me apoyó y me elevó a lo más alto con un proyecto diferente a lo que estaban acostumbrados a trabajar, que era tropical y pop. El primer día que me reuní con Mónica Escobar, la persona encargada de la promoción, le pregunté si ella era la que me iba a hacer famoso, y nos echamos los dos a reír. Me tenía preparada una sumatoria de medios masivos: televisión, prensa, revistas y radio. Era un trabajo completamente de posicionamiento dentro de los grandes programas nacionales tipo el *Sábado Gigante* de Don Francisco. Una acción venía seguida de otra. Las portadas de las revistas eran parte clave de ese proceso de posicionamiento, así como tener historias importantes en los periódicos. Mi sentido del humor, mis ganas de triunfar, mi humildad y mi manera única de interpretar las canciones ayudaron mucho a conectar con el público y a consolidarme como un artista que desprendía estrella y carisma. En Sony eran conscientes de ello y me lo decían abiertamente.

—Lupe, ojalá no cambies nunca. Verte así como te ves con esa sencillez te hace diferente. Tu honestidad le llega a la gente, se sienten identificados contigo, proyectan en ti ese sueño de un hombre de familia que puede triunfar en la cantada.

Eran palabras de Mónica y del resto del equipo responsable de mi promoción, entusiasmados desde el primer encuentro con mis ganas de triunfar, mi decisión de hacer lo que fuera necesario para llevar mi música a otros territorios y lograr que la gente la escuchara alrededor de Estados Unidos, especialmente en lugares como Miami, donde casi no se escuchaba. Mónica todavía recuerda que se dieron cuenta de que Lupillo Rivera se había convertido en un fenómeno cuando ya no tenían que rogarle a los medios para que me entrevistaran o cuando me empezaron a buscar para participar en premiaciones importantes, como los Premios Billboard. Cuando se me abrieron esos espacios, se apercibieron de que me había vuelto un artista con el que todo el mundo quería hablar y todos los artistas querían colaborar. Mi papá estuvo muy avispado, se dio cuenta de mi éxito y contrató a una buena banda de Sinaloa, con la que grabé una cantidad enorme de rancheras, las más populares. A todas ellas les puse voz.

Con Sony encadené un éxito tras otro. *El Moreño* fue el detonante, el primero que se licenció a la multinacional. El segundo fue *El Toro del Corrido*, en el que viene la canción "Tú y las nubes". El tercero fue *Despreciado*, probablemente el éxito más grande de todos, sin duda, el que más se vendió. Cuando yo di el santo chingazo con *Despreciado*, estaba muy fuerte. Vendí en aquellos momentos más boletos que Eminem; los periódicos así lo reportaban. En las listas de popularidad tenía ocho éxitos acumulados en los primeros veinte lugares gracias a *Despreciado* y *El Toro del Corrido*, que mantuvieron su posición por más de treinta semanas: más de medio año. Visto en parámetros actuales, para el público más joven que no lo vivió, se puede decir que tenía en ese tiempo la misma fuerza de un Grupo Firme o un Peso Pluma de la actualidad. Con eso se hacen idea de la dimensión de lo que sucedió en aquellos primeros años del siglo en el que han nacido.

En el cuarto disco con Sony viene la canción “Sufriendo a solas”, en el quinto publiqué *Amorcito Corazón* y el sexto que hicimos fue *De Bohemio Con Lupillo Rivera*. Durante todo ese tiempo que duró el contrato con Sony, grabé también unos discos en vivo, el *Sold Out Vol. 1* y el *Sold Out Vol. 2*, que se vendieron como disco compacto musical y en DVD, ya que se grabó el concierto en vivo, todo ello licenciado a Sony Music. Esto elevaba a ocho el número de discos míos que esta multinacional del entretenimiento promovió, convirtiéndose en uno de los principales pilares de mi éxito.

El otro gran pilar de mi salto y consolidación en la fama fue Javier Rivera. Con él, empecé a trabajar en eventos grandes. Javier era, en aquel entonces, el promotor más fuerte de los Estados Unidos. Trabajó con todos los artistas legendarios. Había promovido a gente como Javier Solís, Vicente Fernández y Juan Gabriel, entre otros. No era fácil entrar con él. Yo tuve la suerte de que uno de sus trabajadores, Bruno Chávez, sabía de la fuerza con la que llegaba. Le habló de mí a Javier y el hombre se interesó en buscarme. Esto coincidió con la intención de mi papá de contactarlo para que me promoviera. Cuando llamó a su oficina, tuvo la suerte de que ya me conocían, de modo que fue sencillo organizar una primera junta a la que acudí junto a mi jefe. En ella, sentamos las bases de la alianza para un primer contrato que nos vinculaba por un año, tras el cual seguimos trabajando sin necesidad de contrato, con puro pacto de caballeros.

Cuando me fue a ver la primera vez, lo único que hizo fue un gesto como pellizcándome el traje que llevaba mirando de arriba abajo mi forma de vestir.

—Un artista como el que yo pretendo que seas no puede vestirse con ropa de *swap meet*, Lupe. Vamos a dar una vuelta por Beverly Hills a ver si encuentras algo que te guste. —Era una sutil manera de decirlo.

Lo primero que respondí fue que jamás había ido por allá para esos menesteres. No sabía qué pintaba yo por esos rumbos.

—Si caigo por allá, van a pensar que soy el que parquea los carros —le dije.

Finalmente me convenció. Fuimos y una vez allí, ya más explícitamente, me mostró la ropa que él pensaba que debía lucir en mis presentaciones.

—Las camisas que tú te pongas no son las que se vaya a poner una persona normal —soltó mientras sostenía una con un precio de cuatro cifras.

Se me hizo muy caro. Sin embargo, se prestó a poner su tarjeta para pagar aquello; me propuso que poco a poco me fuera descontando ese gasto de lo que me iba a hacer ganar en las actuaciones para regresarle ese dinero.

—¿Cuánto es que andas cobrando, Lupe? —preguntó él.

—Pues, depende, 500 dólares, 800, 1,000 a veces…

—¿Cómo? Bueno, de aquí en adelante vamos a tratar de mejorar tu sueldo, a ver cuánto te puedo conseguir para que, entre otras cosas, puedas pagar la ropa que yo creo que debes lucir sobre un escenario.

Hubo gentes que me criticaron por ser el primer artista que se vestía de traje, corbata y tejana con unos colores extravagantes, aduciendo que no cuadraba con la música que cantaba. Yo también sentía que corbata y arrapa no casaban con los corridos, pero vi que a la gente le gustó. Javier me demostró desde el primer instante que sabía lo que hacía. Empezó a programarme y enseguida noté la diferencia. En mis dos primeras presentaciones con él, gané 4,000 dólares en un lugar y 5,000 en otro. Ganar 9,000 dólares en una noche era algo que no me podía creer. Me acordé de cuando, con mucho esfuerzo, lograba reunir 3,000 dólares mensuales en mis años duros de pluriempleo matándome a trabajar. Por eso, en el momento que vi lo que me podía ganar con una sola cantada, lo tuve claro. No aguantaba ni tan siquiera mi trabajo como gerente de la disquera, que conservé incluso después del *boom* de "El Moreño". Los colegas de Sony me lo habían advertido y Javier, prácticamente, me lo impuso. Tenía que dejar ese empleo y dedicarme en exclusiva a mi carrera artística.

No cabe duda de que mi tocayo de apellido supo hacer muy bien su trabajo, porque de su mano en esos años todo eran buenas noticias: en 2002, mi álbum *Despreciado* y su canción principal ganaron el Mejor Álbum Regional Mexicano y Sencillo del Año. Fui votado Artista Masculino Mexicano del Año en los Premios Lo Nuestro. Al año siguiente, fui nominado nuevamente a Mejor Artista Masculino, así como Artista de Banda del Año, y mi álbum *Amorcito Corazón* fue nominado a Mejor Álbum Regional Mexicano. Arrasé en la primera década del siglo. Entre 2001 y 2012, obtuve 15 sencillos Top 50 en las listas de canciones latinas *Hot Latin Albums* y *Mexican Regional Albums*, que incluyeron tres Top 10 y seis Top 20. Coloqué catorce rolas en las listas de reproducción y transmisión y cuatro de ellas ganaron lugares en el Top 200 convencional global. En 2009, publiqué *Tu Esclavo y Amo*, con el que me gané el Grammy al Mejor Álbum de Banda en la ceremonia del año siguiente. *A mi manera*, en 2012, último disco antes de la tragedia de Jenni y el dolor que partió en dos mi vida, fue muy bien recibido por la crítica y el público, y se ubicó en el Top 50 de Latin Albums e incluso más arriba en las listas de *streaming*. Dios me permitió ver ocho éxitos al hilo, uno tras otro, en los primeros lugares, permaneciendo en la misma lista de popularidad al mismo tiempo. Conservo la revista *Billboard* donde aparece la lista de los diez éxitos del regional mexicano con ocho rolas mías.

Javier Rivera era muy bueno vendiendo fechas y asesorándome, pero delegaba otras áreas que no dominaba tanto, como el mercadeo o la publicidad, en otras personas que formaron parte del equipo de trabajo. Entre ellas, no me puedo olvidar de Pete Salgado, un profesional que comenzó a trabajar conmigo, primero como contador y después más implicado en mi carrera. Él tenía la idea de hacer cosas en inglés con vistas al famoso *crossover*. No lo vi claro y desistí de esa idea. Hay que tener en cuenta que, en aquel entonces, justo arrancando el siglo, no era algo bien visto por buena parte del público hispano. La raza podía sentirse muy celosa, considerar poco menos que una traición a nuestra cultura el hacer guiños al público angloparlante.

Pete me preguntaba a menudo por qué yo pegaba y mi hermana Jenni no. En una de aquellas pláticas, le respondí que estaban perdiendo una gran oportunidad ignorando la vida de sacrificio y lucha que mi carnala había tenido que soportar.

—Deben contarle eso al público, Pete, deben hacerles ver el coraje de Jenni para salir adelante. Eso mismo me ha ayudado a mí, mostrarme como realmente soy. Estoy convencido de que mucha gente se va a sentir identificada con ella y eso será un jale muy importante. Deben hacerla ver como una mujer ejemplar, madre soltera, luchadora —le comenté aquel día.

La idea no cayó en saco roto. Laura Lucio, quien trabajó conmigo un tiempo ayudándome en algunos conciertos para unas cadenas de televisión, también tomó nota. Eran lo suficientemente inteligentes como para darse cuenta de que podía funcionar. Y funcionó. Pete y Laura estuvieron trabajando con mi carnala y fueron partícipes de su gran despegue.

❖

Mi pinta trajeada unida a mi aspecto pelón rompió todos los esquemas. Decidí raparme a los 27 años para hacer la diferencia en el escenario ante el público. Era un personaje que yo traía en mente, muy local. Mi *look* de pelón se hizo muy querido. Era la época en que Bruce Willis había popularizado esa imagen del hombre viril de cabeza rapada, que empezó a verse como algo *sexy* y no como una patada estética a la imagen masculina lastrada por la calvicie. A mí se me hizo ideal para identificar una marca registrada, y no cabe duda de que acerté. A muchos hombres con problemas de alopecia, que no se veían bien, les vino de maravilla raparse completamente para conseguir una imagen que les favorecía y que ya nunca pasaría de moda.

Al poco tiempo, me fijé que mi calva creaba escuela y que algunos artistas norteños, como Tucanes, Tigres y Conjunto Primavera, comenzaron a imitarme en la manera de vestir. Eran síntomas de que estaba en el buen camino y de que tenía un mánager eficiente, cuya opinión acabó siendo para mí palabra sagrada que obedecía sin cuestionar, así a veces no lo entendiera muy bien o me generara algún roce familiar. Él, por ejemplo, me desaconsejó acudir a alguna gala de los premios Lo Nuestro o los Billboard por razones estratégicas, viendo la posición en la que estaba. Por una parte, podía tener mucha razón, pero por la otra me generaba alguna duda por la predisposición negativa que pudieran tomar los canales organizadores.

El gran aporte de Javier fue ayudarme a que ese personaje adquiriera una dimensión internacional. Para eso, me llevó a ver en directo a verdaderas leyendas como Luis Miguel, Marc Anthony, Juan Gabriel, Vicente Fernández, e incluso un concierto del grupo de rock Kiss. La idea era aprender de todos ellos, captar la personalidad de cada uno, el signo distintivo que los había hecho grandes para, de ese modo, moldear al borracho pelón que yo traía en mente a ese nivel y proyectarlo en las presentaciones.

En toda la cresta de la ola, hice giras llenando grandes recintos. Todo el mundo hablaba de la nueva fiebre del regional mexicano, fiebre que yo palpaba en cada uno de mis *shows* con mi puesta en escena ante una multitud. Me invitaron a un evento en el Parque MacArthur de Los Ángeles, organizado por la KeBuena, una excelente ocasión para que mucha de aquella gente me conociera sobre el escenario. Yo subí con la sonrisa puesta entre el fervor popular. La sensación que tuve el día que por primera vez escuché mi voz en la radio se vio ratificada en aquel festival. La química con el pueblo me asentaba canción tras canción, palpando la gloria. Mi puesta de largo no pudo ser más brillante. Fue el día que mucha gente dijo que había nacido una nueva estrella, capaz de convertir en éxito cada nueva rola que grabase, como así sería.

En el área de Los Ángeles había algunos locales que eran un verdadero termómetro para medir la capacidad de convocatoria de un artista. En muchos de ellos, como el Parral, Castillo o Hacienda, nos veníamos presentando de manera discreta, como mencioné, pero a partir del éxito de 1999 subí a otro nivel y reventaba cada evento que la radio organizaba. La KeBuena armó algunos en lugares como El Farallón de Lynwood y el Rancho El Farallón, probablemente dos de los más emblemáticos, junto al Rodeo de Pico Rivera, donde puse el *sold out*. Hubo un jaripeo en la Plaza El Mexicano, lo que hoy es la Plaza México de Lynwood, que estaba tan abarrotado que tuvieron que llegar la policía y los bomberos a desalojar por el peligro que representaba aquella aglomeración de gente, que superaba con creces la capacidad real de aforo.

Cuando uno llenaba esos lugares, podía considerarse una figura y yo lo hacía a cada rato. Ni qué decir del Anfiteatro Universal. El célebre Gibson era un verdadero templo reservado solo para los más grandes. Fui el primer mexicano nacido en California capaz de llenarlo cantando música regional mexicana. En aquellos *shows* me sentía muy feliz porque allí estaba toda mi gente viendo con sus propios ojos lo que estaba pasando. No solo mi gente. Personalidades del mundo del entretenimiento, como Jim McNamara, un ejecutivo estadounidense que le había apostado mucho al contenido en español y artífice de una gran alianza entre Televisa y Lionsgate, se vaciaba en elogios hacia el fenómeno Lupillo Rivera. Él ponía mucho énfasis en el hecho de que era el único solista que triunfaba de aquella manera en pleno apogeo del pop, donde el regional mexicano solo se abría paso a base de bandas como Los Tigres del Norte, Banda el Recodo y Tucanes. Ser pionero como cantante solista en aquella oleada de éxito fue un hito que jamás olvidaré.

Javier Rivera tuvo buena parte de la culpa de esa subida que traspasó los límites de California y me convirtió en una figura nacional e internacional. Cuando salía de gira, llevaba como parte de mi equipo de trabajo a algunos amigos del barrio para que conocieran mundo y abrieran un poco más su mente. Me dio mucho sentimiento pensar que algunos de los que habían sido mis compadres ya no vivían para poder ver todo eso. Brindamos por los que se habían ido y por los que sí estaban, que por cierto fueron especialmente útiles en algún que otro roce, porque si había bronca les salía el gen territorial que llevaban dentro y se hacían respetar.

Tras la fiebre que se extendió por Estados Unidos, fuimos abriendo cancha rumbo a México, mi gran mercado potencial, y sus tres principales capitales: Ciudad de México, Monterrey y Guadalajara. En esta última, me hizo una especial ilusión presentarme por primera vez por ser la tierra de mi papá. Arturo Buenrostro, desde la estación La Z, fue el encargado de organizar un concurso para promocionar mi música. Le daban mil pesos a la gente que se rapara. El dinero lógicamente lo aportaba yo. Era una buena lana y no fueron solo hombres, también hubo mujeres dispuestas a quedar pelonas. Se armó una completa locura cuando aparecí por allí, lo cual hizo ver rápidamente a la gente de la radio tapatía la fuerza con que llegaba. Tuve el gesto de ponerme la playera de la estación de radio en pleno escenario.

Con esos escenarios llenos dentro y fuera de California, percibía la agradable sensación de tener al público en el bolsillo. Me adoraban. Conocían y cantaban todos mis éxitos del repertorio: "Tú y las nubes", "Despreciado", "Tu recuerdo y yo", "El Barzón", "Sufriendo a solas", "Te solté la rienda", "Borracho", "Vengo a verte" y "La cosecha", que la grabé por el acordeonero, porque la rola le hacía recordar a una mujer que quiso.

Era todo un fenómeno. El Rey de las Cantinas, entre copas y botellas sobre un escenario, era un personaje con una figura reconocible, una voz diferente, un *look* revolucionario completamente pelón, tomando en pleno *show* y ofreciendo dinero. Me sentía querido desde todos lados, entrañable a los ojos de las gentes. Las señoras me adoraban. Veían en mí a su hijo travieso que al mismo tiempo estaba pendiente de su mamá. Los hombres me veían como un cuate al que le gustaba pistear, capaz de naturalizar el trago encima de un escenario, y los gurús de la radio y de los medios comentaban que mi personaje era una especie de borracho, en el buen sentido de la palabra, que caía bien. Hasta les recordaba a Pedro Infante por mi capacidad de comunicarme con tanta gente. Yo proyectaba también mi desparpajo y mi carácter campechano en todo tipo de situaciones, que alimentaban más mi cercanía con el público. De pronto, se sorprendían viéndome en una alfombra roja con una bolsa de McDonald's, o arriba de un estrado tras recibir un premio dirigiéndome a mis hijas. Cada una de mis apariciones públicas dejaban un recuerdo en la gente. Esa imagen se puede interpretar como una estrategia de marketing, pero en realidad no lo era: yo hacía las cosas así porque me nacía. No impostaba el personaje, aunque tampoco era ajeno al hecho de que eso me favorecía. Llegó un momento en que me creí capaz de manejar y dirigir el relato de los medios a tenor de todo lo que hacía, y eso acabaría convirtiéndose en un arma de doble filo que me pasaría una abultada factura.

Hubo muchos factores que me ayudaron a ser intuitivo en todos los aspectos que rodeaban a un cantante y me ilustraron con ideas de mercadeo que me fueron muy útiles. Saber presentar un producto original y novedoso era, sin duda, una de ellas. Eso lo vi en los muchos años que llevaba dentro de la industria al lado de mi papá, con mucho contacto con el público real, el que compraba los discos; o como testigo, desde mi barrio de Long Beach, del crecimiento de la música callejera, ya fuera mexicana, hip-hop o rap. La idea del Rey de los Borrachos o Rey de las Cantinas nació como consecuencia de ese aprendizaje, y mi gran inspirador fue Dean Martin. Su puesta en escena y la imagen que proyectaba me llamaban mucho la atención. Parecía que todo le valía madres. Era como el cuate parrandero que los hombres admiraban y el cabrón borracho divertido deseado por las mujeres, que disfrutaba la vida, ajeno a los problemas cotidianos. Contaba su hija que Elvis Presley lo admiraba al punto de decirle en una ocasión que, si él era el Rey del Rock, su padre era el Rey del *Cool*, frase que inspiró un gran documental sobre su vida producido por Leonardo DiCaprio.

La parte del trago en mis *shows*, que se convirtió en una de mis señas de identidad desde un principio, la pude controlar bastante bien. Había que saberlo manejar, porque no podía cantar en ese papel de borracho todas mis canciones ni poner ningún corsé que me impidiera avanzar como artista. Fui de los primeros artistas, por no decir el primero, que subía a la tarima con una botella y la ponía en medio del escenario. No se concebía un concierto mío sin pistear y en algunas letras animaba explícitamente al público: "¡Fondo, fondo!". ¿Quién no recuerda esa rola que invitaba a Pancho y a Carmela a ponerse hasta la madre?

Fuera del escenario, me cuidaba bastante. Me mantenía en forma con el ejercicio y seguía una buena dieta, pero el ritmo de los *shows* era tal que sin darme cuenta acumulaba un exceso de alcohol que acababa pasándome factura en modo de cansancio. Por eso, tuve que empezar a bajarle un poco y cambiar, sin que la gente lo notara, el trago por té camuflado e incluso agua, que sustituyeran, respectivamente, el güisqui y el tequila. Nadie se daba cuenta.

Lo de la aventada del dinero, sin embargo, es un mito. Este es un ejemplo más del poder de distorsión de los medios de comunicación que, por supuesto, he de aclarar por enésima vez. Nunca jamás aventé dinero jactándome de ello. Yo lo que hacía era invitar a los niños al escenario para darles la oportunidad de ganarse un dinero a cambio de un baile de "El Barzón" o cualquier gesto amable y simpático que se nos ocurriera. Tenían que bailar, porque si no los bajaba del escenario sin darles su billete. Con obligarles al baile, no pretendía sino mentalizarles del necesario esfuerzo para ganarse algo. Me daba mucho coraje que algunos periodistas dijeran eso como si yo me la pasara aventando dólares de presumido, lo cual lógicamente generaba críticas porque, contado así, se veía como un insulto pretencioso, todo lo contrario del buen gesto que pretendía ser. Así es como lo concebí y como lo traté de explicar en su momento, recordando las épocas de mi niñez en las que íbamos al límite de recursos. Yo me proyectaba en esos niños y en esas familias a las que trataba de ayudar con aquellas propinas.

Hubo una anécdota que nunca olvidaré y que de algún modo me inspiró para esta iniciativa. Cuando yo tenía 10 años y vendía casetes piratas por todos lados, fui una vez a la carnicería Guanajuato de Wilmington a ofrecer las cintas. La carnicera, una señora ya entrada en años, me preguntó si había comido, y le respondí que no. Acto seguido, se metió dentro y salió con un bolillo, unas carnitas y una soda.

—Señora, yo no puedo aceptarle esto así nomás, venga y me recibe —le dije al mismo tiempo que le daba dos casetes a cambio de su comida.

—No, mijo, no es necesario. Simplemente, cuando tú tengas dinero, haz lo mismo —me respondió mientras me regresaba las cintas.

Eso fue justo lo que hice regalando aquellos dólares a los niños que se aventaban el baile sobre el escenario.

Capítulo 15

ORGULLOSAMENTE MEXICANO

Creo que jamás se me subió el éxito a la cabeza. Mi personalidad fue la misma estando abajo y estando arriba. No perdí mi esencia. Yo podía estar un día en Los Ángeles en uno de mis Bentley, y al día siguiente ir a Monterrey y subirme sin mayor problema en un Vocho verde[9] para sorpresa del taxista, que me decía que no se lo podía creer porque me había visto días atrás en la prensa, en un carro de 250,000 dólares. He sido, soy y seré la misma persona de siempre. Me parece que cambió más la gente que tenía alrededor que yo mismo. Eso me hizo perder amistades y familiares, gente que cuando tenía el dinero estaban ahí al cien, pero después no, dando la razón a la canción que dice que a uno

---

[9] El Volkswagen Sedán Tipo 1, también conocido como Vocho o Volkswagen Beetle, Escarabajo o Cucaracha, fue uno de los automóviles más populares de México y los taxis de color verde los más emblemáticos del país. Dejó de fabricarse en 2003 y estos taxis desaparecieron de la capital mexicana en 2012 por las medidas antipolución.

lo valoran por lo que tiene en la vida. Esto siempre me puso muy triste porque yo nunca me olvidé de mi gente ni olvidé que venía del lodo. El sello del barrio no se me quitó jamás. No dejé de apreciar y cuidar mis cosas y mi dinero como cuando escaseaba. Regateaba en las pulgas y si me iba a Las Vegas y perdía mil dólares, me enojaba. Javier Rivera le restaba importancia y decía que la siguiente semana iba a trabajar y me ganaría treinta mil, pero para mí no era consuelo.

El salto a la fama no me cambió el carácter, pero lógicamente sí la calidad de vida cuando empecé a generar 300,000 dólares por noche, algo fuera del alcance del taquero más veloz del mundo, oficio que no obstante respeto, ejercí con gran dignidad y tengo presente en mis recuerdos, como ya pudieron leer. Pude cumplir los sueños asociados a un poder adquisitivo alto, como el de tener una colección de carros, vivir en una casa grande y vestir muy elegante.

Los lujos eran para mí una forma de compensar todo aquello que no pude tener de niño. Un claro ejemplo son los automóviles, que me fascinaron toda la vida. Mi mamá tenía una foto de cuando me compré una troca de juguete usada que me costó 25 centavos, lo que viene siendo una *cora*. Era toda viejita. Nunca se me olvidó aquella camioneta de a peseta que tanta alegría me dio en su día.

Leí una historia de Elvis Presley que decía que tuvo siete Cadillacs. Javier Rivera me decía que yo tenía que ser más chingón que Elvis Presley. Me echaba las manos a la cabeza y le decía que estaba loco. Luego, él matizaba que se refería a la colección de carros. Me hizo pensar. ¿Y por qué no? Si Elvis había tenido siete Cadillacs, yo debía tener siete Bentleys. Y así fue, principalmente gracias al trabajo que el propio Javier me consiguió.

El primer carro de lujo que compré fue un Bentley Arnage gris de cuatro puertas. El segundo fue una Hummer, luego otro

Bentley. Llegué a tener siete Bentleys. Dos de los que conservo son de una serie exclusiva de la que solo se fabricaron cuatro unidades en el año, además del Rolls Royce del rapero Tupac Shakur, que precisamente me lo ofreció la distribuidora que me vendía a mí los carros. Ese carro lo vendí a los siete meses y le saqué una gran ganancia.

Con el tiempo, y descontando los que perdí en mi primer divorcio, hice una colección de dieciséis carros, entre ellos un Ferrari Spider valorado en 150,000 dólares que le regalé a una estación de radio, porque mi madre me dijo un día que me iba a matar en ese carro y que no me iba a dirigir la palabra hasta que lo vendiera. Le agarré miedo y decidí donarlo, aprovechando una promoción en Los Ángeles. Era la época en que las estaciones de radio hacían ese tipo de sorteos para promocionarse. Fue bonito, porque con eso logré además ayudar a una familia. Se lo ganó un señor que tenía mucha escasez económica. El día que se lo llevó, alguien le ofreció ahí mismo 80,000 dólares de frente, que los tomó y lo vendió.

Los Bentley los usé alguna vez para conquistar a alguna mujer. Si el carro hablara, podría contar muchas cosas. En ese carro se vive una experiencia única. Trae unos tapetes de un material exclusivo que sugiere quitarse los zapatos en el caso del conductor y ponerse un calzado especial para manejar que ellos te proporcionan. En el caso de la acompañante, la mujer debe quitarse los tacones y deslizar sus pies sobre esos tapetes, cosa que a mí se me hacía algo muy bonito y excitante, entre otras cosas porque me encanta la sensualidad de los pies femeninos. Toda mi vida me fijé mucho en los pies, las manos y el cabello de las mujeres, que aparte de la belleza son un test del cuidado y la higiene de la persona, aspectos muy importantes. Hoy en día, me he desprendido de la mayoría de los vehículos. Algunos se fueron en el divorcio, otros se fueron cuando me vi en el bache económico del descenso de las ventas y fechas. Otros se los he regalado a mi hijo y algunos están todavía guardados. Entre los que tuve que vender por necesidad, estaba uno de mis favoritos, un Chevy 57 convertible intacto, con 19 millas originales, comprado en Las Vegas, que me dolió tener que dejar después de tenerlo 12 años. Lo lloramos mi hijo y yo cuando se lo llevaron. Aquel carro lo compré en su día para el video de "Amorcito Corazón". En aquella época, yo estaba muy fuerte y no quería que anduvieran rentando casas y carros para mis videos, de modo que las locaciones y los vehículos que se usaron en aquellos videoclips eran míos. Me lo compró Patty Chávez, mi mánager de Monterrey, que lo tiene en un museo como el 57 de Lupillo. Ella me hizo un favor cuando me lo compró y si lo recupero será pagándole lo que cuesta. Gracias a Dios, el dinero lo tengo si me decido. Hemos bromeado mucho al respecto, pero no me he decidido porque ahora manejo un perfil mucho más bajo respecto a los automóviles. Me muevo en una "mamamóvil". Tengo una camioneta pequeña que mi equipo llama "la lechera", en la que parezco un conductor de taxi, pero con la que ando bien a gusto.

Otra cosa que nunca cambió en mí es mi gran sentimiento de ser mexicano, a mucha honra. Cuando iba a Beverly Hills a comprar carros o ropa, iba bien orgulloso con mi playera que decía "Viva México". Con ese orgullo acudía a la célebre tienda Battaglia donde, por cierto, una vez coincidí con Luis Miguel, otro ejemplo más de un mexicano triunfador, que andaba comprando y había mandado cerrar la tienda para él. Cuando llegué, vi que estaba cerrada. Un latino que trabajaba ahí me avisó que me tocaba esperar turno a que terminara el cliente VIP que estaba dentro. Le tomé la idea. Cuando Luis Miguel se fue, entré y le pedí a la empleada que volviera a cerrar la puerta porque le iba a gastar 40,000 dólares en ropa. Lo hice nomás para que se diera cuenta de que los mexicanos podemos hacer las mismas cosas que hacen los estadounidenses de origen anglosajón. La discriminación y el racismo eran algo que me sublevaba. Me he pasado toda la vida reivindicando mi orgullo mexicano y denunciando el racismo supremacista.

El racismo lo viví incluso siendo ya muy famoso. Una vez, me fui a dar un paseo por Bel Air y Beverly Hills para estrenar un Bentley de color verde que había comprado dos semanas antes. Manejaba ese carro respirando bien profundo, agradeciendo a Dios, sintiendo el orgullo de lo logrado. De pronto, un policía me detuvo de manera completamente arbitraria y se puso a registrarme e interrogarme que de dónde había sacado ese carro, con qué dinero, mirándome con displicencia como diciendo que era inviable que un mexicano como yo anduviera con un carro así. Le di las explicaciones, pero nomás de verle la cara se veía que no me creía. Con esa presunción de culpabilidad de índole racista, me esposaron para meterme al carro policial. Me salvó de que me llevaran al calabozo el hecho de que mi mánager había metido una caja de discos compactos míos en la cajuela destinados a una promoción en la radio, tal como se solía hacer en aquellos años. Cuando ellos abrieron y vieron mi foto en la carátula de esos discos, me liberaron y se disculparon. Yo seguí, pero me sentí muy mal, con una mezcla de rabia y frustración, muy triste, porque era una actitud marginal de puro racismo hacia los mexicanos. Me arrestaron por el mero hecho de serlo, algo inaceptable. Sin embargo, no lograron que dejara de ir por aquellos sectores exclusivos de la ciudad a presumir, a reivindicar nuestro coraje y capacidad para prosperar en una tierra que no solo ha acogido a los mexicanos. No olvidemos que esta nación a la que pertenezco está construida a base de pura inmigración. Es más,

California en concreto es un estado donde el español se habla desde hace cinco siglos —basta con echar un vistazo a nuestros topónimos— y tiene todavía el doble de antigüedad como territorio mexicano de la Nueva España que como miembro de la Unión Americana. Esta es otra razón, además de nuestro trabajo y aporte al desarrollo de esta tierra, por la que deberíamos ser respetados y no víctimas de un racismo inhumano e injustificado.

Cuando le conté a Javier Rivera, se ofendió, como no podía ser de otro modo, y se le ocurrió algo. Dado que teníamos un Bentley, había llegado la hora de hacer una travesura. Quería nomás por su puro orgullo hacer algo que dejara con la cara puesta a uno de esos agentes. Nos fuimos los dos a Tijuana con el carro. No fuimos a comprar ni a comer tacos ni a hacer absolutamente nada. Entramos y enseguida nos dimos la vuelta para meternos a la línea de regreso. Queríamos ver qué iba a decir el agente de aduanas. Efectivamente, cuando nos llegó el turno, el hombre se quedó mirando con cierta displicencia y preguntó que de quién era el carro. Respondí que era mío.

—¿Y qué hicieron ustedes para comprar este carro? —replicó el aduanero.

—Fuimos a piscar tomates —contestó sarcástico mi mánager viendo la actitud del tipo. Nos pidió los pasaportes, revisó una y otra vez y volvió a preguntar de modo impertinente.

—Pero ¿cómo han hecho ustedes para tener un carro así? Este carro debe costar medio millón de dólares.

—Pos, ya te dijo mi amigo que fuimos a piscar tomates —insistí yo en el sarcasmo.

—Pues, han tenido que piscar muchos tomates entonces.

—Sí, claro, piscamos muchísimos para poderlo comprar.

El tipo no tuvo de otra que dejarnos pasar. Javier puso una sonrisa de satisfacción tremenda nomás de haberle visto la cara que se le quedó al agente. Era nuestra manera de denunciar el hecho de que yo, como tantos otros casos, siendo ciudadano estadounidense de pleno derecho, tengo que sufrir cada vez que cruzo la requisa de pasaporte por parte de la policía fronteriza. ¿Por qué me lo piden a mí y no se lo piden al blanco de ojos azules? Eso es lo indignante.

No he podido zafarme de sufrir conductas supremacistas hasta el día de hoy. Tengo quince años viviendo en mi rancho de Temécula. Jamás tuve problemas con la policía ni con la asociación de propietarios de los ranchos, el Home Owner Association, hasta que llegó un vecino nuevo, un capitán que no ha parado de tener una actitud hostil y discriminatoria hacia mí y hacia mi hijo. Haga lo que haga —si corto una rama, si quito una piedra, si tumbo un pedazo del cerco o si simplemente salgo a pasear para tomar aire, lo que sea—, ahora me gano un problema con la asociación de propietarios, que me llama la atención, o con la policía, que me visita para preguntarme qué estoy haciendo, espoleados por ese señor sin más motivo ni razón que el fondo del racismo. La cosa es tan grave que interpuse una advertencia a la asociación en la que amenazaba con demandarles por racismo en mi contra, y otra al abogado de ese señor incluyendo un reclamo por acoso, para que cesara con el uso de drones que sobrevuelan mi propiedad de manera irregular cuando andan por allí mis hijos y mis nietos.

El racismo me indigna. Es una de las peores señas de identidad de los Estados Unidos. Me da mucho pesar y no puedo desaprovechar estas reflexiones acerca de mi vida para denunciarlo públicamente, porque sigue vigente, así sea algo más sutil y menos directo. Todavía se refieren a nosotros usando la palabra *alien*, como si fuéramos extraterrestres, palabra que de por sí identifica al anglosajón racista y que los latinos deberíamos tomar como una ofensa. Hagan de cuenta que están llamado marcianos a sus abuelos. Ni qué decir de la normalización de términos como *wetbacks*. Es impresentable el lenguaje que nos han impuesto. Los propios latinos inconscientemente respaldamos esa ideología supremacista con algunos términos, empezando por el mal uso del gentilicio del continente de todos, del que ellos se han apropiado. ¿Por qué hemos aceptado llamarles a ellos americanos si americanos somos todos? ¿Acaso México o Colombia, por citar dos ejemplos, no son América? ¿No soy tan americano yo como un blanco estadounidense de origen irlandés? ¿Entonces por qué les llamamos a ellos americanos haciendo parecer al resto de ciudadanos de este país como si fuéramos etnias arrimadas?

Ya es tiempo de que tomemos conciencia de todo esto y el latino dé batalla para impedir que desde el uso del lenguaje se consolide el racismo que nosotros sufrimos desde la infancia. De niño, me tocó aguantar insultos en la escuela del tipo *beaner*, derivado de la palabra "frijol" en inglés, para señalar a un mexicano pobre que tiene en este alimento la base de su dieta; o el tristemente célebre *wetback*, aludiendo a los que cruzaban por el cerro y atravesando el río a nado. Yo no me quedaba callado. Como tampoco me quedo callado ahora, cuando me encuentro con una de estas personas que hablan de los latinos como si todos fuéramos delincuentes, cholos, pandilleros o narcotraficantes. Es mentira. La inmensa mayoría viene a trabajar de forma honrada y a buscar un futuro mejor para sus familias. Si hubiera que calificar a un pueblo por la conducta de unos pocos, probablemente ellos saldrían mucho peor parados que nosotros. Seré lo suficientemente elegante como para no ponerme aquí a enumerar los ejemplos, pero todo el mundo los puede deducir a poco que se pongan a pensar.

Fui uno de los pocos artistas que acudió a apoyar una caravana de inmigrantes. En 2014 alcé mi voz en Murrieta, California, al lado de mi casa de Temécula. Lo hice con la camiseta de

México puesta y mi principal objetivo era defender a unos niños centroamericanos que estaban en la estación de inmigración retenidos, y los querían expulsar como si fueran animales. Hice un llamado previo a través de mis redes y acudieron miles de paisanos a apoyarme en mi enfrentamiento con los manifestantes, que protestaban allí por la presencia de esa pobre gente. Fui escupido por ello por parte de una persona que se manifestaba en contra de los inmigrantes, amenazado por otras personas y cacheteado por una señora sin que la policía de Murrieta moviera un solo dedo. El odio racista de la gente de Murrieta contra la población hispana es tan indignante que no podía quedarme de brazos cruzados. Por supuesto, ni un solo canal de televisión de habla inglesa se hizo eco del incidente. Su consigna es clara: le quieren tapar al mundo esa realidad; no quieren que se les vea el gran defecto que pondría a toda la población en su contra y mancharía la idílica imagen que nos venden del país como la tierra de los sueños. A mí no me van a callar jamás. Como tampoco me quedé callado contra las trompadas xenófobas del presidente Trump tras su toma de posesión. A finales de enero de 2025 publiqué una carta abierta a través de mis redes en contra de las deportaciones masivas y las amenazas a miles de latinos afectados. La carta, publicada en inglés, está hecha con respeto, pero con contundencia en su mensaje. La lucha continúa.

Capítulo 16

LA CONDENA PÚBLICA

La curva ascendente de mi carrera fue inversamente proporcional a la de mi matrimonio, que de manera paulatina mantenía una trayectoria descendente. Cuando en 1996 empecé a ser reconocido a nivel local y conseguí fechas para presentarme en algunos clubes alrededor de California, decidí dejar mi empleo en el Taco Bell. Me di cuenta de que con los tres minutos de una canción podía ganar más dinero que batiendo el récord de los 28 segundos en servir un taco, un burrito y una soda. No me di cuenta, por el contrario, de que aquello iba a provocar la primera gran crisis con mi esposa y una separación de medio año. Si entonces fue así, era previsible a tenor de dicha proporción inversa que la cosa iba a empeorar en mi matrimonio una vez que di el salto a la fama en 1999. Lo que no era previsible fue que aquello me costara una condena pública completamente injusta tejida con falsedades, gracias a la unión de abogados y periodistas sin escrúpulos. Un triste ejemplo de la miseria de la condición humana que me puso en el ojo del huracán a mediados de 2002.

Mi mamá tenía razón en una cosa: desde luego, había más mujeres predispuestas a irse con uno a la cama en cada actuación que las que podría haber empleadas en una carnicería, pero yo siempre tuve mucho cuidado —desde mis orígenes hasta la fecha— de no andar con mujeres de los eventos. Era lo normal. Los mismos músicos lo hacían. Conocían muchachas en las presentaciones, se iban luego a tomar unos tragos y acababan en el hotel, donde pasaba lo que tenía que pasar. Yo trataba de respetar mi condición de hombre casado. No voy a mentir diciendo que siempre lo conseguí, pero sí la mayoría de las veces. Un desliz era la excepción, no la regla. Me ayudaba el miedo que le tenía al asunto. Era muy temeroso de eso. Uno nunca sabía quién era la mujer que se le acercaba y le tiraba el rollo en la cantada. Podía resultar ser la hija, la esposa o la novia de alguien, o la amante de algún mafioso o un narco, y podía meterme en un problema serio. Además, eran muy fáciles de detectar, porque normalmente respondían al mismo patrón: mujeres muy atractivas, muy guapas, muy arregladas y con un toque extravagante. Enseguida, se me encendía la luz de alarma pensando que aquella belleza tan sensual podía tener dueño y aquel eventual orgasmo me podía salir muy caro. Podía ser de alguien, o ex de alguien, y esas cosas de celos y de honor de machos acaban muy mal, porque puede que yo no conociera al bato, pero el bato me conociera a mí. Ahí sí, quien evitaba la ocasión evitaba el peligro. No estaba por la labor de meterme en un problema de faldas por irme con la mujer equivocada. El riesgo no justificaba una noche de pasión con una morra.

Eso lo sabía yo, pero, como suele decirse, la verdad no es la que es, sino la que se aparenta. Por eso, cada vez que regresaba a la casa luego de una de esas presentaciones tenía el pleito armado con María quien, a pesar de no tener un motivo real para enloquecerse, me armaba el pedo convencida de que esas noches de pasión e infidelidad sí se daban. Por más que le insistía en que me acompañara a los *shows* para que no se muriera de celos, nunca quiso. Aducía que no quería que la vieran. Tampoco aceptó la opción de viajar conmigo y esperar en el hotel mientras yo cantaba. No hubo manera. En una entrevista que nos hizo Ninette Ríos, ella habló de los celos. Decía que había que controlarlos y tratar de ser feliz, no mortificarse, pero a la mera hora sí era un problema. Poco importaba si era cierto o no, porque si estaba en su mente era como si hubiera sucedido y las consecuencias las pagaba. Lo llaman celotipia y es una causa de violencia familiar y de ruptura de millones de parejas alrededor del mundo. Es como pelear con un fantasma, con una realidad paralela.

Tuvimos muchas discusiones, nuestros pleitos como en cualquier matrimonio, la amenaza de "ahora me voy con mi mamá" y cosas así. Se iba dos semanas con la mamá completamente enojada y me tocaba rogarle para que regresara. Una vez tuve que llamar a mi mamá bien temprano para que me fuera a sacar de la estación de policía de Lakewood, pues en una de mis peleas con María, ella llamó a la policía. Los agentes decidieron llevarme aun sin haber hecho nada, dizque para evitar que siguiéramos peleando. Aquello me sentó muy mal, yo que tanto había apoyado a la policía, pero ni modo. A raíz de eso, opté por huir cada vez que empezaba una de esas peleas. Yo agarraba el carro cuando empezaba la discusión y me iba. A veces regresaba a las pocas horas, a veces a los dos días, tratando de esquivar los enfrentamientos, dejándola sola gritando, esperando a que pasara la tormenta para volver. Y si volvía y estaba todavía enojada, me marchaba otra vez. Ese tipo de peleas sí las tuvimos, pero no se dio jamás la violencia de la que me acusaron después.

Triny Ruiz y Javier Rivera fueron testigos de muchas lágrimas en el camino, porque yo amaba demasiado a mi esposa y a mis hijas. Me dolía muchísimo todo aquello. Me maldecía por tener que pagar ese impuesto para abrirme paso en la cantada. Ellos me ayudaron a abrir los ojos y hacerme ver que María simplemente no era la mujer adecuada para aguantar la vida que implicaba el negocio. No la culpo por ello. Nuestra vida se convirtió en un puro y continuo pleito. No sé qué tanto pesaron las peleas por sus celos infundados en que, al final, cometiera yo una infidelidad que a la postre supuso el final definitivo.

El pleito con María está basado en una gran mentira, cuyo origen se remonta a la primera vez que nos separamos en 1996. Aquella crisis la superamos tras unos meses de separación. De no haberlo hecho, el divorcio habría sido muy distinto. Yo todavía no estaba fuerte y ningún abogado le habría hecho caso, porque no había carnaza que los buitres pudieran devorar. Fue a raíz de la segunda crisis cuando acudió a un abogado que empezó a investigar. Al hombre se le abrieron los ojos como una lechuza, al tiempo que emergió su instinto de ave de rapiña dispuesta a pescar un buen dinero en ese río revuelto bajo la excusa de la protección de su clienta.

Hay una estrategia para perjudicarme, que incluía que ella testificara que yo había sido violento, que maltrataba a mis hijas, que tomaba y perdía los estribos. María era en esos momentos todavía una persona muy joven y no era consciente realmente de lo que estaba pasando. Estaba destruida porque no quería perder su matrimonio ni su familia y era muy vulnerable a los maquiavélicos planes de los abogados, que con tal de lograr su meta son capaces de dibujar una realidad paralela sin importar los daños colaterales. Esto fue justo lo que sucedió.

Hasta mi mamá se dio cuenta el día que María fue a verla y le dijo que se quería divorciar de mí. Mi jefa le preguntó por las causas, aunque ya sabía que era un tema de inseguridad y celos. Cuando le dijo que yo le estaba comprando una casa en Playa del Rey y que era una sorpresa, no supo qué decir. Se puso muy nerviosa. Mi mamá trató de convencerla y se brindó a ayudarla. Le propuso que fueran juntas a la iglesia y salieran con las niñas, pero ella estaba ya decidida. Contestó que no podía estar en una jaula de oro. No hubo manera de hacerla cambiar de opinión. Se mantuvo firme en la separación que me había solicitado. Quería el divorcio.

La prueba más notoria de que ella actuaba bajo la directriz de un plan previamente tramado fue la celeridad con que se desarrollaron los acontecimientos. No fue la separación lo que generó la demanda de divorcio, que sería lo lógico. Fue la demanda cocinada a escondidas y a fuego lento la que detonaba la separación de cuerpos. No se esperaron siquiera un tiempo prudencial para disimular. Si yo me fui de la casa y me separé de María un martes, a las ocho de la mañana del jueves me llegó la demanda. Desde luego, no era un dossier de cuatro papeles improvisado sobre la marcha. Era un abultado libreto de más de 250 páginas cuidadosamente encuadernado, que había sido preparado con mucho tiempo de antelación y revelaba la premeditada estrategia que venía cociéndose desde mucho tiempo antes de que ella me pidiera irme de la casa. Era imposible que en dos días hubieran juntado toda esa documentación. Había recibos de restaurantes donde íbamos a cenar, facturas de ropa, las casas, los carros, etc. Además, recibí un papel en el que pude ver todo lo que se había dicho de mí.

La gestión mediática de mi crisis matrimonial fue un desastre. Fue un error mío, un error de cálculo y de estrategia que pagué muy caro. Cuando recibí aquel abultado documento, alterado e indignado, lo primero que hice fue marcarle a la periodista Ninette Ríos, quien acababa de incorporarse a un nuevo trabajo en el programa *Al rojo vivo*[10] de Telemundo. El debut de ese programa era inminente en aquel mes de abril de 2002. Era competencia directa de *El Gordo y la Flaca*. A Ninette le platiqué todo lo que estaba pasando para que hiciera una nota, pero me desaconsejó hacer la entrevista con ella misma. En cambio, me sugirió hacerla con Jessica Maldonado, que era la corresponsal de Univision y del programa de Raúl de Molina. La razón era triple. Por un lado, su programa apenas iba a arrancar, la audiencia era mucho menor. Por otro, mucha gente sabía que con Ninette tenía una excelente relación, por lo que se prestaría a pensar que la entrevista era pactada, mientras que en el otro lado el impacto era mayor y se suprimía cualquier sospecha de veracidad. Por último, había una tercera razón, probablemente la que más debía tener en cuenta: no era una buena idea echarme de enemigos al Gordo de Molina y a Univision.

Yo no atendí a ninguna de las tres razones. Valoré la honestidad de Ninette e insistí en que la exclusiva iba a ser suya. Ella, a su vez, insistía en que me lo agradecía mucho, pero que no me convenía como artista, que debía hacerla con Jessica. Mi insistencia fue mayor que la suya y la nota salió en una de las últimas emisiones de *Ocurrió así*, antes de ser sustituido por el nuevo programa.

Efectivamente, Ninette estaba en lo cierto y el efecto fue inmediato. Univision se me echó encima como una fiera. Raúl de Molina me habló directamente para reprocharme por qué me había ido a Telemundo cuando ellos me habían apoyado, aparte de que tenían más años de antigüedad y más audiencia.

---

[10] Programa periodístico de la cadena televisiva Telemundo. Se estrenó el 29 de abril de 2002 sustituyendo al programa *Ocurrió así*, que dejó de transmitirse el 26 de abril de 2002, cuando María Celeste Arrarás se trasladó a *Al rojo vivo* tras haber trabajado en el programa competidor *Primer impacto*, de la cadena Univision.

Me advirtió que me iba a costar 50,000 dólares arreglar eso porque tenían una nota muy perjudicial para mi imagen, con supuestas pruebas en mi contra. Me instó a que agarrara un buen publicista que me protegiera de todo lo que se me venía encima y me dio un nombre, que no era otro que su propio publicista, Luis Balaguer. Raúl se refería con la cifra que me dio a los honorarios del publicista que me podía ayudar a limpiar mi imagen y salir de aquel embrollo, pero yo, en esos momentos, ofuscado por completo, lo tomé casi como un chantaje y le respondí que no veía por qué tendría que pagar nada, que soltara la nota tal como la tenía. Me valía madres. He ahí mi craso error. Lo que soltaron fue muy feo y se me salió de control el asunto. Eran unas fotografías manipuladas que me presentaban a mí como un hombre violento, maltratador, capaz de golpear a una mujer. Los abogados, que fueron lógicamente quienes filtraron todo, se frotaban las manos. A mí, el mundo se me vino encima.

No fue solo *El Gordo y la Flaca*. Hubo más medios que estaban enojados porque di la exclusiva a una persona, en lugar de dar una conferencia de prensa para anunciar el asunto. Molestos conmigo, alimentaron el escándalo subidos a la ola del amarillismo sin contrastar nada. La exclusiva fue de Raúl de Molina, pero las fotos las hicieron circular después por todos los medios de comunicación y la campaña en mi contra fue insoportable. Seguro pagué la torpeza de no tener publicista, pero aun así yo traté de limpiar mi imagen hablando personalmente, en privado, con algunos reporteros, tratándoles de hacer ver que aquello era un burdo montaje y desmintiendo lo de la violencia doméstica. Me sirvió de poco. Se me vino encima un tsunami imparable que comenzó con el bochornoso episodio de las fotografías falsas. Recuerdo enojarme mucho con gente de los medios como Blanca Martínez, que hizo una portada muy amarillista en la que se me acusaba directamente. La sentencia de la condena pública la tenía ya firmada antes de que el juez ni tan siquiera se sentara en su poltrona a procesar el caso.

No la golpeé jamás. Si uno se fija bien en esas fotos, en ningún momento se ve de manera explícita su cara golpeada. No era ella. A día de hoy, sigo sin saber quién era la mujer que aparecía lastimada en esas fotos. Uno de los más claros indicios de que no hubo nada de violencia fueron las consecuencias. En los Estados Unidos, cuando estás inmerso en un caso de violencia doméstica, lo primero que sufres es la prohibición para comprar un arma, la cancelación del pasaporte y de la licencia de conducir. Además, luego, cuando la recuperas y la tienes que renovar, debes acreditar que fuiste a las clases de rehabilitación. Yo no pagué jamás ninguna de esas consecuencias. Al contrario, la mayor prueba es que el juez se puso de mi lado. Incluso me propuso la custodia de mis hijas y le llegó a decir expresamente al abogado de María que en realidad lo único que pretendían era arruinarme dejando en evidencia que aquella difamación no fue sino un plan urdido por los letrados, que no por María, para sacarme el dinero. Decliné la custodia, porque no iba a privar a mis hijas de la figura de su madre. Eso se me hacía una injusticia.

Todo fue muy desagradable cuando estalló el escándalo. Esa situación me enfrentó con la familia de ella y no tuve el respaldo unánime que esperaba de la mía. En todo caso, mantuve la serenidad. Nunca he querido hablar mal de nadie. Además, seguía enamorado de mi esposa y lo estaba pasando muy mal.

Uno de mis principales errores cuando se desató la tempestad fue subestimar el poder de los medios, pensando que sería capaz de controlar el relato público, tal como había hecho los cuatro años anteriores desde la cresta de la ola. No di declaraciones sobre el tema a ningún periodista siguiendo el consejo de Javier Rivera. Hablaba solo en el escenario. Recomendaba en mis conciertos que no vieran *El Gordo y la Flaca*, tomando aquello como una guerra que de antemano estaba perdida. No era capaz de dimensionar el poder de una televisora de ese tamaño, máxime en aquella época en que no existían las redes sociales. Iluso y arrogante, me creí capaz de bajarle el *rating* a Univision.

Rompí el consejo de mi mánager y mi promesa de permanecer callado para hacer una excepción. Me fui a darle una entrevista a Don Francisco creyendo que era mi amigo y me iba a ayudar a limpiar mi imagen de todas las falsedades que se estaban diciendo. Él se había portado siempre muy bien conmigo y creí que me iba a echar una mano, pero me la echó al cuello, como coloquialmente se suele decir. Me equivoqué. Le importaron más el *rating* y los intereses de Univision que cualquier amistad. Sin duda, comprobé el coraje que la cadena me había tomado por haberle dado la exclusiva a Telemundo.

Viendo que la cosa empeoraba, empecé a buscar consejos de personas relevantes dentro del negocio con quienes tenía una buena relación. La primera pregunta que me hacían era si le había pegado o no a mi mujer. Cuando comprobaron que no, la respuesta era unánime: necesitaba un buen publicista, alguien especializado en manejar este tipo de crisis de los artistas, cosa que no me sería difícil de hallar teniendo en cuenta que estábamos en Hollywood. Coincidían de pleno con lo que me había dicho Raúl de Molina el primer día. No hice caso y el escándalo trajo consecuencias.

El año y medio que duró el proceso afectó negativamente mi imagen, y mi carrera se vio amenazada. Nos cancelaron varios contratos y presentaciones, y nos disminuyeron los sueldos porque empezó a bajar el público. Hubo gente que directamente me dijo que no me iba a seguir apoyando luego del escándalo que veía en televisión. Aquello me destrozó. De nuevo me eché en los brazos de los tragos de amargo licor. Empecé a tomar solo en la casa hasta que me emborrachaba y me echaba a llorar desconsolado. En plena madrugada, tomado y sumido en una profunda depresión, les marcaba a mis hermanos para que fueran a la casa a platicar y desahogarme. Ahí de una me llegaban. Mi hermano Pedro iba y me leía la Biblia. Jenni y Juan también fueron muchas veces. Es curioso recordar esto porque hoy día ni una llamada contestan. Sin embargo, por aquel entonces, a las tres de la mañana o a cualquier hora, ahí estaban cuando los necesitaba, así fuera solo para recibir un abrazo y que alguien me dijera que todo eso pasaría.

Y efectivamente pasó, a pesar de que no sentí un apoyo unánime de mi familia en los días del proceso de divorcio. Antes, al contrario, algunos familiares me criticaban abiertamente uniéndose a la línea de las barbaridades que decían los medios. Mi mamá tuvo palabras reconfortantes: el sol iba a volver a salir por la mañana y yo no iba a tener toda la vida esa nube sobre mí. Pero antes de eso había dudado. Me preguntó si todo eso era cierto y yo le dije con total rotundidad que no. Le juré que nunca le había pegado a María. Sí le confesé que habíamos tenido discusiones fuertes, pero yo siempre fui de los hombres que ante ese ambiente tenso de la discusión prefería irse afuera a tomar un café y esperar que la tempestad pasara. Creo que en *La casa de los famosos* se vio esta faceta de mi personalidad, esa aplicación del refrán que dice que cuando uno no quiere dos no pelean, y por más bronca que me buscaba la Maripily, yo no entraba.

Con la misma rotundidad le hablé a mi papá. Él sabía lo que yo era y lo que no era. Mi conciencia estaba bien clara, limpia y tranquila. Siendo así la cosa, si yo no me había equivocado, si no corría riesgo en ese sentido, me aconsejó entonces irme por lo legal. Lo que tenía que hacer era presentarme en la corte porque no tenía nada que temer ni de qué preocuparme. Mi jefe me dijo que por nada del mundo hiciera un trato con esos abogados tiburones que me estaban acusando de maltratos y violencia. La estrategia de los abogados de María era impedir que yo pudiera ver a mis hijas y así acrecentar la presión psicológica sobre mí, bien para que cediera a sus pretensiones o bien para presentarme en la corte como si fuera un drogadicto que se la pasaba de parranda con mujeres, con tal de lograr ese alejamiento que favorecía su plan. Aun así, no debía transigir ante cualquier amenaza. No tenía por qué hacer ningún trato, que era el gran objetivo de esos tipos para garantizarse una buena ganancia. Por eso nunca quise acceder a sus desorbitadas pretensiones económicas, que contrastaban con lo que me decía María. Ella solo aspiraba a obtener una pensión de mantenimiento, el *spousal support*; no quería saber nada de patrimonio ni de derechos sobre la música. Simplemente quería su manutención asegurada y la libertad para seguir su camino. Por eso mismo, yo nunca la culpé entonces ni la culpo ahora de lo que sucedió. Ella estaba joven y con la responsabilidad de cuatro hijas. No tenía ambición ni ganas de dañar mi imagen. De hecho, no lo hizo en las pocas entrevistas que dio. Ni siquiera renunciaba a la esperanza de la reconciliación, que estuvo a punto de darse.

Cuando acudí a la corte, los abogados se me vinieron encima con todo. Ellos fueron las auténticas pirañas sin escrúpulos que querían acorralarme diciendo cualquier cantidad de barbaridades y tratando de vapulear mi imagen para que yo cediera ante sus desorbitadas pretensiones. Todo aquello me costó mucho dinero. Al primer abogado me tocó pagarle 90,000 dólares por las horas que, según él, había invertido en el caso de María. El abogado de ella me tocó pagarlo también a mí y me costó casi 300,000 dólares.

Los dos primeros años estuve pagando 25,000 dólares al mes de *child support*. Cuando firmamos el divorcio bajó a 15,000. Después fue bajando a 10,000, 8,000 y 7,000 dólares, hasta el final que quedó en 1,200 dólares al mes. A medida que las niñas iban creciendo, se iba rebajando. Nunca dejé a María en la calle ni desatendida. Yo quería que ella estuviese bien. Al final del caso, le dejé todo. Los abogados se salieron con la suya en todo, menos en lo de la música, que también pretendían quedarse. Yo únicamente me quedé mi música, que para mí era lo más importante, además del Bentley gris de cuatro puertas y el Bentley verde, porque todavía no estaban pagados y no quería dejarle con esa carga. Por eso le dije que me los iba a quedar. Lo demás se lo quedó ella: los seis carros y las cuatro casas que por entonces ya teníamos, porque a mí ya me iba muy bien. Puede decirse que se firmó un divorcio muy ventajoso para ella, pero yo quedé absuelto y exonerado de cualquier tipo de maltrato, que fue la condena pública que los medios me impusieron.

Cuando el *child support* estaba todavía en 8,000 dólares, yo ya estaba con Mayeli, lo cual significó otro daño colateral, debido que a ella no le hacía ninguna gracia que todo ese dinero fuera a parar a mi ex. Ahí sí me tocó frenarla en seco. Le decía que no debía meterse en ese terreno, porque en realidad el dinero era de mis hijas, no de mi exesposa, así anduviera con fulano o mengano, que es lo que ella me respondía. Sin embargo, eso a mí ya no me incumbía. Toda mi preocupación era que no les faltara la lana a mis hijas.

Nunca la culpé y sigo sin culparla. Cuando uno está en la tercera década de su vida con veinte y pocos años, se está todavía saliendo del cascarón, como quien dice, con el atenuante de la juventud y la inmadurez en los errores que se cometen. Lo veo hoy en día en mis hijas, la fragilidad de esas edades en plenos veinte. Por eso, nunca he culpado a su madre de todas las barbaridades que se dijeron en su momento y que tanto daño me hicieron. La explosión de aquella primera bomba dejó un socavón enorme. A río revuelto, hubo ganancia de pescadores, de modo que cuando quise empezar a reponerme me vino el segundo golpe, un último episodio que echó por tierra cualquier esperanza de reconciliación.

Don Pedro Rivera y Lupillo, "el fiel escudero": "Mi papá fue y es todo para mí. Lo quise siempre, desde que siendo bien chamaco era su fiel escudero. Lo admiré y estreché tanto la relación con él que con solo mirarlo ya sabía qué estaba pensando". (ARCHIVO LUPILLO RIVERA)

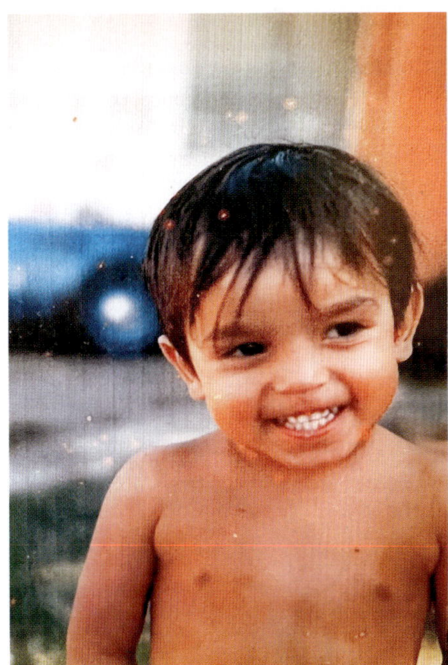

Lupillo en la época de su primera infancia en Wilmington, California. Al fondo se ve un carro azul donde se metía a veces para jugar. (ARCHIVO ROSA SAAVEDRA)

"La palabra que asocio a la infancia es *tranquilidad*. No veía nada raro en ser como éramos". Lupillo en plena pubertad en Long Beach, California. (ARCHIVO ROSA SAAVEDRA)

Las Navidades de la infancia. A veces había regalos nuevos, a veces no: "Pero eso sí, mi mamá nos mantenía siempre bien vestidos". (ARCHIVO ROSA SAAVEDRA)

"Todo el mundo me conocía en el West Side de Long Beach. Me la pasaba arriba y abajo a bordo de mi patineta". (ARCHIVO ROSA SAAVEDRA)

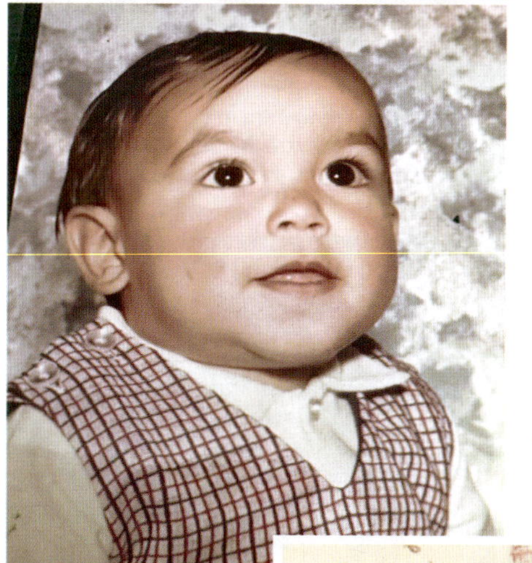

"Mí mamá dice que fui un niño mimado. Ella estaba muy contenta porque tenía los ojos muy grandes, muy consentido por ser el bebé de la casa". (ARCHIVO ROSA SAAVEDRA)

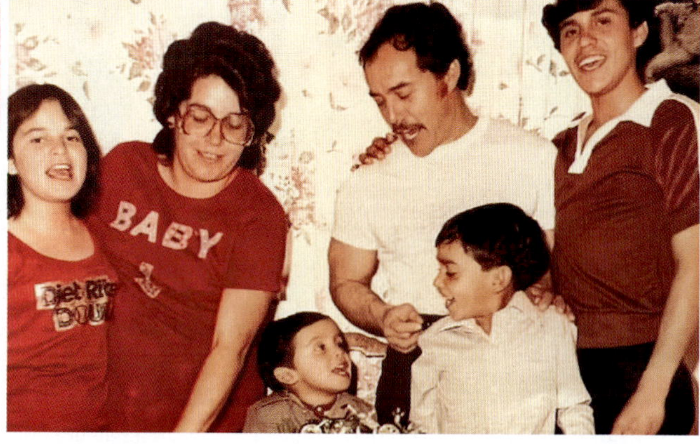

"Cuando nació Juan tuve que cederle el trono de benjamín del hogar". Imagen familiar en Long Beach con Jenni, doña Rosa, don Pedro, Pedro Jr., Lupillo y Juan. (ARCHIVO ROSA SAAVEDRA)

Pedro Rivera ensayaba con sus hijos cuando empezó a dedicarse a la fotografía. Esta foto se la tomó a Lupillo en Wilmington, California. **(ARCHIVO ROSA SAAVEDRA)**

Imagen entrañable de Lupillo con su hermano Juan y su hermana pequeña Rosie en el hogar de Long Beach. **(ARCHIVO ROSA SAAVEDRA)**

"La escuela a la que no quería ir. Me la pasaba llorando cuando mi mamá me llevaba". Lupillo en su graduación del *preschool* en Wilmington, California. **(ARCHIVO ROSA SAAVEDRA)**

"Mi infancia son recuerdos variopintos de altos y bajos, de muchos contrastes y muchos sacrificios". Lupillo en la casa familiar de Long Beach, donde se convirtió en "el niño de los botes". **(ARCHIVO ROSA SAAVEDRA)**

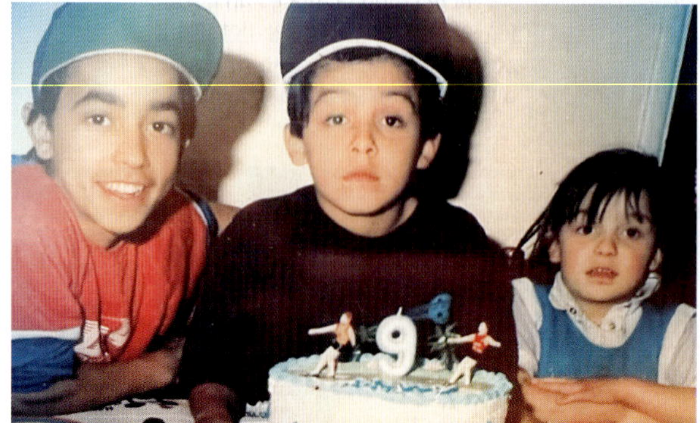

Lupillo junto a su hermana Rosie y su hermano Juan en la celebración del noveno cumpleaños de este último en la casa familiar. (ARCHIVO ROSA SAAVEDRA)

Lupillo en brazos de su padrino de bautismo, su nino Juan, la persona que le regalaba juguetes nuevos en Navidad. (ARCHIVO ROSA SAAVEDRA)

Una de las pocas fotos que Lupillo tiene con su nana Juana, la mamá de su papá, en una foto familiar con todos los primos con los que creció: los Martínez, los Zabala y los Rivera. (ARCHIVO ROSA SAAVEDRA)

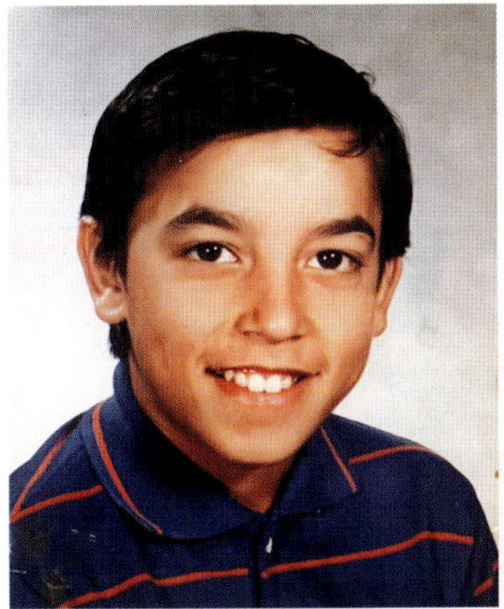

"Habrá quien piense que una infancia como la mía es un horror, un infierno propio de explotación infantil. A mí lo único que me explota al recordar mi niñez es una sonrisa". Y así lucía dicha sonrisa en la época de la enseñanza primaria. (ARCHIVO ROSA SAAVEDRA)

Lupillo finalizaba el *high school* o preparatoria, como se la conoce en México, en el Polytechnic High School de Long Beach y posaba el día del *Prom*, el baile de despedida a los graduados, día en el que le pidió matrimonio a María, su primera esposa. (ARCHIVO ROSA SAAVEDRA)

"Solamente mi estatura me frenaba en el sueño de avanzar como pelotero". Lupillo, agachado delante con la playera de los Dodgers, con su equipo de Las Estrellas en Long Beach. El niño con el número 5 es su amigo Miguel Carlos Ortega, quien murió trágicamente tiempo después, y a quien dedicó el primer corrido que compuso en su vida. (ARCHIVO LUPILLO RIVERA)

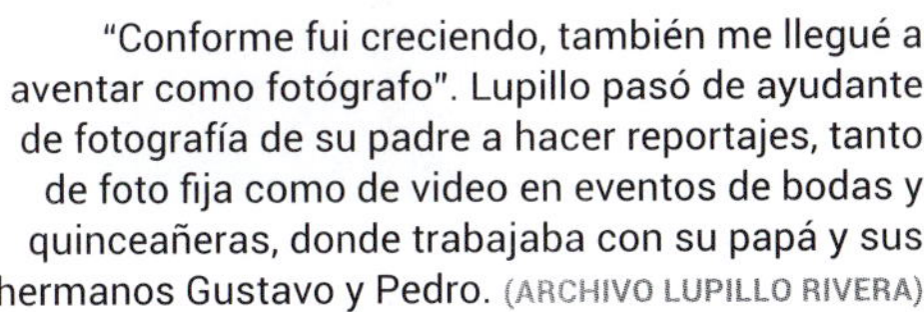

"Conforme fui creciendo, también me llegué a aventar como fotógrafo". Lupillo pasó de ayudante de fotografía de su padre a hacer reportajes, tanto de foto fija como de video en eventos de bodas y quinceañeras, donde trabajaba con su papá y sus hermanos Gustavo y Pedro. (ARCHIVO LUPILLO RIVERA)

Lupillo y Jenni en sendas imágenes de la infancia, usadas para la carátula y contenido del dueto y videoclip *Que me entierren cantando*. En la primera, además de Jenni, aparecen sus hermanos Gustavo y Pedro, junto a doña Rosa, que carga a Lupillo en brazos. (ARCHIVO LUPILLO RIVERA)

La familia Rivera Gurrola en los tiempos felices. Lupillo posa con María, su primera esposa, y algunas de sus hijas. (ARCHIVO ROSA SAAVEDRA)

En 1990 la vida le cambia a Lupillo. Con 18 años de edad, se casa con María Gurrola en Long Beach luego de que su pareja resultara embarazada de Ayana, su primera hija. (ARCHIVO ROSA SAAVEDRA)

Lupillo en su época de pluriempleado para sacar adelante su hogar trabajando en la disquera, de taquero en Taco Bell, los fines de semana en las pulgas y en los yonques desarmando carros. (ARCHIVO ROSA SAAVEDRA)

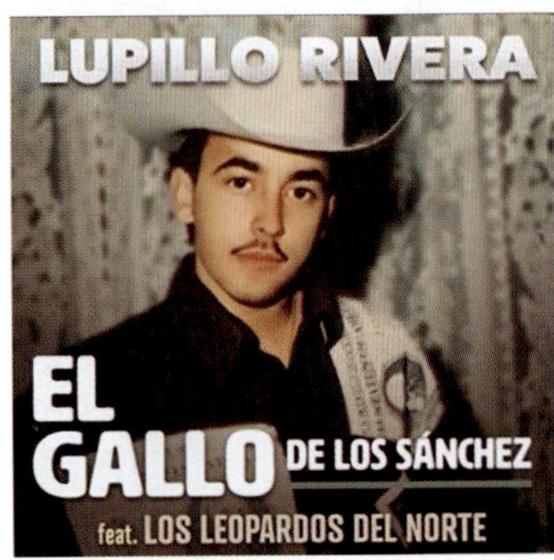

Carátula de *El gallo de los Sánchez*, el primer disco que Lupillo Rivera lanzó al mercado dando inicio a su carrera musical en 1992. (ARCHIVO LUPILLO RIVERA)

Lupillo moldeó una imagen propia con el cabello rapado y su sombrero. El "borracho pelón" se ganó muy pronto el afecto del gran público y se encaramó a la cima del éxito. (ARCHIVO ROSA SAAVEDRA)

"¡Cuánto me hubiera gustado un dueto en vida con aquel gran hombre! No nos alcanzó el tiempo para eso, aunque sí pude hacer varios póstumos con gran sentimiento y cariño". Lupillo, junto a Chalino Sánchez, a quien admiraba y apreciaba desde que coincidieron en Cintas Acuario. (ARCHIVO LUPILLO RIVERA)

Lupillo Rivera en una imagen de sus primeros años en la cantada, en los que tocaba picar piedra sin que sucediera mayor cosa. (ARCHIVO ROSA SAAVEDRA)

Lupillo con su hija Lupita en la casa de Playa del Rey, compartiendo en el escritorio, donde recuerda de manera entrañable como "ella se echó allí mismo sus primeras notas musicales, ya apuntaba para la cantada". (ARCHIVO LUPILLO RIVERA)

Lupillo, ya divorciado de María Gurrola, disfrutando de un día de compras en la tienda de Battaglia en Beverly Hills junto a las cuatro hijas de su primer matrimonio: Ayana, Baby, Abigail y Angélica. (ARCHIVO LUPILLO RIVERA)

Lupillo posa orgulloso junto a su camioneta GMC Denali, la primera que compró gracias al dinero de la música con su primer cheque de regalías como compositor de *Échele gordas al perro*, tema del álbum *Olfateando el animal* de Los Razos. Después vendría su colección de Bentleys. (ARCHIVO LUPILLO RIVERA)

Otra imagen del joven artista en los inicios de su carrera: "Me acordé de cuando, con mucho esfuerzo, lograba reunir 3,000 dólares mensuales en mis duros años de pluriempleo. Por eso, en el momento que vi lo que me podía ganar con una sola cantada, lo tuve claro". (ARCHIVO LUPILLO RIVERA)

Imagen promocional en el momento del despegue definitivo de su carrera. "En 1999, justo al final del siglo, más o menos siete años después de haber logrado mi primera grabación, mi destino dio un giro de 45 grados. Me convertí en el primer artista nacido en los Estados Unidos que funcionaba en México cantando música mexicana". (ARCHIVO LUPILLO RIVERA)

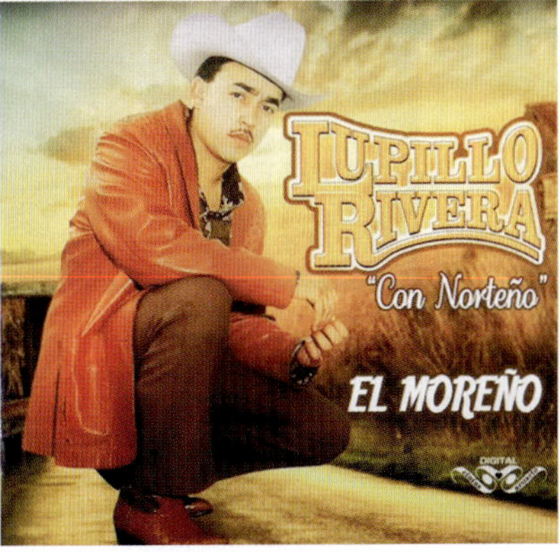

El disco que lo cambió todo: "Si me pongo a pensar en el momento que marca un antes y un después en mi vida laboral, en el hecho que redirigió mi destino, lo tengo muy claro. Ese momento fue el día que me escuché a mí mismo cantando *El Moreño* en un aparato de radio". (ARCHIVO LUPILLO RIVERA)

Una imagen repetida cientos de veces, padre e hijo compartiendo escenario. Lupillo acostumbraba a darle gusto a su papá haciéndolo subir a la tarima para que se echara al menos un par de canciones. (ARCHIVO ROSA SAAVEDRA)

Una instantánea de unas vacaciones en Big Bear, California, antes de dar el gran salto a la fama, en las escapadas que solían hacerse en familia con la gente de la iglesia. (ARCHIVO ROSA SAAVEDRA)

En esta foto de familia están todos los Rivera que le entraron a la cantada. Lupillo fue el pionero en dar fama a la dinastía. En la imagen, junto a su papá, su hermana Jenni y sus hermanos Juan y Gustavo. (ARCHIVO ROSA SAAVEDRA)

Foto: JuanLuiz Martinez Jr.

Lupillo y su hermano Pedro, el pastor, delante de algunos discos de oro y platino por las altas ventas de sus discos en un evento en el Anfiteatro Gibson: "En esa época Pedro me apoyaba mucho, es una muy bonita foto". (ARCHIVO ROSA SAAVEDRA)

Foto: JuanLuiz Martinez Jr.

"No olvidaré la emoción de ir a un *show* de Vicente Fernández y ver que se iba a aventar *Despreciado* con el mariachi. La sorpresa fue mayor cuando me acercó el micrófono entre los vítores del público para que subiera a cantarla". (ARCHIVO LUPILLO RIVERA)

Foto: JuanLuiz Martinez Jr.

Imágenes de un día inolvidable que Lupillo resume perfectamente en una frase: "Vicente Fernández fue mi gran ídolo desde que vendía su música. Uno de los momentos más emotivos de toda mi carrera fue cuando compartí escenario con él por primera vez". (ARCHIVO LUPILLO RIVERA)

Lupillo trató siempre de tener todo tipo de detalles con los medios y el entorno artístico. Esta tarjeta navideña se mandaba a los medios y a una base de datos de relaciones públicas. El diseño fue realizado por Ana Lorena, del equipo de trabajo del artista. (ARCHIVO ROSA SAAVEDRA)

"En 2009, publiqué *Tu esclavo y amo*, con el que me gané el Grammy al Mejor Álbum de Banda en la ceremonia del año siguiente". A la derecha, carátula del *Live* grabado en el Universal Amphitheatre: "El célebre Gibson era un verdadero templo reservado solo para los más grandes. Fui el primer mexicano nacido en California capaz de llenarlo cantando música regional mexicana". (ARCHIVO LUPILLO RIVERA)

Lupillo se abraza con Mayeli Alonso el día que le hizo la fiesta en 2003 con la banda Vientos de Jalisco, que le llevó hasta su rancho para celebrarle su cumpleaños. La imagen le evoca al artista bonitos recuerdos "de las cosas grandes que hice por ella". Fue el día anterior al horrible accidente automovilístico que casi le cuesta la vida. (ARCHIVO LUPILLO RIVERA)

Así quedó el automóvil en el que Lupillo viajaba de madrugada rumbo a Texas tras el terrible siniestro que casi le cuesta la vida y hubiera dejado a su hija Lupita huérfana de padre antes de nacer. (ARCHIVO LUPILLO RIVERA)

Los tiempos felices junto a su segunda esposa y los hijos del segundo matrimonio: Lupita y L'Rey. Una pareja idealizada por medios y allegados que se rompió abruptamente en abril de 2018, días antes del aniversario de bodas, a causa de una infidelidad de Mayeli. (ARCHIVO LUPILLO RIVERA)

Autorretrato de Lupillo en su domicilio de Temécula en la sala habilitada para albergar algunos de los galardones logrados a lo largo de su carrera. (ARCHIVO LUPILLO RIVERA)

Lupillo Rivera llega cantando *El rey* a la alfombra roja de unos premios en Miami acompañado de un mariachi: "Fue algo innovador, luego lo han hecho otros artistas y yo mismo otras veces, la razón de hacerlo aquel primer día fue evitar las preguntas de la prensa acerca de mi divorcio de María, que tanto desgaste de imagen injusto me causó". (ARCHIVO LUPILLO RIVERA)

Foto: JuanLuiz Martinez Jr.

Foto: JuanLuiz Martinez Jr.

Lupillo y José José, otro artista por el que sintió una gran admiración, cuya música vendió en su época de vendedor ambulante. Ambos posan juntos en un evento de la Cucuy Foundation, a través de la cual se canalizaban diversas obras sociales. (ARCHIVO LUPILLO RIVERA)

Lupillo junto a Renán Almendárez, el Cucuy de la Mañana, un locutor hondureño que le ayudó mucho en su carrera, con el que hizo algunos eventos benéficos. "En esta imagen recuerdo me estaba pidiendo una entrevista para hablar de lo del divorcio y ahí sí me tocó decirle que no". (ARCHIVO LUPILLO RIVERA)

Foto: JuanLuiz Martinez Jr.

"Tengo fechas marcadas a fuego en mi alma. Por ejemplo, la del rodeo de Texcoco cuando me acompañó mi hermana Jenni por última vez. Cada vez que he regresado a cantar ahí, he tenido un cruce de sentimientos, de recuerdos tristes y bonitos, como cuando volví la primera vez, años después de su muerte, y repetí la rola de *Tragos de amargo licor*". (ARCHIVO LUPILLO RIVERA)

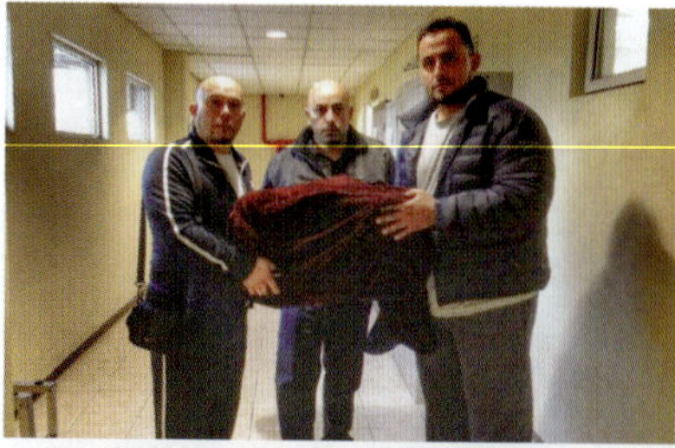

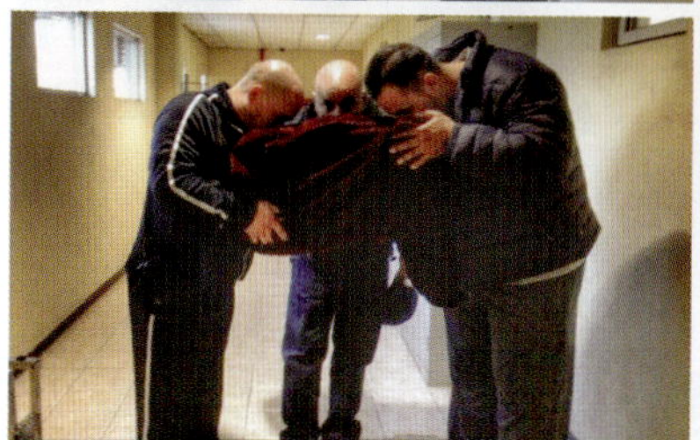

"Nos entregaron los restos de Jenni ya embalsamados en una caja chiquita. Nos tomamos una fotografía en la que la estamos besando los tres hermanos. La transportamos en caravana, con una carroza que yo personalmente manejé para celebrar una pequeña ceremonia religiosa en una capilla de San Nicolás, Nuevo León". (ARCHIVO LUPILLO RIVERA)

Foto: JuanLuiz Martinez Jr.

"Juan Gabriel, una persona finísima con quien tuve ocasión de grabar unas canciones para un dueto en su casa de Cancún y de cantar juntos en el Auditorio Nacional cuando se presentó con varios invitados. Para mí, aquello fue una enorme bendición. Con él aprendí mucho. Fue una maravillosa experiencia que jamás olvidaré". (ARCHIVO LUPILLO RIVERA)

Lupillo y su equipo en el restaurante donde comieron antes de la presentación en Puebla en la Feria de Petlalcingo el sábado 9 de abril de 2016. Fue el mismo día del intento de robo y secuestro que por fortuna quedó en un susto. (ARCHIVO LUPILLO RIVERA)

"Mi relación con Belinda fue una corta y bonita experiencia que dejó un momento mágico para el público y muchos momentos inolvidables en privado para ese legado de sentimientos y vivencias que el corazón va almacenando a lo largo de la vida". **(ARCHIVO LUPILLO RIVERA)**

"Durante nuestra convivencia hubo detalles hermosos. Algunos de ellos son tangibles y los conservo, como algunas cartas que me mandaba, dedicatorias que me hacía en los vasos del café y cosas así, típicas de una pareja enamorada". **(ARCHIVO LUPILLO RIVERA)**

El famoso tatuaje: "Algunos medios lo tomaron como una carta de autenticidad del noviazgo, toda vez que no disponían de una imagen que lo confirmase. Hubo comentarios de todo tipo, pero a mí me valía. Yo andaba bien feliz con mi Beli en el brazo". **(ARCHIVO LUPILLO RIVERA)**

La videollamada entre Lupillo y Belinda mientras este se estaba haciendo el famoso tatuaje en Las Vegas tal como describe en esta biografía. Todo ello quedó grabado en un video. **(ARCHIVO LUPILLO RIVERA)**

"Presentamos *Borracho de primera* y *20 años de éxitos* por todo lo alto en la Ciudad de México. La familia se dio cita allá. Mi mamá, mi papá, Rosie, Juan y su esposa Brenda me cayeron por sorpresa". (ARCHIVO LUPILLO RIVERA)

Juan y Rosie Rivera en el evento del primer aniversario del fallecimiento de Jenni en la Arena Monterrey: "No querían que fuera y no me invitaron, pero me presenté de sorpresa. La mirada de enojo y envidia de mi hermano hacia mí dice más que mil palabras. Puede verse también en un video de internet, ilustra la sombra de Caín". (ARCHIVO LUPILLO RIVERA)

"Así me la pasaba con mi papá, con pláticas y risas. Extraño mucho esos momentos. Que no se olvide mi jefe del amor que siento por él por más cambios drásticos que dé la vida. No sé si soy el hombre que más lo amó, pero lo amaré hasta la eternidad desde lo más profundo de mi ser". (ARCHIVO LUPILLO RIVERA)

Capítulo 17

EL PITAZO

Hay tres fases que conforman la carrera de un artista. La primera es la novedad. Todo el mundo te quiere conocer, subes como la espuma, alcanzas el éxito. Logras que el público te reconozca, cumples tu sueño y la vida parece color de rosa. Mucha gente no se da cuenta, pero hay que tener cuidado, porque generas celos y envidias. Esto hay que saber gestionarlo, porque si no lo haces acabará por hacerte mucho daño, te tirará encima toneladas de publicidad amarillista y entrarás lastimado a la siguiente fase.

Esa segunda fase es la de la resistencia, donde no haces sino aguantar todos los envites que pretenden derribarte e impedir que prevalezcas. Mi mánager, Javier Rivera, que Dios lo tenga en su gloria, me decía que a mí me había tocado vivir una fase complementaria a la segunda al sufrir los estragos de la envidia de terceros, sobre todo de mi propia familia, desde donde salían algunas de las piedras que se ponían para truncar mi camino y hacerlo más difícil. Aunque me costaba creerlo, al final me di cuenta de que llevaba razón. Mi propio padre y mi hermana Jenni me lo confesaron.

La tercera fase es en la que estoy ahora que se publica mi biografía. Es la fase de la consolidación definitiva una vez que has aprendido a resistir y a ajustarte al mundo. Este capítulo, sin embargo, narra mi tormentoso paso por la segunda, marcada por la única condena que yo pagué por todo el pleito alrededor de mi primer divorcio, que no fue otra que la mediática, una cruel difamación alrededor de dos graves acusaciones falsas: ni le pegué a mi esposa ni tuve un hijo fuera del matrimonio. Y ante eso, ¿qué hace uno? ¿Cómo se restaura ese honor dañado?

En aquella guerra iba a librar una batalla más, que fue la que me acabaría de derribar. Yo tuve una aventura con una muchacha en Madera, California. No tenía presentación y no lo justifico. Fue una infidelidad que echaba por tierra toda la fidelidad y la integridad de los años anteriores. Puede que cayese en la tentación harto de tantas peleas y celos injustificados por parte de María, pero estuvo mal y no debí hacerlo. Aquella amante dio a luz un hijo que, ella aseguraba, era mío. Yo no lo cuestioné ni exigí prueba alguna de paternidad, así tuviera alguna duda al respecto. Me hice completamente responsable del niño. A cambio, solamente le pedí discreción. Yo quería mantener ese asunto tapado. Ya le había dicho a la chava que me iba a hacer responsable del chamaco y estaba cumpliendo.

Muy pocas personas conocían la existencia de ese muchachito. Desafortunadamente, estas personas sabían que era un talón de Aquiles que me podía hacer mucho daño, máxime con la coyuntura que venía arrastrando. Si se filtraba en plena onda expansiva de todo el tema de mi divorcio, pasaría de ser un barco tocado a ser un barco hundido. Juan y Jenni eran dos de esas personas que conocían la información. Para desdicha mía, ella decidió descolgar el teléfono y filtrarla a Univision. La nota era la bomba. Lupillo Rivera no solamente maltrataba a su esposa, sino que además le era infiel y tenía un hijo fuera del matrimonio en Madera, a las afueras de Fresno, California. Raúl de Molina debió frotarse las manos. Le iba a subir tanto el *rating* como a mí se me iba a hundir la carrera en el fango.

Es cierto que cuando me enteré no quería creerlo. A cuento de qué ni por qué mi hermana iba a dar semejante pitazo. No había una sola explicación que diera paz a mi alma. Lo cuento ahora porque mi carnala me lo reconoció en nuestra última y emotiva plática una semana antes de morir. Puedo entender que los periodistas nieguen a veces ciertas cosas por querer salvaguardar sus fuentes y su ética profesional. En ese sentido, entiendo que Jessica Maldonado, autora de la nota, no quiera reconocer el origen de la noticia. Está en su perfecto derecho de negarlo y decir que tiene otra versión. Eso es algo que respeto y no hay lío, hoy en día tenemos una buena amistad. Pero los hechos acontecieron tal como los estoy relatando. Le di y le sigo dando total crédito a lo que me confesó Jenni aquel día.

La mamá del niño me dio más detalles. Jessica se puso en contacto con la muchacha y le dijo que Jenni Rivera le había dado su número, que le había mencionado que tenía muy buena relación con ella y también que tenía un hijo mío, que tenía copia del acta de nacimiento del niño, al que había puesto José de nombre junto a mi apellido. La chava le colgó el teléfono e inmediatamente me llamó para contarme lo que estaba pasando. Yo me quedé bastante perplejo. Me costaba mucho creer lo que me estaba diciendo, porque tampoco es que yo le tuviera mucha confianza a ella. No dejaba de ser una fan con la que había tenido un desliz llevado por los tragos, y no sabía cuáles podían ser sus intenciones. Habíamos tenido una pequeña aventura y la volví a ver alguna que otra vez cuando regresé por aquellos rumbos. Manteníamos aquello con absoluta discreción y no detecté nada raro que me llevara a pensar que me estaba mintiendo y que había sido ella misma la que lo filtró. No tenía sentido que lo hubiera hecho. No le convenía en absoluto. Yo le estaba respondiendo. Probablemente, si hubiera recurrido al verdadero padre, a lo mejor no le habría ido tan bien con la pensión. Yo entonces no lo sabía, pero ella sí, de modo que era la menos interesada en que se airease ese escándalo, se agitase el árbol y de pronto me hiciera una prueba en la que descubriera que el hijo no era mío.

Me di cuenta de que me estaba diciendo la verdad. Fui consciente de la que se me venía encima. Jessica Maldonado y *El Gordo y la Flaca* eran en aquel entonces mis enemigos y tenían en su poder una bomba atómica para darme en toda la torre. Jessica me habló, me mandó la copia del acta de nacimiento, empezó a hacerme preguntas que yo lógicamente no respondí, haciéndome como quien no sabe de qué va la cosa, y colgué. El programa hizo una nota demoledora contra mí en la que se me presentaba como un hombre borracho, violento, adúltero y con hijos fuera del matrimonio. Lograron su objetivo. El poder destructivo de esa bomba no tardó en llegar.

Lo primero que hizo fue dar la puntilla a mi matrimonio, que venía ya herido de muerte. Aun después de la separación de 2002 y todo el consiguiente escándalo, no estaba todo perdido porque en el fondo los dos sabíamos que todo aquello era mentira. Pretendíamos enderezar la situación, reconciliarnos y seguir casados. Creíamos que teníamos todavía amor para eso, pero lo de Fresno lo tomó muy mal. Reaccionó de una manera muy visceral, se llenó de odio y de despecho. Era una traición que traté de enfrentar y solucionar. Quise reparar esa herida, pero no pude. La erosión del matrimonio era ya demasiado grande. El daño por el engaño fue inevitable, porque estaba descubriendo que le había sido infiel durante el tiempo que estuvimos casados y compartiendo hogar, pero ese fue el dolor menor. El dolor mayor lo generó que hubiera un hijo por fuera del matrimonio. Esa fue la gota que colmó el vaso y ahogó nuestra esperanza de reconciliación. ¿Qué habría pasado si ella hubiera querido investigar y solicitar ahí mismo una prueba de ADN? Tal vez, al dar negativa y quedar la cosa solo en el desliz del engaño, me habría perdonado. Nunca lo sabré. La nota acabó con la última esperanza que yo tenía de reconducir mi matrimonio.

Fue imposible convencerla y me dolió mucho tirar definitivamente la toalla, porque era mi mujer ideal. Por ella brindé con muchos tragos amargos, pero jamás la culparé de nada de lo que sucedió. Al contrario, la ruptura final fue por mi infidelidad. No es algo de lo que me sintiera orgulloso entonces y tampoco ahora. Fue un error por el que me quise disculpar en privado con María, y lo hago también ahora en público. Me arrepentí sinceramente porque la amaba, y perder a alguien que se ama por errores de este tipo duele y te deja huella para toda la vida. Todavía hoy, los ojos se me humedecen y la emoción es evidente en mi rostro cuando la recuerdo y la evoco. Fue una mujer muy mujer en todos los sentidos, una bendición para el hogar. Estuvo siempre pendiente al cuidado de uno. Cocinaba delicioso, era limpia y ordenada en la casa, se esmeraba porque sus hijas lucieran perfectas, impolutas y perfumadas. Se merece todos mis respetos. Felicito a la persona que después de mí lograra ganarse su corazón, con él se habrá ganado también la gloria.

El segundo gran efecto destructor de aquella bomba fue abrir más la herida que se cernía sobre mi imagen y mi carrera. En aquellos momentos, tuve la sensación de que hasta ahí llegaba. Me amargaba solo de pensar los muchos detalles que yo había tenido con tantos periodistas y así me lo agradecían, con la consigna de acabar con Lupillo Rivera a la mínima ocasión, con una presunción constante de culpabilidad. Visto hoy en perspectiva, puedo decir que esas personas me hicieron un daño inmenso. Abatido y desolado, matando la pena solo y a base otra vez de tragos amargos, miraba un horizonte oscuro donde no iba más en el mundo de la música, donde no me podría volver a levantar jamás de semejante golpe.

Javier Rivera me animó. Era un golpe fuerte, pero no era el final. Fue muy crudo y directo, casi invitándome a la resignación. Debía arrojar la toalla. Esa guerra la había perdido, pero no estaba acabado. Me dijo que en ese momento mi caché se devaluaba. Si estaba cobrando, por decir una cifra, 300,000 dólares por fecha, tendría que pasar a cobrar 50,000. Pero en todo caso podría seguir adelante, cosa que en mi amago de depresión yo había puesto en entredicho conmigo mismo. Lo tomé casi como una buena noticia.

El escándalo alrededor de mi primer divorcio afectó a mi carrera porque el personaje se vio afectado. Cometí el gran error de dañar el que era mi principal activo, ese personaje querido por todo el mundo. De la noche a la mañana, el borracho dejó de ser chistoso y tierno, y pasó a verse con otros ojos, como el borracho agresivo que podía golpear. Las señoras que antes me veían como el yerno ideal pasaron a odiarme. Creer que podía manejar todo aquello fue jugar con fuego, y me quemé. Lo comprobaba a cada rato.

En la radio organizaron un concurso quitándole drama a la cosa. Anunciaron que yo andaba buscando novia, pero no funcionó. Ese mismo concurso unos meses antes habría sido una auténtica locura, pero el público me dio la espalda. No solo eso, hasta llegaron reclamos a la emisora de gente diciendo que cómo andaban buscándole novia a alguien que golpeaba mujeres. Así de cruda era la realidad. Pepe Garza, que estaba igual de interesado que yo en compensar el efecto negativo de la onda expansiva y que la gente se olvidara de lo sucedido, se dio cuenta de que aquella iba a ser una misión a largo plazo con incierto desenlace. A partir de esos momentos, el favor del público viró hacia otro miembro de la familia Rivera, ni más ni menos que mi hermana Jenni, quien curiosamente, pese a su éxito descomunal con el público, no logró un número uno en la radio hasta después de su fallecimiento, un dato que me aportó el propio Pepe.

Ver hundidos al mismo tiempo mi matrimonio y mi carrera por culpa de personas con nombres y apellidos, pero sin empatía alguna me generó un resentimiento tremendo. Uno de esos nombres sobresalía sobre los demás, era el de la entonces productora María López, de Univision, a quien por otra parte no conocía de nada. Fue tanta la curiosidad que me despertaba conocer a la persona que sin saber de mí había destruido mi reputación, que una vez que andaba yo por Miami la busqué hasta dar con su contacto, y la invité a cenar. Aquella cena tampoco la puedo olvidar. Acabó resultando que la persona que tanto mal me había hecho se deshizo en halagos cuando me conoció. Todavía tengo presentes las palabras que tanto me repetía, diciendo que era el hombre más caballeroso que había conocido, que le encantaba, que era el hombre ideal de cualquier mujer.

—Y si es así, ¿por qué es que me chingaron? ¿No que borracho, violento y adúltero? ¿Por qué me pintaban como un tipo que andaba todos los días drogado y pisteado si no era cierto? —le respondía yo, como pretendiendo hacer del dolor una broma de dulce amargura.

Mucha prensa puede decir que es, al fin y al cabo, el trabajo de ellos. Pero es muy diferente cuando agarras la misma entrevista, tomas la misma nota y la repites diariamente durante tres semanas. Ahí ya se percibe un ensañamiento y una intención de hacer el mal a un tercero que trasciende el trabajo o el deber de informar que puede aducirse en defensa del mensajero.

—Es que no había más de qué hablar —fue todo lo que María López alcanzó a responder para defender lo que era a todas luces indefendible.

Ellos simplemente miraban los números de audiencia que esa nota les dio y jalaban sin importarles lo más mínimo los daños colaterales. Lo único que les interesaba eran los datos y, a ella en particular, su trabajo. Yo le eché en cara su maquiavelismo. ¿Todo se vale y el fin justifica todos los medios? Ahí se medía su propia capacidad como productora frente a su calidad como ser humano. Yo me preguntaba qué era primero, qué importaba más, ¿ser buena persona o ser buen profesional? ¿Cuál es la mejor decisión, la que se toma por humanidad o la que se toma por un interés mercantil?

En aquella conversación, me recordó que Raúl de Molina había tratado de ayudarme. Ella sabía que él me había recomendado un publicista para arreglar el lío. Fui sincero, le respondí que yo por entonces no tenía ni idea de que necesitase uno y pagué caro ese aprendizaje.

Con el tiempo, se demostró también que el niño de la mujer de Madera, California, no era mío. No voy a negar que sí tuve un desliz con esta muchacha, que era una fan mía y una conocida de la gente de la radio, pero yo no la embaracé. El niño resultó ser hijo de un reconocido programador de la radio. Me di cuenta de eso cuando él tenía 12 años. Mayeli estaba embarazada de mi hijo L'Rey y necesitaba saber si iba a ser o no el único varón heredero. Ella es de las mujeres mexicanas antiguas que piensan que, si tienen un hijo varón, este pasa automáticamente a ser el heredero de todo por encima de las hermanas. Aquel asunto provocó una fuerte discusión matrimonial. Ella misma se encargó de comprar todo lo necesario para tomar una prueba de saliva para el ADN y en un viaje hasta allá recogimos la muestra, le hicimos la prueba y salió negativa.

A la mamá del niño no le dije nada. Fue el asistente que trabajaba conmigo quien le comunicó la noticia y le reprochó la mala onda de lo que había hecho. La mamá no volvió a llamarme jamás a raíz de descubrirse eso y yo nunca volví a conversar con ella. Tampoco vi de nuevo al morro. A su verdadero padre le correspondía la obligación moral de llenar ese hueco afectivo que se generaba desde entonces en la vida de ese muchacho. Yo me hice a un lado. Prefería quedar mal con él, que pensara que yo era el malo de la película, que renegaba de él como padre, antes de ponerlo en contra de su madre, que fue la que en realidad cometió el error. Hasta ese extremo llegué. Nunca más lo volví a buscar, pero le seguí dando su dinero. Mantuve mi palabra y seguí pagando 2,600 dólares mensuales de *child support* para ese chavo hasta que cumplió los 18 años. Mayeli me insistió muchas veces para que dejara de pasarle esa mesada al muchacho, pero hice caso omiso y la frené otra vez en seco para que dejara en paz el asunto.

A José no dejé de quererlo. No puedo decir que igual que al resto de mis hijos, pero sí lo quiero y lo extraño. Mi consuelo es que puedo decir, con la cabeza muy en alto, que le cumplí hasta el último minuto. Ojalá su mamá le haya respondido todas las preguntas que le haya podido formular, que me haya podido perdonar conforme fue creciendo y entendiendo las cosas.

Aprendí la lección del publicista después de aquello. Contratar uno no me hizo cambiar de forma de pensar ni de actuar. Yo nunca fui un artista que pensara que debía aclarar algo que no sucedió, de salir a desmentir cosas que eran falsas. Tal vez sea un error. No lo sé, es mi manera de ser. Sé de muchos episodios tenebrosos de algunos artistas que la prensa conoce y que, sin embargo, jamás ven la luz. Sabemos de artistas jóvenes protegidos por ciertos canales y sabemos por qué los protegen. Cuidan artistas del regional, del pop y ya no digamos los reguetoneros.

A veces, incluso, se trata de personalidades adictas a la heroína, o que sí maltratan a sus parejas, que las golpean, pero nunca van a leer una línea al respecto ni escuchar una sola palabra en la televisión, porque cuentan con publicistas brillantes capaces de tapar todas esas cosas, de hacer ver bien a sus clientes cuando en realidad son una porquería. Es un negocio, muy sucio pero efectivo, porque a mí, en la ingenuidad del momento, me sucedió exactamente todo lo contrario porque nunca me gustó jugar sucio, porque he enfrentado las cosas y dado la cara, y siempre me he presentado tal como soy, con mi versión real, no solapada.

Una vez, me llevaron a un *show* con personas transgénero para hacerme preguntas de qué pensaba yo al respecto, puesto que me habían cargado también una falsa etiqueta de homófobo. Respondí con todo el respeto hacia ese colectivo, diciendo lo que pienso, respeto que mantengo hasta la fecha. No tengo una opinión diplomática pública y otra diferente en privado. Quien diga o insinúe que yo soy homófobo está faltando deliberadamente a la verdad con ánimo difamatorio. La prueba es que al día de hoy mantengo una excelente relación con la comunidad de personas del colectivo transgénero y homosexual.

Lo que sí aprendí es a darme cuenta de que tal vez las personas heterosexuales, por puro desconocimiento a veces de lo que significa ser homosexual, podemos en un momento dado usar alguna expresión o hacer algo de manera inconsciente que pueda resultar ofensivo para ese colectivo. En todo caso, si eso pudiera haber sucedido es obvio que se hizo sin darse uno cuenta, lo cual es bien diferente a ejercer odio o fobia de manera deliberada contra estas personas. Por eso mismo, cuando conozco a alguien nuevo de esta comunidad, suelo preguntar por la manera correcta de dirigirme a esa persona para no ofenderla sin querer. Se vio por ejemplo en mi participación en *La casa de los famosos*, cuando se lo pregunté a La Divaza.

No podría dormir tranquilo ni estar a gusto conmigo mismo si estuviera proyectando una imagen de luz que esconde una realidad oscura. Por eso, nunca me he prestado al juego de dar algo a un canal para que tapen otra cosa. Tal vez por nadar a contracorriente del sistema, el sistema te golpea, y por eso se airearon acusaciones en contra mía que no se ajustaban en absoluto a la realidad. Pero de poco me valía que la productora responsable de tal difamación me lo reconociera en privado, cuando el daño en público ya estaba hecho.

No sé si contar esto ahora ayude, porque lo cierto es que toda aquella basura informativa se quedó flotando en el aire y tal vez en el subconsciente de muchas personas sin ningún publicista ni nadie que la limpiara. En ningún momento he visto que los que difundieron aquellas notas difamatorias salieran después, con la misma rimbombancia, a decir que las fotografías de la esposa de Lupillo maltratada eran falsas y su supuesto hijo fuera del matrimonio no era suyo.

Desde entonces, antes y después, siempre me he mostrado en las entrevistas tal como soy. La verdad, no obstante, nos debe hacer libres, y si bebí muchos tragos de amargo licor por causa de esta injusticia, puedo decir y retar desde estas líneas a cualquiera de las personas involucradas en aquello a que aporten una prueba real, no manipulada, de cuanto difundieron. No podrán hacerlo porque no la hay; aquello no pasó. Ni fui violento ni maltratador, ni el niño de Fresno era mío y si fui borracho en alguna ocasión fue solo para tratar de sobrellevar y llorar aquella inmensa pena.

Es curioso que con el pasar de los años haya logrado llevarme bien con la gente que me dio tan duro y me trató injustamente tan mal. Por ejemplo, Blanca Martínez. Durante siete años fue mi látigo y hoy nos llevamos de maravilla. Si me pide una entrevista, se la doy sin problema. Incluso la propia Jessica Maldonado, a quien hace rato perdoné por todo aquel episodio.

Hemos convivido después muchos años y seguimos adelante con cordialidad y sin rencores.

Respecto a María, nos dejamos de hablar mucho tiempo, aunque no fue por enemistad. Ahora puedo decir que con ella la relación quedó bien. No somos amigos de irnos a tomar un café, pero tampoco acabamos peleados ni con rencores. Si coincidimos en algún lugar, nos saludamos con afecto y cordialidad. Soy de los que piensan que si la ex tiene ya a alguien nuevo, debe establecerse una línea de respeto hacia su nueva pareja. Por eso nadie me vio nunca ni me verá platicando con ella, justamente aplicando esa línea de respeto, ya que desde que nos separamos y nos divorciamos siempre ha tenido a alguien más. Mi comunicación ha sido siempre directa con mis hijas Ayana, Baby, Abigail y Angélica. Eso era, al fin y al cabo, lo que yo buscaba, lo que era importante para mí. Le doy las gracias por esas maravillosas cuatro mujeres que me dio, de las que estoy tremendamente orgulloso.

Mi contrato de máster bajo licencia con Sony acabó en 2003. Cuando les pedí que me regresaran los másters, se sorprendieron. Ellos pensaban que eran los dueños. Ahí se dieron cuenta de su error y del abuso del contrato en la parte de las regalías. Me ofrecieron 334,000 dólares para compensarlo y poder seguir trabajando juntos. No los acepté. Les pedí a cambio que me dieran la licencia de la voz de Javier Solís, con diez canciones que yo quería regalarle a mi papá para Cintas Acuario. Gracias a ese trato, él tiene todas esas canciones con la voz limpia de Solís para hacer lo que quiera con ellas, ya sea publicarlas con banda, con mariachi o con lo que desee. Algo parecido hice después con algunos videos de las películas de Pedro Infante. En una negociación con Discos Peerless, que fue adquirida por Sony, le pedí dos películas donde él está sentado cantando, por si el día de mañana yo me animaba a hacer un montaje y sentarme con él a grabar un dueto.

La voz se corrió rápidamente en las disqueras. No me podían transar con las regalías de autor, las del nombre o las del máster ni con nada. La razón principal para no seguir con Sony fue una oferta muy interesante que recibí de parte de Univision Music Group, hoy en día parte de Universal. Ahora sí que tocaba aplicar la máxima de que si no puedes con el enemigo únete a él. Al firmar con ellos, creí zafarme para siempre de la crisis del escándalo del niño de Madera, el proceso del divorcio y el desgaste de imagen al que me vi sometido, generado en ese grupo empresarial. Lógicamente, una vez que me hice artista del grupo, Raúl de Molina y compañía se vieron obligados a bajarle al acoso y derribo al que me tenían sometido y que tanto daño hicieron. El contrato contemplaba una licencia para los siguientes tres años con tres discos y regalías mucho más ventajosas. Hice con ellos el disco de *Lupillo Rivera LIVE En Concierto*, otro que titulamos *Con mis propias manos* y el *Pa' corridos*.

Al finalizar mi contrato con Univision Music Group, nos fuimos con Venevisión y luego mi nuevo material se lo vendí al señor Mingo Chávez, que estaba construyendo la compañía ASL Music tras vender DISA Music. Le vendí dos trabajos, uno que se llama *Tu Esclavo Y Amo*, otro de mis grandes éxitos, y uno que titulamos *Las 24 Horas*. Gracias a *Tu Esclavo Y Amo*, gané el Grammy. Fue la primera vez que en lugar de licenciar vendí mis másters. Por tanto, tras él pagar completo por los másters, yo no percibo regalías por esos trabajos ni los puedo regrabar, cosa diferente de los temas de Cintas Acuario. Esos temas sí puedo regrabarlos, y lo estoy haciendo, para tener versiones con un mejor sonido y evitar que el día de mañana mis herederos tengan algún problema.

La venta de los másters era un síntoma de que los tiempos iban a cambiar mucho para la industria musical y por lo tanto para los artistas. En esa coyuntura del cambio de década y del modelo de negocio en la cantada, tocaba reinventarse como fuera. Me dio por hacer mis pinitos como actor. En 2011, debuté en la producción de Telemundo *Una maid en Manhattan* junto a Litzy y Eugenio Siller, en un episodio donde me eché un par de rolas. Después participé en la producción de TelevisaUnivision *Libre para amarte* junto a Gloria Trevi. En 2015 tuve otra participación especial en *Amores con trampa*, donde me interpreté a mí mismo y compartí créditos con Eduardo Yáñez e Itatí Cantoral. En 2021, formé parte del reparto de *La suerte de Loli* de Telemundo, también interpretándome a mí mismo y compartiendo reparto con Silvia Navarro.

Desde finales de la primera década de este siglo y comienzos de la segunda, todas las reglas del juego comenzaron a cambiar con la irrupción del mundo digital y la caída en picado de la venta del soporte físico para el consumo de la música. La industria sufrió una enorme convulsión con la llegada de Spotify y las plataformas que revolucionaron por completo el modelo del negocio. Los artistas de la vieja escuela estábamos acostumbrados a ganar un buen dinero en el porcentaje que nos llevábamos de la venta de los discos, ya fueran vinilos, luego casetes y después compactos. La gente solía escuchar las novedades en la radio y cuando algún artista le gustaba se apresuraba para ir a una tienda de discos a comprárselo. Cuando empezó a darse la posibilidad de que esa misma música se pudiera tener en la computadora, y no digamos después con la llegada de los teléfonos inteligentes y las tabletas que Apple introdujo en nuestras vidas, un cataclismo amenazó a las disqueras, los artistas y los compositores desde el momento en que las plataformas se negaron en un principio a pagar. Tú te podías meter a internet y escuchar lo que quisieras sin pagar absolutamente nada. Se originó un desorden que provocó la desaparición de muchas compañías pequeñas tras vender de forma apresurada sus másters, y dio inicio a un proceso legal de adaptación que no era del todo ágil, ante el cual las disqueras sufrieron un tremendo desbalance.

El proceso dio pie a que la publicación de temas con sellos independientes se convirtiera en una opción viable para muchos artistas. Por eso, nosotros decidimos lanzarnos desde ese momento con nuestro propio sello independiente a base de sacar puros sencillos, tratando de aguantar y ver qué funcionaba y qué no, hasta atinarle tratando otra vez de no desprendernos de los másters. Nos habríamos arrepentido de soltarlos a día de hoy, ya que la industria logró finalmente reorganizarse y acomodarse. Hoy en día, el artista gana por cualquier vista, reproducción o uso de un tema suyo en las redes. Por eso, he regrabado temas con una mayor calidad digital.

Por fortuna, supe reinventarme y asumir los cambios. En estos nuevos tiempos, los temas no suelen durar tanto en las listas de éxito como lo hacían antes. Por poner un ejemplo, con “Despreciado” estuve como dos años en las listas de Billboard. Hoy en día, mucho es si logras mantener un tema en las listas de éxito por tres semanas. Todo suele ser más efímero por la facilidad de acceso a la música.

No he vuelto a trabajar con el formato físico a pesar de la moda nostálgica de los últimos tiempos que ha traído de regreso discos en formato vinilo. No hay un solo disco de Lupillo Rivera en vinilo. Nací como artista en plena era del casete y nunca grabé ni un sencillo de 45 rpm ni un elepé de 33 rpm. Sería cuestión de pensarlo.

Capítulo 18

EL CUATE PELIGROSO

Ser el Rey de los Borrachos era un arma de doble filo. Para toda esa gente que gustaba de atacarme diciendo que me la pasaba embriagado sobre los escenarios, el mero título de mis memorias les va a hacer cargarse de razón. Dirán que Lupillo se la ha pasado chupando. Tragos alegres o tragos amargos no son sino puros tragos. Les estoy dando el gusto de reconocer que sí he tenido problemas con el alcohol, que busqué refugio en la botella cuando las cosas se torcieron en mi vida.

No fui adolescente de trago, ni mucho menos. Recuerdo perfectamente que la primera vez que me aventé una cerveza en mi vida fue en la boda de mi hermano Pedro más o menos a los 15 años, pero de ahí no pasé a tomar. En realidad, estuve toda mi adolescencia muy al margen del alcohol. Me tomaba algunas chelas y poco más. Yo soy en realidad cervecero, mucha gente me da tequila o güisqui en el escenario y le jalo por no despreciar, pero lo que en realidad me gusta es la chela. Me la bebo del tiempo, por cuidar mi garganta.

La primera vez que caí en el consumo excesivo estaba en plena edad adulta, a los 24 años. Fue en 1996, a raíz de la primera separación de María Gurrola, mi primera esposa. El proceso duró seis meses y quise ahogarlo en tequila. Ese dolor fue grande, no poder convivir con mis hijas, no poder abrazarlas, no poder verlas, en definitiva. En aquel entonces, todavía no existía toda esta tecnología que hoy en día nos facilita la comunicación. Cuando te aislabas o te aislaban de alguien, era imposible saber nada si no era a través de una llamada telefónica, que por supuesto yo tenía restringida.

Volvería a caer seis años después en el proceso del divorcio. Mi rabia, la sensación de injusticia de no poder ver a mis hijas por las medidas cautelares de alejamiento que me impusieron sin una sola prueba de nada, mi impotencia viendo cómo la corte se saltaba los principios de presunción de inocencia y de igualdad ante la ley, así como mi angustia, las ahogaba en el licor, que estuvo lejos de ser un analgésico y cerca de hacerme tocar fondo, porque empezó a afectarme la salud y amenazaba mi imagen, algo fundamental para un artista.

Es posible que después de aquel escándalo hubiera podido manejar las cosas de otra manera. El perjuicio que me ocasionaba todo eso en mi carrera no hacía sino incrementar mi tendencia a buscar refugio en el trago. En cualquier caso le tenía una confianza ciega a Javier Rivera y si él se equivocaba, yo me equivocaba, y viceversa. Hubo quien pensó que podría haber escogido otro tipo de canción para sacar una novedad después de aquella tormenta, y tal vez la gente lo habría tomado de otra manera. Pero para mí era complicado hacer un tema en el que pidiera perdón y me arrepintiese por algo que no había hecho. Por eso canté "Te solté la rienda" de José Alfredo Jiménez, o "Sufriendo a solas" pensando en María. Toda la vida he cantado bajo la brújula del sentimiento del momento. El mismo día que firmé el divorcio, cuando llegué a la casa, empecé a tomar con la canción de "Tu retirada". Pasé dos días seguidos sin parar de tomar, escuchándola y cantándola sin pausa, en bucle. Canción y tragos que se repitieron exactamente igual el día que me separé de Mayeli.

Todo este declive me lo bebí con muchos tragos amargos. El fracaso de mi matrimonio abocó al borracho pelón a tomar los tragos de otra manera bastante menos divertida. Los tragos de parranda sobre el escenario empezaron a amargar y mi crisis fue aprovechada por artistas que venían empujando fuerte. Por fortuna hubo algo que nunca perdí del todo: mi posicionamiento con la gente había sido muy fuerte y eso hizo que aun en las peores épocas que se me venían por delante fuera capaz de campear el temporal y enderezar de nuevo, poco a poco, mi carrera.

Por fortuna, reaccioné a tiempo. Tuve un gran apoyo en la figura de mi mánager, Javier Rivera. Comencé a hacer ejercicio y a bajarle al trago. Javier vivía muy cerca de mí, como a unas tres cuadras, y me alentaba para que nos fuéramos juntos a caminar. Así fui resurgiendo. Empecé a cuidar lo que comía y a suprimir el licor, que cambié por té de jengibre o de canela. Los efectos en mi cuerpo no tardaron en notarse, me puse bien en forma y marcado. En aquella época iba al gimnasio con el luchador Óscar Paniagua.

Mi mánager se preocupó también de mantenerme bien ocupado en las presentaciones para no hundirme en casa, clavado en la situación. Por otra parte, como es lógico, él también necesitaba su porcentaje, pero claramente eso me hizo mucho bien. Trabajaba viernes, sábado y domingo, descansaba el lunes, luego volvía el martes y el miércoles y descansaba el jueves. Incluso había veces que ni a la casa llegábamos. Nos íbamos a Las Vegas un par de días y enlazábamos con el siguiente evento. Estar viendo constantemente al público fue una de las mejores terapias que pude hacer para ir saliendo de la crisis y del alcohol.

En ese tiempo asistí al despegue de Jenni, que me adelantó vendiendo más discos que yo. Yo grabé la canción de "Ya lo sé" de Pepe Garza con banda. Luego llegó ella, la grabó con mariachi y reventó. Era como si mi canción nunca hubiera existido. Me quedé muy sorprendido. No me dieron celos, me dio mucho gusto. El morbo de los celos entre nosotros solo existía en el imaginario de algunos medios. Su muerte fue la que me hizo caer otra vez en el alcohol gravemente. Salía a borrachera diaria, desolado, llorando desconsolado en cada rincón de mi casa o donde fuera que me agarrara tomando. Fue la segunda vez en mi vida que sentí el riesgo de volverme un alcohólico si no ponía un *stop* y me empezaba a cuidar.

Por fortuna, nunca busqué refugio en otras drogas. No fui nunca de perico, ni de marihuana ni nada de esas cosas, y mis problemas con el alcohol, mis picos depresivos, los superé principalmente con mi fe en Dios, primero que nada, con personas puntuales que aparecieron en el momento oportuno y con la ayuda del público. Ellos eran mi fuerza para salir adelante. Me sentía en deuda permanente con ellos, no podía fallarles, no podía dejarlos plantados o regarla en el *show*. Debía superar todo eso, cuidarme, proteger mi imagen, estar listo para responderles. Yo alcancé una posición que era una bendición y no podía echarla a la basura. Pensaba en los cantantes que darían lo que fuera por estar en mi lugar. De ese modo, asimilando esas reflexiones, poco a poco logré superar esos baches de depresión muy delicados de flirteo con el alcohol, un cuate muy peligroso y traicionero.

Capítulo 19

VOLVER A NACER

Esta es la crónica del romance del ejido y de un accidente que pudo ser mortal, un día que seguramente volví a nacer, piezas que el destino movió en torno a una mujer, Mayeli, a quien conocí en un concierto en el estado de Chihuahua, en México, en marzo de 2003. En esos días, mi figura pública estaba en pleno ojo del huracán mediático y mi corazón era todavía un volcán en erupción al que el desgaste del proceso de divorcio acabó afectando de muchas formas.

Todavía no había cerrado el ciclo de María. Albergaba una última esperanza, que se desvaneció justo en esos meses de tiempos convulsos por la campaña que Univision, ardida por la exclusiva que le di a Telemundo, había emprendido contra mí con la munición de la exclusiva de mi supuesto hijo extramatrimonial. El ciclo se cerró merced a la postura de María de contribuir a la estrategia de apartarme de mis hijas. Fue una herida que caló hondo, me hizo mucho daño, erosionó el concepto positivo que tenía de ella, me decepcionó y me ayudó a desenamorarme, a olvidarla, a sacarme de la mente a la mujer que tanto amé haciendo espacio para que alguien pudiera ocupar su lugar. Curiosamente, este patrón de comportamiento ante una decepción por un hecho incorrecto lo iba a repetir quince años después con la persona que llegaba entonces a llenar ese vacío, porque el día que me enteré de lo que hizo Mayeli, su imagen se me fue al piso y se aceleró también mi capacidad de olvidar, pasar página y cortar de un día para el otro.

Mayeli era una morra del ejido de Benito Juárez. Acudió a verme con unas amigas que eran muy fans mías, no tanto como ella. Vieron el *show*, tras el cual acudieron al camerino. Allí las atendí, estuvimos platicando un rato y luego me acompañaron al hotel. Hubo química entre nosotros. Desde la primera mirada y la primera plática, me llamó la atención. Me dijo que tenía 18 años y estudiaba. Me gustaba su inocencia, su belleza y sus sueños de querer hacer cosas buenas en el mundo. A raíz de eso, empezamos a mantenernos en contacto. Lo tomé al principio como un posible rollo de esos a distancia, que yo no proyectaba como nada serio. Me dejé llevar del mismo modo que pasó con otras mujeres. La distancia hizo que me fuera poco a poco desanimando.

En septiembre, volví a encontrarme con la morra de Benito Juárez en el palenque de Chihuahua. A esas alturas, ya cualquier opción de rescatar mi hogar se había esfumado y el ciclo estaba cerrado con candado. El huracán había pasado y dejado mi vida hecha jirones, pero podía reconstruirla. Era el momento en que podía echar adelante por el nuevo camino que me mostrara el corazón, y fue justo lo que sucedió a raíz de ese segundo encuentro. La química que había entre nosotros volvió a aflorar y entonces sí, el contacto se intensificó, me tomé las llamadas más en serio que la primera vez y me dejé llevar por esa fuerza imparable que el corazón genera, capaz de derribar cifras de tiempos o distancias. Empujado por esa fuerza comencé a ir a visitarla allá al desierto, en su pueblo, el ejido Benito Juárez, Chihuahua, consolidando poco a poco el romance.

Estaba abierto al amor, no sé si tanto buscando —es más fácil encontrar que buscar—, pero sí en la disposición de dar chance a que esa persona llenara el vacío y sanara mi alma. Oportunidades no me faltaban, pero no estaba muy por la labor en esos momentos de empatarme con muchachas del medio, ya fueran artistas o actrices. Esos potenciales romances los visualizaba como un problema a la larga, de modo que yo no las pretendía y si por casualidad se daba la oportunidad, inmediatamente echaba el freno.

Mayeli, sin embargo, me daba un perfil opuesto, una mezcla de candidez, hermosura y ambición que me conquistó. Estuvimos mucho tiempo hablando por teléfono antes de ir a pedir su mano. Nuestra complicidad hizo que empezara a invitarla a mis conciertos. Organizaba todo para mandar a recogerla. La primera vez que me acompañó fue a Chicago. Yo le arreglé todo para que volara desde El Paso, Texas. La segunda vez fue en Ciudad de México y, antes de que se diera la tercera, su papá interceptó una llamada para hacerme saber que no siguiera llamando a su hija si no tenía el valor de ir a hablar con él primero. Aquello me frenó en un primer instante. Dejé de marcarle durante unos días, pensando qué hacer, pero a esas alturas el corazón mandaba sobre la razón, de modo que me aventé y fui hasta el ejido a verla. Eran como las diez de la noche cuando llegué a su rancho y toqué la puerta. Me senté frente a frente con el papá.

—Mire, señor, si he venido hasta aquí es nomás para decirle que yo soy una persona seria. Su hija me gusta de a de veras. No quiero que vaya a pensar que la busco nomás para un rato. Yo quiero algo serio con ella y aquí estoy dándole la cara y solicitando su bendición para poder seguir viéndonos.

Me agradeció el gesto y las palabras. Nos dio su permiso para seguir adelante y todo fluyó con vía libre y total libertad para ir a visitarla o pedirle que me siguiera acompañando en mis presentaciones. Después de cada concierto, me regresaba con ella para dejarla en el rancho o se venía conmigo a la casa en Los Ángeles. En noviembre, la invité a un concierto de Vicente Fernández en Los Ángeles. La pasamos muy bien. Cuando terminó, nos fuimos a mi casa en Playa del Rey. Evidentemente, a esas alturas, ella y yo ya teníamos relaciones con normalidad, de modo que aquella noche la energía mágica que arrastrábamos en la plenitud del incipiente romance desembocó en una inolvidable noche de pasión, tras la cual quedó embarazada.

Fue un tiempo mágico, en el inicio del amor, que yo miraba con especial alegría por la bendición que suponía haber pasado en muy poco tiempo de estar despechado a estar otra vez enamorado. El 1 de diciembre era su cumpleaños y quise tener un detalle bien romántico con ella. Le caí por allá por su rancho con banda y todo, y le organicé una gran fiesta, que vivimos por todo lo alto, rebosantes de felicidad. Hicieron un pozole delicioso para celebrar. A la siguiente mañana, yo debía agarrar un vuelo a Miami inmerso en la gira de promoción típica de los artistas que recorren todos los medios en lo que iba a ser mi debut con el grupo Univision, de modo que organizamos el viaje para llegar a tiempo y decidimos partir de madrugada camino del aeropuerto de El Paso, Texas, para poder conectar con el vuelo que me llevara a la Florida. Esa decisión me pudo costar la vida.

Nos pusimos en marcha sin haber dormido. El viaje se interrumpió de manera abrupta cuando, alrededor de las tres de la madrugada, nos volteamos bien feo en la carretera México-Ciudad Juárez, a bordo del Ford Crown Victoria que habíamos rentado con placas de Texas. Tuvimos un accidente muy fuerte. Me quebré dos costillas y el tobillo. Manejaba mi primo Juan Luis Martínez, que se quedó dormido al volante. Nos dimos como catorce vueltas de campana. En aquel entonces, tuve que manejar la onda de que yo iba manejando, porque a mi primo lo querían meter a la cárcel, y preferí echarme yo la culpa. Le di dinero y le dije que se fuera a los Estados Unidos. Esa teoría la mantuve todos estos años en mis entrevistas en los medios, donde me seguía inculpando, por ejemplo, en un documental biográfico para TV Azteca con Mónica Garza en 2017. Juan Luis me hizo caso. Se fue y me quedé con mi primo Ricardo Martínez, que también se había lastimado un brazo y quebrado una pierna.

Pude haber muerto fácilmente en aquel accidente sin saber que iba a ser padre. Mayeli tenía como tres semanas de embarazo, pero todavía no sabía nada. He de dar gracias a Dios que no tuviera previsto para mí el final de mi vida aquel día y en aquel lugar. De lo contrario, mi hija Lupita habría sido una hija póstuma huérfana de padre, tal como le sucedió al cantante español Nino Bravo con su segunda hija, nacida tras su fallecimiento, a quien nunca conoció porque perdió la vida en la carretera camino a una grabación.

Cuando llegué al hospital, ya la noticia corría como la pólvora incluso en versión *fake* de que yo había fallecido. Por ahí alguna radio andaba haciéndome homenaje póstumo. Le tuve que marcar a mi jefa para tranquilizarla. Cuando me contestó, decía que era Juan, que no era yo. Tuve que insistirle para que se diera cuenta de que sí era yo y que estaba vivo en el hospital de Ciudad Juárez. Le pedí que fuera hasta allá. Cuando me preguntó por qué necesitaba que fuera, le respondí que porque me sentía solo y tanto yo como mi primo Ricky estábamos mal. Llegó poco después. Mi papá estaba rumbo a Phoenix en aquellos momentos y se regresó a Los Ángeles para pasar a recoger a mi mamá y llevarla al aeropuerto para que pudiera volar hasta Chihuahua.

Mayeli también fue a visitarme al hospital Centro Médico de Especialidades en Ciudad Juárez. Allí mismo, conmigo postrado en mi cama, le dijo a su papá que había llegado el momento de irse conmigo, que no iba a regresarse al rancho. Su sitio, le explicó, estaba junto al hombre que amaba. Y así fue. Se quedó hasta que me dieron el alta y de una vez se vino a Los Ángeles para dar comienzo a una convivencia que duraría 15 años, 12 de ellos casados. La cifra de los ciclos de 15 debía estar escrita en algún pergamino del cielo respecto a mis relaciones largas con las madres de mis hijos, porque 15 años me aventé con María y justo otros 15 me iba a echar con Mayeli. Una etapa más de mi vida por la que agradezco a Dios, por la bendición del tiempo que me regaló junto a ella y por haberme dado dos hermosos hijos.

Estrené año nuevo con una segunda fecha de nacimiento y una intuición. Empecé a observar a Mayeli. Le daba asco por todo y andaba rejega por muchas cosas. Enseguida sospechamos lo que estaba pasando. Le mandé que le hicieran pruebas de embarazo y dieron positivo. Lupita estaba en camino. Me puse a pensar en las casualidades. Mi hija Ayana me salvó la vida en su día y quién sabía si Lupita, de algún modo, me la había vuelto a salvar al no permitir mi Dios que naciera sin papá. Las dos veces que he estado, por decirlo así, cerca de la muerte se me ha premiado con la vida, la mía propia y la de dos de mis hijas.

La palabra "matrimonio" rondó por nuestras cabezas al momento del descubrimiento, pero decidimos esperar. Transcurrieron dos años y medio de feliz convivencia hasta que decidimos dar el paso. Durante todo ese tiempo le escuchaba a cada rato expresar su anhelo. Sabía que su sueño era casarse, tener una boda por todo lo alto. Me repetía que le encantaría casarse en un lugar como Disney, que llegara Mickey a felicitarnos y se pudiera tomar la foto. Fantaseaba con una boda grande, con una gran fiesta con la banda y un grupo bueno tocando, como Los Cachorros de Juan Villarreal o Los Tucanes, y con estar acompañada de sus papás, ver feliz a su familia. Le hacía una tremenda ilusión una luna de miel propia de un cuento de hadas, romántica, ideal.

En febrero de 2004, todavía convaleciente y con secuelas del accidente, regresé a los escenarios a presentar *Con mis propias manos*, mi estreno con Univision Music Group, cuya promoción se tuvo que posponer por causa del siniestro. El disco arrancó y me clavé de rodillas solo en la casa para darle gracias a Dios por esa resurrección. Había vuelto a nacer en todos los sentidos: en el amor, en mi profesión y cuando me sacó vivo de aquel carro. Fue un año entero de acción de gracias, en espera del nacimiento de mi quinta hija, que tuvo lugar el 4 de agosto de 2004.

En 2005, hubo otro evento muy especial. Planeamos durante todo el año, con mucha ilusión, la fiesta de los 15 años de mi primogénita, Ayana. Durante los preparativos, me conmovió bastante ver cómo Mayeli se involucró, cómo la mimaba en cada detalle, ayudándola a hacer los arreglos, elegir el vestido, definir cada paso de un día que debía ser mágico e inolvidable para mi hija. Ella la asesoraba dándole total libertad de elección. Aportó su grano de arena para que la fiesta saliera perfecta, como efectivamente así fue. Fue un evento muy hermoso. Llegó Blancanieves con sus siete enanitas, tuvimos el *show* de *La Bella y la Bestia* bailando el vals con Ayana. Fue un momento muy bonito. Yo miraba los ojos de Mayeli con esa mezcla de la ilusión sincera que se desprende cuando se hacen las cosas de corazón y el anhelo de algún día tener ella su propia fiesta, que no podía ser otra que la del matrimonio.

Aquella escena se me quedó almacenada en el disco duro, por decirlo de algún modo, y activó un plan romántico que fui ejecutando paso a paso. Ordené un anillo de compromiso sin que ella lo supiera. Yo estaba nominado ese año para el Grammy y le pedí que me acompañara a la alfombra roja. Allí mismo, cuando me estaba entrevistando Jessica Maldonado, me hizo la pregunta de cuándo me pensaba casar, luego de echarme todo ese rollo de que mi novia se veía muy linda y nosotros, muy contentos. Eché la mano al bolsillo, saqué el anillo, me hinqué y le pedí a Mayeli si quería ser mi esposa en plena entrevista. Pedida más mediática que esa no podía haber. Quedó grabado por la cámara de Jessica para *El Gordo y la Flaca*. Casualmente, el programa que me había fregado con el escándalo de las fotos y el pitazo, otrora enemigo y causante de una destrucción, se convertía en testigo de excepción de esta unión.

La complací con la boda de sus sueños, tal como ella la quería, para que el 29 de abril de 2006 pasara a ser uno de los días más felices de su vida. Debo aclarar primero que no fue algo que ella pidiera de manera impertinente o impositiva, en absoluto. Solo que yo fui tomando nota de las diferentes pláticas que manteníamos en nuestra convivencia para sorprenderla después dándole gusto en lo que, yo sabía, era su boda ideal. Quería que su vestido se lo hiciera Mitzy "y que fuera mejor que el de Thalía", me había dicho en un tono jocoso en más de una ocasión. Yo me puse en contacto con Mitzy para encargarle el vestido. Le pedí que se lo hiciera con pura tela de Dolce & Gabbana. La mandó traer desde Italia y la tela llegó como en una hielera, fría, condición necesaria, al parecer, para su óptimo cuidado. No sé si era mejor que el de Thalía, tal como ella bromeaba, pero creo que más caro sí. Pagué 45,000 dólares por aquel vestido. Estaba completamente enamorado de ella y darle gusto era una de las cosas que más felicidad me podía generar. La ceremonia se hizo en el lugar que a ella le gustaba, la Catedral de Cristal de Garden Grove, con muchos medios de comunicación como testigos cubriendo el enlace. La celebración posterior fue por todo lo alto, en las instalaciones del Disneyland Resort con Mickey y Minnie incluidos, que nos felicitaron y posaron con nosotros para la posteridad. Los Tucanes de Tijuana no estaban disponibles en esa fecha, pero sí Juan Villarreal y sus Cachorros, que nos animaron el evento.

Me reconforta saber que a Mayeli la amé mucho. El balance global de mi matrimonio fue positivo. Como en todo matrimonio, siempre hay altas y bajas, pero fueron mucho más prolongadas las primeras que las segundas. Ella se convirtió en mi compañera integral. Me acompañaba prácticamente a todas mis presentaciones y estaba en todas mis giras de medios. Gracias a eso, se dio a conocer al punto de convertirse en un personaje mediático. No está de más recordarlo, dada la tendencia de los tiempos actuales de olvidar algunas cosas con tal de reivindicar el papel de la mujer. Eso me parece muy bien y lo aplaudo, pero eso no es incompatible con reconocer que si Mayeli tiene un hueco hoy en los medios y la han llamado para determinados espacios de televisión es gracias a que se dio a conocer a mi lado. La verdad siempre es más bonita que el tapujo.

La traté siempre bien, tanto a ella como a su familia. Mayeli tiene una hermana, Luz Olivia, que tenía dos hijas, Rocío y Magaly. Las dos estaban bien chavas cuando Mayeli se vino a vivir conmigo. En ese tiempo, mi cuñada se estaba divorciando del papá de las niñas. Viendo la situación, le propuse a Mayeli que le dijera a su hermana si quería venirse a vivir con nosotros. Ella aceptó y con eso me convertí en una persona muy allegada al proceso de crecimiento de mis sobrinas, a quienes traté como si fueran hijas mías. Rocío decidió regresarse al pueblo en México cuando tuvo a Estrellita, mientras que Magaly se quedó con nosotros en Los Ángeles, integrada como una más de la familia. Nos acompañaba a todos los eventos con mis hijas. Yo las quería mucho, y por eso me dio tan duro cuando sucedió el fatal accidente que le costó la vida a Rocío.

Recordar esto me arruga tantito el corazón porque con Mayeli pasó aquello que se suele decir: que a tu pareja la conoces no en el matrimonio, sino en el divorcio. Este es otro trago amargo que me ha tocado beber en la vida. Nunca le ha dado por hablar de las cosas bonitas del matrimonio. Nunca escuché a nadie platicar de las cosas buenas que hice yo con su familia. Por ejemplo, cuando su hermana se cayó, se quebró la pierna y se lastimó el tobillo. La llevé al hospital y asumí todos los gastos. Con su mamá siempre tuve una excelente relación. A su papá le cumplí el sueño de ser nogalero, allá en el ejido de Benito Juárez, para tener sus propios árboles de nueces. Yo lo sabía y por eso le compré tres mil árboles. Los mandé a sembrar y pedí ponerle el riego al rancho. El trato era que él se hiciera cargo de los árboles. Se los regalaba a cambio de ir mitad y mitad en su rendimiento. Nunca tuve ningún reporte de mi supuesta mitad, pero nunca se lo reclamé al señor. No me iba a poner en un pleito con el abuelo de mis hijos.

En lugar de ser justos y poner en la balanza las cosas buenas, se la han pasado hablando de puras cosas negativas, de aspectos tendentes a destruir mi imagen y a sacar un rédito de ello. Nunca le he escuchado, tras nuestra separación, decir que vivió quince años a mi lado y vivió muy bien. No se ha hecho jamás énfasis en los días de gloria y los momentos felices, como el embarazo y nacimiento de mi adorado varón en agosto de 2008. Con L'Rey me puse muy contento, porque por fin tenía un niño que sí era mío, ya que justo coincidió con el baldazo de agua fría de descubrir que José, el chavo de Madera, no lo era. Estoy muy orgulloso de mi morro, él es quien tiene el honor de perpetuar el legado y el apellido de su padre.

A mi hijo le quería poner el nombre de L'Rey Vicente Rivera por ser yo muy fan del Charro de Huentitán. Me gustaba lo de Rey, porque era consciente de que si era varón iba a ser el único entre todas las hermanas. Cinco reinas y un solo rey, así mismo le decía. No estaba dispuesto a tener más hijos. De hecho, después me realicé la operación de la vasectomía, algo que nadie supo. Lo hice por voluntad propia, para evitar así embarazos no deseados. Eso sí, congelé semen por si acaso. El "por si acaso" llegaría años después, de la manera más insospechada.

Capítulo 20

APOYO INCONDICIONAL

A Esteban Loaiza me lo presentó Jenni cuando fue a una fiesta que organicé en mi casa de Playa del Rey a la que acudieron también su papá y su hermano. A partir de ahí, comenzamos a coincidir en reuniones familiares, celebraciones navideñas y otros encuentros, y así lo fui tratando más. Me cayó bien. Contaba con mi predisposición favorable por mi gran afición al béisbol. El tiempo que estuvo con mi hermana nos llevábamos bien, digamos que teníamos una amistad cordial. Después de todo lo que pasó, lo alcancé a ver un par de veces más en Tijuana. Le agradecí por haber querido a mi carnala mientras estuvo con ella. No había rencores.

Jenni no me platicó sobre los problemas que pudiera tener con Esteban hasta que empezaron los rumores. Lógicamente, le dije a mi hermana que, si era verdad que le había robado dinero, eso no estaba correcto. Después, cuando explotó por los aires lo de la relación de Esteban con su hija Chiquis, de inmediato le pregunté a Jenni si tenía certeza de lo que estaba haciendo y de la veracidad de lo que sabía sobre la posible infidelidad de su pareja con su hija. Aquella fue una plática profunda, tras la cual tomé una clara posición que mantuve hasta su partida.

—Jenni, si estás segura al cien de todo eso, tienes mi apoyo incondicional, pero tienes que estar segura. No me puedes hacer quedar mal. Si nomás haces las cosas por presentimientos o por adivinar si es cierto o no sin tener certeza, la neta, quiero que me lo digas.

—*Bro*, no es ninguna adivinanza, estoy cien por ciento segura de lo que pasó, por desgracia. Nunca te pondría yo en una tesitura de este tipo sin estar del todo segura de lo que sucedió —me respondió con total rotundidad y lágrimas en los ojos.

Efectivamente, mi hermana estaba segura. Me confesó cómo había sucedido todo y cómo se había llegado a enterar de una forma por completo inesperada, algo que nunca se pudo imaginar. Nunca confrontó a nadie. Solo un día Jenni empezó a llorar desconsoladamente en una cita con Elena Jiménez, y la joyera, al verla así, creyendo que ya se habría enterado de todo, arrastrada por un sentimiento de culpa, le soltó toda la sopa sin que ella preguntara. Le confesó que habían estado una vez juntas, ella y su hija, y luego otra vez en la que Esteban las había estado mirando. Sí me dijo que había un video, pero que en él solamente se veía la entrada y la salida de un clóset. Esa cámara la había puesto únicamente para vigilar su caja fuerte, que estaba ahí, pero al parecer no tenía un contenido explícito de las relaciones que le reveló la joyera. Con esa confesión, supo lo que estaba pasando. Jenni le reprochó a Elena que le pagara de esa forma, que le hubiera fallado después de que le abriera las puertas de su casa, de su familia, después de haberla ayudado e impulsado en el negocio haciendo proyectos juntas. Jenni me reconoció que, en realidad, el presunto desconsuelo de aquel encuentro fue un astuto plan para sacarle la información a quien, desde ese día, dejó de ser su amiga para siempre. Luego de narrarme los hechos con detalle, vi que estaba en lo cierto y le creí.

Fue una situación muy difícil para mí. Por eso le insistí tanto a mi hermana que estuviera segura. Yo iba a apoyarla, pero me dolía mucho todo aquello por mi sobrina. Mi corazón se resistía a creer que ella hubiera podido cometer semejante error. Me comuniqué con Chiquis por el cariño que siempre le tuve, por el lazo afectivo que nos unía. Por supuesto, ella negó todo entre lágrimas. Sin entrar en más detalles ni echarle nada en cara, le aconsejé que se pusiera los guantes y saliera a defenderse en coherencia con lo que una vez le dije: que cuando tuviera un problema grande, lo afrontara dando la cara, sin esconderse. Ella ha reconocido que ese consejo le fue muy útil. Poco después, recibí un mensaje de ella en el celular. Andaba bien peda y llorando. Era solo para agradecerme por cómo había sido yo con ella, recordando cuando le regalé un carro BMW del año luego de que le robaron el suyo.

Este episodio fue como un terremoto en la familia, que modificó y reorganizó el tablero de las alianzas. Jenni se puso en contacto con amigos comunes para pedirle a la gente que rompiera el contacto y toda relación con la joyera Elena y con su hija Chiquis si querían conservar la amistad con ella. Era algo muy delicado, porque la gente no conocía la historia y dudaba. Ahí se dio cuenta ella de que mucha gente estaba alrededor suyo no por una amistad sincera, sino por interés.

La última borrachera que tuve con mi hermana fue el 31 de octubre en la celebración de la noche de Halloween en su casa, de la que quedó constancia en una foto donde aparecemos los cinco. Debíamos arroparla porque, por supuesto, ya ni Chiquis ni Esteban Loaiza estaban allí. Aquella noche se mostró muy sentida con Juan porque él no quería ir a la cena. Le tuve que hablar para hacerle ver que se trataba de su hermana y necesitaba apoyo.

La idea era celebrar. Allá estuvieron algunas amigas suyas, la banda Cerromocho para animar la velada, los Cuates Valenzuela, que estaban preparando un trabajo con ella y se nos unieron para brindar por los nuevos proyectos. Nos quedamos ella y yo platicando hasta las siete de la mañana. La idea era tomar bien alegres para tratar de solapar los tragos amargos por el dolor de sentirse tan traicionada.

El 15 de noviembre, yo celebré el Día de Acción de Gracias con una semana de antelación debido a que me tocaba trabajar en esos días y no iba a poder estar el jueves 22. Jenni estuvo ese día conmigo también. Esa fue la última vez que estuvo en mi casa en Temécula. En aquella plática, me propuso organizar una gira juntos en 2013. Su idea era que cantáramos media hora de manera alternativa cada uno y luego algunos temas juntos hasta que se nos acabara el buche, me dijo textual. Íbamos a grabar a dúo la canción de "Yo te extrañaré". Reconocimos aquella noche el error de no haberla grabado antes por miedo de lo que dijeran la prensa y el público, por aquello de que dos artistas que cantaban pisteando le entraran a una canción cristiana. Yo la animé diciéndole que adelante, se la regalaríamos a mi mamá. Nos pusimos de acuerdo para grabarla el 26 de diciembre como regalo de Navidad para nuestra jefa. Al día siguiente, llamé a mi maestro Manuel Cázares para que hiciera la pista de la rola de volada. Desafortunadamente, no alcanzaríamos. Acabé grabándola yo solo cuando fui a Monterrey a buscar sus restos y fue un honor poderla grabar con mi sobrina Jacquelin para homenajear a Jenni en el duodécimo aniversario de su partida. Jacqie lanzó esa nueva versión, disponible en todas las plataformas digitales, bajo el sello Virgin Music Group.

El domingo 2 de diciembre, dos semanas después, mi hermana me cayó de sorpresa en el concierto cuando interpretamos el tema "Tragos de amargo licor", una semana antes de su muerte. Fue la última vez que la vi. Yo pensaba, tal como conté al principio, devolverle la visita justo el sábado siguiente en Monterrey, una vez que me enteré de su rápido *sold out* en el Arena, pero mi mánager había cerrado la segunda fecha de Raleigh y no pude ir. Quién sabe si fue otro de mis ángeles de la guarda y me salvó la vida con aquella gestión.

Por desgracia, mi hermana perdió la vida con ese círculo sin cerrar dado el poco tiempo que transcurrió entre que surgió este escándalo y su muerte. La mayor afectada fue su hija Chiquis. Jenni la expulsó de manera impulsiva de todo en caliente. La eliminó y la sacó de la herencia. Además, tendrá que cargar toda la vida en la conciencia con este delicado episodio. Ellas nunca se reconciliaron. Chiquis tampoco estuvo muy afortunada cuando se reunió toda la familia en la casa de mi mamá en plena crisis, tras el suceso que le costó la vida a su madre. En mitad de esa tensión, tratando de dilucidar si el siniestro había sido un atentado, aprovechó que estaba la familia reunida para mostrar el famoso video que ella tenía en su computadora, nomás para que se comprobara que ahí no se veía nada. A mí aquello me pareció mal, primero que nada, porque no era el momento. Acababa de perder a su madre y lo único que parecía preocuparle en esa enorme angustia e incertidumbre de toda la familia era su chisme. Segundo, porque sonaba a la famosa locución latina *Excusatio non petita, accusatio manifesta*, es decir, que quien se excusa por un hecho sin que nadie se lo pida se está señalando como autor del hecho. Yo ya sabía que en el video no se veía nada, porque me lo dijo Jenni. De ahí que aquel gesto no me cuadrara en absoluto. Yo me negué a verlo y dije que había apoyado a mi hermana hasta su último día y me mantenía firme en esa posición.

No estoy en este mundo para juzgar ni para culpar a nadie. Por tanto, no lo haré con mi sobrina. Eso es algo que dejo a su conciencia. Todos sabemos lo que hemos hecho y lo que no, lo que está bien y lo que está mal. De la misma manera, lo dejo en la conciencia de Rosie y de Juan, porque Jenni no se reconcilió tampoco con ellos. Se fue de este mundo muy sentida con sus hermanos pequeños, pero no voy a contar yo mi propia historia para culparlos a ellos de nada, porque no soy quién para hacerlo y porque, además, en el caso de Chiquis, me duele mucho.

Mi relación con mi sobrina fue muy estrecha desde la época que convivíamos en el 2184 de la avenida Gale en mi primer hogar con María. Ella dice que era su tío preferido, que fui como un primer papá y, en cierto modo, lleva razón. Me volqué con ella con todo el amor del mundo, igual que lo hacía con mis propias hijas. Le ayudaba con sus cosas de la escuela y convivimos mucho los fines de semana. Se convirtió en una gran consentida mía. De hecho, apareció en uno de mis videos musicales más famosos, el de "Despreciado", y en el de "Tú y las nubes". Trataba de echarle una mano, con mucho tacto, cuando se enojaba con su madre, para que aquello no me costara a mí un disgusto con mi hermana. Chiquis tuvo en las puertas de sus 15 años una pelea con Jenni. Dejaron de hablarse. Estaba desconsolada porque su mamá le había cortado el cabello. Yo la llevé a que se pusiera unas trenzas, las más caras que había con tal de que se viera mejor.

Aquella relación tan bonita pesó mucho en mi corazón hasta el punto de que tomé la iniciativa de buscarla después de diez años distanciados, no peleados, que no es lo mismo. De hecho, a su boda con Lorenzo no fui porque tenía llamado en *La Voz* y no pude, pero les marqué a los dos en cuanto salieron de la iglesia y les deseé lo mejor. En diciembre de 2023, le hablé para decirle que quería pedirle una disculpa por el mero hecho de que se hubiera platicado tanto de esa situación, por algunas cosas que yo dije, pero debía entender que en aquel conflicto mi lado estaba junto a su madre. No era, ni mucho menos, mi negocio ni mi intención meter las narices ahí. Le dije precisamente todo lo que estoy contando aquí: que no la juzgo, que entiendo que es una mujer luchando por sacar adelante su vida. Fue una plática cordial. Ella aceptó las disculpas y nuestra relación se normalizó. Ni por su parte ni por la mía hay ningún problema. A la fecha de hoy, me dedicó unas palabras que me halagan, como sobrina y como artista, reconociendo mi papel destacado e innovador en mi irrupción en el género regional mexicano, llevándolo a un nivel superior desde el éxito de "El Moreño" y poniendo el apellido Rivera sobre el tapete de la fama, del que ya nunca se bajaría.

No sé si siga siendo su tío favorito, pero sí sé que, pase lo que pase, cuenta también con mi cariño y mi perdón.

Capítulo 21

LOS TRAGOS DEL PERDÓN (MI ÚLTIMA PLÁTICA CON JENNI)

No crean todo lo que escuchan o lean. Es así como se generan falsas imágenes. Si ya antes se publicaban notas sesgadas, manipuladas o directamente inventadas, hoy en día, con la revolución de las redes sociales, el mundo se ha vuelto una selva de *fake news*, donde hay más mentiras que árboles. Por si faltaba poco, apareció la inteligencia artificial y llegará el día en que sea imposible distinguir la fantasía de la realidad. El lado positivo es que la democracia de estos canales de información le permite a uno defenderse con sus propias redes, poner cierto contrapeso, cosa que antes era imposible. Antes, cuando te quemaban en un programa de televisión, no tenías manera de defenderte. Para cuando te daban chance de dar una respuesta, ya tu imagen se había chamuscado tanto que no había modo. Era incluso peor: se veía uno bien ridículo cuando pretendía aclarar algo que había sucedido meses atrás.

En 2024, estuve en *La casa de los famosos*, un *reality* de incesante exposición pública que tuvo continuidad en 2025, año elegido para lanzar este libro con el que quería darme la oportunidad de sentarme a tomar un tequila imaginario con el público, para contarles las cosas de primera mano, con la verdad por delante. Si hay algo que he querido transmitir en ese *show* y en estas páginas, es que sigo siendo el mismo artista que la gente apoyó en sus inicios. Lo que hay es lo que ven. No es nada extraño que después de eso cambiara la imagen que muchas personas tenían de mí. No por ello están obligados a quererme, pero al menos me queda la tranquilidad de conciencia de que el público puede abrazarte o rechazarte viendo la realidad de lo que eres, no la cruel realidad paralela y falsa que se ha querido proyectar a través de ciertos canales, con información intoxicada difundida por personas que ni siquiera me conocen, pero que me juzgan y tienen la capacidad de influir en una parte del público, que se queda para toda la vida con esa versión falsa de uno.

Deseo detenerme en este capítulo en una de las más célebres falsedades inventadas en torno a mí. Hubo supuestamente un pleito que mantuvimos Jenni y yo durante toda la vida, que yo no conozco. Todas las habladurías sobre esa supuesta pelea entre mi carnala y yo eran externas a la familia. En eso sí debo decir que ni yo ni los hijos de Jenni escuchamos nada de eso de puertas para adentro. Yo le llamo el pleito fantasma. Y es la neta que hasta el día de hoy sigo preguntándome cuál era ese pleito que se inventó una parte de la prensa. Ellos deben conocerlo. La fuerza de la mentira es convertirla en verdad a base de repetirla, de modo que cale en el subconsciente de la opinión pública. Los reporteros lo daban por supuesto en sus preguntas, pero no hubo más distancia entre nosotros que la distancia física de andar yo en un lado y ella en otro, ella en su trabajo y yo en el mío. Pasábamos tiempo sin vernos, en el que yo acudía a pocas fiestas suyas y ella a pocas mías, por culpa de nuestras respectivas agendas de trabajo. Nos topábamos de pronto en hoteles y en aeropuertos, incluso en la línea de inmigración. Cuando llegaba yo a un hotel y me decían que mi hermana estaba alojada en tal suite, allí me llegaba a darle un buen susto con la banda y hacer la broma, como en una ocasión en el Camino Real del aeropuerto.

No sé si las mentes retorcidas que se inventaban el pleito imaginaban nuestras respectivas carreras cantando siempre juntos, tomados de la mano sobre un escenario. Nunca entendí esa terquedad de la gente de buscar un pleito, como ahora lo buscan con Chiquis, solo porque no nos vemos seguido. Tengo otros sobrinos, como por ejemplo los hijos de Pedro, que se dedican a la construcción, a los que llevo tiempo sin ver, y no es porque medie una pelea o un coraje de por medio. Son simplemente cosas de la vida, como en millones de familias, cuando sus miembros se separan porque cada cual busca su propio camino y su propio hogar. Pero el hecho de no verse a menudo no significa que anden enojados.

Nunca tuve un enfrentamiento abierto con mi hermana, ni siquiera cuando mi papá me reveló un secreto muy delicado sobre una supuesta guerra sucia que yo me resistía a creer. No había ningún problema, ni en privado ni en público; eran las propias cadenas las que evitaban invitarnos a la vez a los mismos programas, o los organizadores a los mismos eventos. Entonces, no faltaba quien inventara que Jenni o yo mismo nos habíamos vetado el uno al otro en el sentido de que si iba uno el otro no iba, pero nada de eso era cierto. Llegaron a difundir un falso rumor de que yo andaba pagando a las radios para que no la tocaran. Esa bola de chismes cada vez se hacía más grande y nos preocupaba. Nos marcábamos cuando salía una de estas notas amarillistas para ver qué decir o qué hacer para frenarlas. A los medios les vendía más la controversia, inventarse un distanciamiento, que decir “mira, qué bien, los dos hermanos triunfando cada uno por su lado poniendo el apellido Rivera en todo lo alto”.

Jenni y yo nunca nos dejamos de hablar, pero sí tuvimos discusiones normales sobre aspectos de la profesión. Hay una anécdota muy curiosa al respecto. Una vez yo andaba en la peda con los amigos y se me ocurrió ir a verla, porque sabía que andaba grabando en un estudio, allá por los rumbos de San Fernando, California. Le marqué y me dijo que le cayera para grabar una rola juntos. Ella, por entonces, ya había agarrado fuerza. El problema es que cuando eso pasa, casi todo el mundo te dice que sí a todo. Cuando llegué, me mostró una de las canciones de *Joyas prestadas*, a ver qué opinaba. Al escucharla, le pregunté si era la voz guía y se ofendió. El director contestó que era la voz buena que él había supervisado y yo le dije que lo estaba haciendo mal, porque la voz no estaba bien. En realidad, lo que sucedía era que el hombre no se atrevía a decirle a ella en lo que estaba mal, porque mi carnala era brava y él le temía. Jenni la tomó conmigo y conforme subía el tono de la discusión la gente empezó a salirse del estudio temerosa de cómo pudiera acabar aquello. Yo le insistí que no estaba sintiendo la rola, que no era creíble la manera como le estaba diciendo a un bato que la mirara. Allá estaban Juan y el productor, callados, sin atreverse a decir nada.

—Ve y métete y graba, así como estás ahora, toda encabronada. Graba otra toma y verás cómo cambia la rola.

Me hizo caso. Se fue adentro y yo le dije al director que le grabara tres tomas sin parar, así como iba, no importaba si gritaba o le salía un gallo. Al final, se dio cuenta de que tenía razón. Quedó a toda madre y así salió el disco. Cuando ella lo escuchó ya editado, enseguida me llegó a la casa, me dio un abrazo y nos fuimos a comernos una hamburguesa. Las canciones fueron un éxito y me mandó un hermoso detalle. Ella era así. Cada dos por tres, mandaba un regalo o una carta, no solo a mí. Lo hacía con todo su equipo de trabajo.

Para hacerse una idea de lo unidos que estábamos, basta recordar el día que se hizo público el video sexual que le filtró uno de los miembros de su banda. Yo tenía presentación en la Ciudad de México con Los Huracanes del Norte. Todos se quedaron estupefactos cuando les pedí un paro, porque me tenía que ir a verla urgentemente a San Diego. El paro consistía en que, llegada la hora, arrancaran ellos a tocar para darme más tiempo a mí de ir y volver a los Estados Unidos. Lo que hice fue vestirme para la cantada, y con esa ropa ya puesta salí para Toluca. Como a las dos de la tarde, agarré un avión privado para poder llegar antes de las siete que comenzaba su *show* en un casino, y poderle dar un abrazo. Aterricé en Tijuana y de ahí tomé un transporte que me llevara adonde ella estaba cantando. Estaba ya sobre el escenario cuando llegué, le di su abrazo y le dije que estábamos al cien de su lado para lo que se le ofreciera. Fue un encuentro muy emotivo. Le aseguré que todo iba a estar bien y me tachó poco menos que de loco cuando le comenté que no me podía quedar a verla cantar, porque yo tenía mi propio *show* a la una de la mañana en México. Salí corriendo de regreso al aeropuerto de Tijuana, me subí al mismo avión, aterricé en Toluca, me subí al carro, manejé hasta Texcoco y llegué a tiempo para cantar en el Rodeo ante la mirada atónita de mis músicos.

La química entre nosotros aquella última noche juntos en el escenario provocó que la prensa, sin saber en realidad lo que estaba pasando, se apresurara a comentar que existían varios videos que acababan de grabar, que echaban por la borda las versiones de que los Rivera estaban distanciados y no se hablaban. El pleito fantasma se evaporaba. El público y los medios lo vieron, porque sin duda las imágenes hablaban por sí solas. Únicamente había un fondo que nadie conocía: mi hermana tenía un trapo sucio que lavar y eligió hacerlo en la intimidad de la privacidad.

Ahora sí quiero platicar sobre ese fondo. Quiero desvelar con detalle el contenido de esa conversación que guardo como un tesoro en el cofre de mi alma, y la quiero compartir en este brindis con mi gente por dos razones: por honrar su memoria y la paz de su alma, y por hacer reflexionar al resto de mi familia sobre los verdaderos valores que deben guiar nuestras vidas y nuestros actos. Me lo han preguntado infinidad de veces. Los medios sabían que una conversación profunda y trascendental se había producido entre mi hermana Jenni y yo aquel día. Guardé esa plática y su tremenda carga emocional durante muchos años en mi intimidad y hoy quiero compartirla con mi público, para que ese brindis sea dulce como la miel.

El escenario de aquel último, emotivo y especial encuentro fue nuestro querido México, en el Rodeo de Texcoco, el viernes 30 de noviembre de 2012, el penúltimo fin de semana de su vida. ¿Quién me lo iba a decir en ese instante? Escasos días antes de que nos dejara trágicamente para siempre en la Sierra Madre Oriental, en el municipio de Iturbide, Nuevo León, la madrugada del 9 de diciembre tras su concierto en la Arena Monterrey.

Hace años, compartí ese video en mi canal de YouTube. Ella subió por sorpresa al escenario; yo no me lo esperaba, no estaba preparado. Andaba interpretando "El Barzón" cuando de pronto veo que sube una mujer. Me preguntaba, algo perplejo, quién habría dejado que alguien subiera antes de darme cuenta de que era ella. Enseguida me dio una alegría inmensa. Nos abrazamos y nos saludamos como si nos hubiéramos encontrado en algún hotel, como tantas veces. Mientras conversábamos y yo le preguntaba qué andaba haciendo ahí, teníamos a miles de personas vitoreándonos. Me contestó que tenía a toda esa gente loca y ahí empezó aquel momento mágico e inmortal en la emotividad plena de compartir con ella las notas de "Tragos de amargo licor", esa canción que simboliza tantas cosas en mi vida, que sigue haciendo un nudo en mi garganta cada vez que la interpreto sobre las tablas.

Las imágenes hablaban por sí solas. Ella lucía muy animada cantando y bailando mis canciones. Aquella noche, Jenni estaba con las emociones a flor de piel. Cantó un par de canciones y luego hicimos el dueto, mostrando en cada uno de sus gestos y sus palabras la intensidad de los sentimientos cuando se me unió en el escenario:

—Yo quiero darle las gracias a cada uno de ustedes, que no solamente me aplauden a mí, sino que le aplauden a mi hermano, tanto que lo quieren. Para nosotros es una gran bendición saber que salimos de un barrio de por allá de Los Ángeles, California, y venimos a cantarles a la gente mexicana, y que ustedes nos aceptaron. Muchas gracias. Quiero decirles y agradecerle públicamente a mi hermano todo lo que me ha enseñado a través de mi carrera, todo lo que me ha brindado a mí, a todos mis hermanos. Sinceramente, es una persona que yo admiro y respeto muchísimo. Y es muy importante que les diga que somos hermanos, como cualquiera que ustedes tienen, y nos queremos y nos disgustamos. Somos hermanos, pero cada vez que yo he tenido un problema grande en mi vida, mi hermano no me falla y me busca. Está conmigo en las buenas y en las malas, y por eso, ahora que yo he necesitado a mi hermano, les pido un fuerte aplauso, por favor.

Se despidió del público pidiendo un gran aplauso.

—Esto que ustedes han visto, que yo pueda venir a su escenario o que mi hermano pueda ir a un escenario mío, no lo ha visto nadie más que ustedes en mucho tiempo. Por primera vez, solamente volé para esto, para estar con él. Es rara la vez que yo no esté trabajando, pero entonces dije: voy a tomarme el tiempo porque él se lo merece. Él ha estado conmigo en los momentos más difíciles de mi vida, él hace esto que yo hice ahora, él lo hace, y yo me quedo chillando, llorando, pensando que mi hermano se tomó el tiempo de venir a verme cantar y abrazarme. Pues, hoy vine yo a pagarle las muchas que él ha hecho por mí. Gracias por su cariño, por sus aplausos, y continúan con mi hermano Lupillo Rivera.

Todo eso que dijo era cierto. Ella sabía las veces que yo había volado aposta solo para darle un abrazo, tal como la anécdota de cuando fui de volada a San Diego, que acaban de leer. La pregunta que yo me hacía era: ¿por qué me buscó en ese momento para tan profunda confesión? No se lo pregunté. Ahora que hago esta reflexión para mis memorias, me lo están preguntando y yo no sé responder con exactitud, aunque tengo mi teoría. Ella voló aquel día hasta allí con la idea premeditada de mantener aquella conversación tan profunda, porque estoy convencido de que hay otra dimensión y que los acontecimientos ya están escritos antes de que se produzcan. De otro modo, no pueden explicarse ciertas casualidades ni ciertas premoniciones inconscientes, como la que se produjo cuando Jenni me buscó para platicar.

El instrumento que Dios usó para que aquel día decidiera volar hasta donde yo estaba fue el desengaño tras el escándalo de la pelea con su hija Chiquis, luego del supuesto *affaire* con la joyera, Esteban Loaiza, y todo aquel desmadre. Esa misma noche me confirmó que Juan la había defraudado. Él tomó partido por su sobrina mientras que yo le mostré claramente todo mi apoyo. Eso le dio mucho que pensar. Tantos años ayudando a Juan y la dejaba botada de esa manera cuando más necesitaba su apoyo, mientras que yo, el hermano al que había fregado tanto, le estaba tendiendo la mano. Eso aceleró la necesidad de mi hermana de sacarse algo que tenía dentro y le estaba haciendo daño, algo que necesitaba sanar, que necesitaba desahogar. No quería aplazarlo más. Desde luego, ella no sabía que le quedaba poco tiempo de vida, pero aquel acto era propio de quien desea cerrar todos sus círculos en este plano terrenal y prepararse para trascender. No quería dejar esa conversación entre sus pendientes si un día la santa muerte iba a visitarla. Tuve y tengo la sensación de que mi hermana vino a despedirse de mí y, en ese sentido, se fue tranquila.

Gabriel Roa me platicó una anécdota parecida, un día que iban los dos volando a bordo del helicóptero una semana antes de matarse, cuando sin venir a cuento le soltó un comentario que se le hizo enigmático y que nunca antes le había escuchado en la infinidad de veces que habían volado juntos.

—¿Y si esta madre se cae, Gabo?

Mi ingeniero, que fue testigo de todo, me lo dijo días después de la tragedia. Me abrazó, me dio un beso en el cachete y pronunció aquellas palabras con solemnidad.

—Lupe, los tiempos de Dios son perfectos. Este es un ejemplo claro que tú y yo hemos vivido. Tu hermana deseaba cerrar ese círculo contigo guiada por esa energía invisible y desconocida que mueve a muchas personas a hacer determinadas cosas antes de fallecer.

Cada vez que he repetido esa frase pensando en aquel instante, se me ha quebrado la voz. No ha sido una excepción ahora que lo acabo de hacer frente a la grabadora para este libro, pidiendo un tiempo, buscando el trago de tequila, dejando salir el llanto. Sé que ella me está escuchando, sabe que sé que se fue tranquila, sabe que yo estoy tranquilo, que no hubo, ni hay ni habrá una brizna de rencor en mí, ni hacia ella ni hacia Juan.

Por si tenía alguna duda, hubo una lectura que me emocionó profundamente. Fue como un respingo del alma al confirmar mi teoría. Hay un capítulo en concreto titulado "La lista del perdón" del libro *Adiós eterno* que Javier León Herrera y Juan Manuel

Navarro publicaron sobre los últimos días de Juan Gabriel. El Divo hizo muchas cosas parecidas, gestos propios de quien sabe o intuye su final cercano. De hecho, la historia de sus últimos días de vida es la crónica de una clara premonición y, preciso, entre esas prioridades estaba el buscar el perdón de las gentes con las que no se había portado bien. ¡Era exactamente lo mismo que Jenni hizo conmigo! No sé si mi hermana Jenni tenía su propia lista del perdón, pero está claro que, si la tenía, yo debía estar en los primeros lugares.

El perdón fue en realidad la clave aquel día sobre el escenario primero y en el camerino después. Aquella conversación fue la confesión abierta de la sospecha que siempre tuve, porque no había otra explicación. Mi hermana Jenni, en complicidad con mi hermano Juan, intentaron sabotear y boicotear mi carrera musical para favorecer la suya propia. Así tal cual me lo reconoció, y así tal cual la perdoné con todo mi corazón de una vez. Rememorar aquella escena me lleva a emocionarme profundamente, más ahora que la estoy evocando para hacerla pública. Fueron las palabras más sinceras y conmovedoras que me pudo haber dicho.

—Perdóname, Lupe, de verdad. Perdóname por todo el mal que te he podido hacer en la vida. Perdóname, *bro*, yo te quiero mucho —me decía envuelta en lágrimas.

—Pero ¿cómo, Jenni? ¿Qué perdón te puedo dar o qué te puedo decir? ¿Qué necesito perdonarte? —le dije yo contrariado, conmovido por la expresión de su rostro y sus ojos vidriosos.

—Pues, por la muchacha de Madera. Yo sé que aquello te hizo mucho daño, te afectó no solo en tu carrera sino también en tu divorcio de María. De verdad que no creí que aquello te fuera a causar tanto mal, *bro*, perdóname.

Ella fue testigo del daño que todo eso me hizo, del momento delicado que le provocó a medio plazo a mi carrera. En el fondo, le generaba un sentimiento de culpa. Temía que por causa de aquel declive no volviera a ser el artista de antes. Sin embargo, aquella noche vio a un público entregado cantando todas y cada una de mis canciones, gritando, aplaudiendo, un recinto lleno y una energía que invitaba a pensar que mi carrera no solo no estaba por acabarse, sino que gozaba de una renovada salud que garantizaba su longevidad. Eso la reconfortó. Aquel *show* la llenó de mucha emoción, tocó su fibra y abrió su corazón de par en par.

Cuando nos retiramos del escenario al camerino, su descarga de culpas fue en aumento. Me confesó que urdieron todo un plan, puesto en marcha por ella misma y el resto del equipo, para afectar mi carrera de forma negativa, agitando el árbol para poder recoger las nueces. Dentro de ese plan estaba, por supuesto, influir en la prensa. Cuando aparecía alguna noticia que me podía beneficiar a mí, ellos estaban atentos para mover el hilo correspondiente, darle la vuelta y hacer que el impacto fuera negativo. Contaban con un buen publicista, que se encargaba de hacer el trabajo sucio mientras que yo no tenía quién recogiera la basura ni mucho menos limpiara mi imagen. Para ella, entonces, fue un cargo de conciencia añadido, pues el efecto negativo de la onda expansiva del escándalo dinamitó para siempre mi reconciliación matrimonial. Se quedó algo desconcertada de que no me sorprendiera tanto lo que me estaba contando. En realidad, la sorpresa se la llevó ella cuando le dije que ya lo sabía. Le confesé que nuestro propio padre me había avisado en su momento que ellos habían tramado una guerra sucia para bloquearme. Era cierto, mi jefe lo sabe. Yo ya cargaba con ese dolor en silencio, pero agradecí profundamente a Dios y a mi hermana aquel arrepentimiento que sanaba para siempre esa herida.

Aquella noche, me reconoció que en esa campaña ella misma se encargaba de enredar y sembrar cizaña con mis contactos en la industria con los que yo hacía eventos, conciertos o campañas para hablarles mal de mí, tratar de desacreditarme y reducir mi credibilidad a cero. Aquellas palabras no resultaban inocuas, porque esas personas le creían y se mostraban reacios a trabajar conmigo, al tiempo que les permitía a ellos avanzar. Cuando me lo confesó, me puse a pensar y, en efecto, recordé que entonces veía aquellos cambios de actitud y no entendía nada, porque no sabía nada. Entre esa gente había promotores muy fuertes que, de un momento a otro, me dejaron de hablar hasta el punto de retirarme el saludo y no regalarme ni un hola, ni unos buenos días. No hacía sino especular sobre los posibles motivos que provocaban esos cambios tan radicales. No entendía por qué de la noche a la mañana le caía tan mal a determinadas personas que en un principio habían sido cordiales y estaban predispuestas a trabajar conmigo. Aquella noche, Jenni no solo se sinceró y me contó con detalles los hechos, sino que también me dio nombres y apellidos de todas las personas a las que influenciaron negativamente en mi contra. Me contó el problema de envidia que Juan tenía conmigo, que estaba traumatizado de por qué yo y no él tenía un sitio en el medio artístico. Hasta la fecha sigo sin entender todo eso. La envidia es algo muy feo y por desgracia muy común, pero nunca es tarde para sacar la basura del corazón. El mío está limpio. Mi propia mamá lo dice: mi corazón no es para guardar rencor a nadie y menos a alguien de mi familia.

Hasta hoy han durado los efectos de aquellas habladurías orquestadas y todavía hay gente que me sigue dando la espalda de manera arbitraria. Como, por ejemplo, una muchacha muy desagradecida cuyo nombre prefiero omitir para no exponerla. Me basta con que su conciencia reconozca esta alusión en cuanto la lea. Cuando yo empecé mi carrera, ella dormía en la casa de mi mamá con su hijo. En aquella época, le ayudaba en todo. Si necesitaba un *ride*, yo la llevaba, y cosas así, detalles de todo tipo.

Y de pronto, de repente y sin ninguna razón objetiva, mal, muy mal, me deja de hablar y me trata con desprecio. Yo no daba crédito, me preguntaba, le preguntaba: pero ¿yo qué te hice? Nunca pudo contestar a esas preguntas.

Aquella noche tan especial en México con mi hermana respondía a otras situaciones con mucha prensa, muchos locutores y programadores de radio, gente a la que yo no había hecho nada, pero que me tenía mucho coraje. Hoy que se lo estoy contando a mi público a corazón abierto, yo mismo me escucho mal al decirlo. No es nada agradable, pero es la verdad. Es lo que sucedió y es lo que ella me contó aquella inolvidable fecha. Me puse a reflexionar, también a llorar, como lo hago ahora al recordarlo, porque esa fue precisamente una de las cosas que mi hermana me dijo la última vez que nos vimos y la última vez que conversamos. La voz se me quiebra al evocar ese momento.

—No te lo merecías, Lupe. Perdóname. Lo hice cegada por tanta hambre de éxito y ese era mi momento de salir adelante, de quitarte de la tabla y entrar yo. —Esas fueron sus palabras textuales, con los ojos vidriosos, reconociendo lo que por otra parte siempre sospeché, pues no había otra explicación al famoso pitazo que provocó el escándalo del morro de Madera.

Nunca en mi vida la vi tan arrepentida y llorando tanto, porque ella misma me reconocía que, a diferencia de otras cosas que le habían pasado en la vida de las que también se arrepintió y le costaron mares de lágrimas, en este caso ella era el verdugo en el error y no la víctima.

—Lupe, tú estabas muy fuerte y yo me moría de ganas de estar en tu posición. Yo quería eso que tú tenías y, pues, elegí el peor modo de lograrlo. Por eso creo que ha llegado la hora de pedirte perdón por todo. Dios es justo y no te dejó caer. Quise elegir este día y ese escenario para quitarme este peso que cargo encima y que solo podré salvar con tu perdón sincero.

—*Sister*, todo está bien —le respondí mientras la abrazaba con fuerza y le acariciaba el cabello—, no tienes nada de qué preocuparte. Dios es muy grande, Él obra el perdón y nunca nos va a desamparar ni a ti ni a mí, como no lo ha hecho hasta ahora. Dios siempre me ha querido mucho, Jenni. Dios ama a sus hijos arrepentidos y siempre nos va a cuidar, todo va a estar bien. Si hubo momentos que no me tocó ser el artista más exitoso por una razón u otra, no hay pedo. Ya llegará el momento de volverlo a ser. Ya viste hoy la energía con el público, lo voy a volver a lograr. Esta noche más que nunca, *sister*, estamos abrazados entre nosotros y entre los brazos de Dios.

El único consuelo que me queda de aquello es que la perdoné de corazón. No quiero ni imaginar el no haberlo hecho y no haber podido tener otra ocasión después para hacerlo. Otra de las cosas que me dijo en aquella última plática era que no aguantaba más, que notaba que la buscaban nada más para pedirle prestado y no iban ya a visitarla de puro gusto.

—El otro día que fuiste a visitarme y me llevaste nomás los tacos más baratos del mundo, me sentí inmensamente feliz. Nos comimos esos tacos bien a todo dar. Hasta les dije a mis hijas: su tío llegó en un Bentley y trajo los peores tacos de 59 centavos. Pero fueron los más deliciosos porque sabían a puro amor fraterno.

Entonces le recordé dos anécdotas: la del coscorrón que me dio cuando ella apenas empezaba a pegar y yo le dije que ojalá Dios le diera diez éxitos más para que no vinieran a pedirme a mí; y la del único día que le acepté un dinero que, por supuesto, le devolví de inmediato. Es la única vez en toda mi vida que acudí a mi hermana por un favor de dinero. Fue justo cuando me mudé a Temécula. Yo había vendido mi casa de Playa del Rey para mudarme más al sur. Lo que pasó es que iba a recibir el dinero a 60 días y la compra del rancho de Temécula debía ejecutarse en 30. De lo contrario, se iba a subasta y lo perdía. Necesitaba urgente un dinero, no recuerdo si eran 250,000 o 500,000 dólares, para el depósito de entrada. Jenni me prestó esa feria y en cuanto cobré el dinero de la venta de Playa del Rey, se lo devolví.

—Sí, carnal, porque siempre fuiste el único que me regresaba la lana. Preciso, me acuerdo en otro *Thanksgiving* que me hiciste el chile colorado, ¿te acuerdas? —comentó ella.

Era verdad. Una vez mandó dinero a todos los hermanos, incluyéndome a mí. Yo no estaba en la casa, andaba afuera en la chamba. Mayeli lo recibió. Lo quiso regresar ahí mismo, porque sabía que no necesitaban consultarme, pero se lo dejaron. Recuerdo que estaba en el escenario cuando sonó el teléfono que atendió mi compa Jorge Núñez. Me lo pasó y de una le dije a Mayeli que agarrara la camioneta y fuera personalmente a regresárselo a su casa. Así hizo. Le dijo que yo la quería mucho, pero no necesitaba el dinero, que le agradecía el gesto pero que mejor fuera un día a la casa a cenar, que le iba a cocinar un chile colorado. Así sucedió. Llegó a la casa, le hice su chile y ahí mismo me platicó que fui el único que le regresó el dinero.

Mi carnala buscaba el perdón y lo tuvo. Toda la vida supe que Jenni me quería mucho. Sus hijos también lo saben y me han recordado en varias ocasiones que se quejaba de que por qué yo no la quería a ella como ella me quería a mí, pues esa sensación cargaba a veces como consecuencia de ese carácter reservado que siempre tuve con mis sentimientos y de no ser tan explícito al decirle de viva voz lo mucho que también la quería. Por eso, aquella fue una conversación muy difícil y emotiva, porque era un arrepentimiento sincero. Brindamos con la emoción a flor de piel, en la intimidad del encuentro de dos hermanos.

Dentro de lo malo de su trágica partida apenas nueve días después, tengo al menos el consuelo de haber tenido esta plática con ella. Allá en las alturas, donde su alma crisálida de mariposa de barrio pasó a convertirse en un espíritu volador, sabe que por lo que respecta a ese pecado puede volar plena de paz. Y si a mí se me vuelven a saltar las lágrimas al contarlo, es justamente agradeciendo a Dios que me diera esa oportunidad de ejercer uno de los valores más grandes que Él nos enseñó, como es el del perdón.

El 1 de diciembre, amaneciendo el 2, fue la última vez que la vi y la abracé. Volvimos a contactarnos antes de que falleciera. La última vez que hablé con ella fue de una manera algo pintoresca, el miércoles 5 de diciembre a través de su *show* de radio. Yo llamé a la *hot line* porque le estaban haciendo una broma a mi papá y quise unirme a la broma fingiendo la voz. Fue algo espontáneo, bonito, en un ambiente muy relajado, cordial y fraterno.

Nunca es tarde para perdonar. Esa es la gran enseñanza de aquella noche inolvidable. Las envidias y las peleas entre padres e hijos y entre hermanos son algo muy feo, que desagrada a nuestro Padre celestial desde los tiempos de Caín. Léase esta reflexión, si se quiere, como un llamado a la conciliación entre todos los hermanos del mundo que anden peleados o distanciados, empezando por los que tengo más cerca. Bueno sería que todos limáramos asperezas antes de que, Dios no lo quiera, un día despertemos con el cargo de conciencia de que ya sea demasiado tarde. Mi mano está y estará siempre tendida para ese abrazo que selle la paz definitiva. La oración de mi mamá es que de una vez por todas cesen las peleas entre hermanos y estemos todos juntos y reunidos otra vez, así textualmente lo declaró rota en llanto en la entrevista para este libro.

De los tragos amargos de mi vida iba la cosa, y este que acaban de leer no lo podía obviar. Probablemente habrá gente malintencionada que lo malinterpretará, pero la verdad es que no hice mi biografía para esa gente, sino para mi público. Ojalá y este trago cambie el gusto del licor amargo por el calor fraterno de un abrazo.

Capítulo 22

HABLANDO DE MUJERES Y TRAICIONES

Mayeli era el polo opuesto de María en lo que a mi profesión se refería. Ella sí quiso acompañarme en las giras y en los eventos. Faltó a muy pocos, aunque muy significativos. Por ejemplo, el de Carolina del Norte el fin de semana en que murió Jenni. Aquella noche, la extrañé durante el *show* mientras paramos a ver la pelea de Juan Manuel Márquez con Manny Pacquiao. La victoria del púgil mexicano me puso bien contento en el escenario, cantando en plenitud, celebrando y pensando entre canción y canción que era una lástima que no estuviera ahí mi esposa para celebrar juntos, porque a nosotros nos gustaba mucho el boxeo y todo el rollo alrededor de ese deporte. Cada vez que ganaba un mexicano, sobre todo en Las Vegas, muchas veces con las victorias de Canelo, lo celebrábamos por todo lo alto, tomando y haciendo nuestras fiestas ella y yo solos. Eran momentos muy felices, propios de una pareja bonita que disfrutaba en plenitud de la vida y de su amor.

La sensación de ausencia aquella noche en el escenario la veo ahora también como un extraño presagio. Todo lo que se vino en la madrugada y al día siguiente tuve que sufrirlo sin tener al lado a mi gran apoyo, que era ella. El destino había dispuesto que me tocaba afrontar toda esa angustia solo. Fue como un tremendo alud que sepultó hasta la más mínima brizna de alegría. El impacto de la muerte de mi hermana en mi equilibrio emocional afectó todos los aspectos de mi vida y mi entonces esposa fue uno de los pilares donde traté de apoyarme en aquellos meses de trago y trabajo a destajo para tratar de distraer la mente. Quise sostenerme dentro de mi salud conyugal para contrarrestar todo lo que estaba padeciendo.

Afortunadamente, tampoco me acompañaba Mayeli en mi desplazamiento a Puebla para una presentación en la Feria de Petlalcingo el sábado 9 de abril de 2016. Ese mismo día, había subido yo una fotografía a mis redes sociales en el restaurante, donde comimos delicioso. En la noche, tuvimos la presentación y sobre las dos de la madrugada del domingo, una vez terminada mi actuación, pusimos rumbo de regreso a la Ciudad de México en la camioneta Chevrolet tipo Suburban de color negro que andábamos usando.

No habíamos andado casi nada cuando sucedió el asalto. Unos tipos trataron de secuestrarnos. Estábamos apenas dejando las instalaciones del evento, calculo que máximo a unos 300 metros, cuando dos carros se nos pusieron enfrente cortándonos el paso. Los delincuentes se bajaron armados, preguntaron por el mánager y, al ver que estaba sentado en la parte posterior del vehículo, se hicieron en el asiento de atrás de la camioneta. Al subirse, una de las personas que iban atrás se tuvo que desplazar para hacer espacio a los dos tipos armados. Era mi asistente, quien abrió la otra puerta para bajarse. Al mismo tiempo que él abrió la puerta y se encendió la luz, yo aproveché para abrir la del pasajero y me bajé también sin que se dieran cuenta. Eso me ayudó a escapar. Yo pude zafarme, pero el chofer y mi mánager sí quedaron secuestrados. Enseguida, me encaminé hacia el evento mezclándome con la gente que salía, camuflado como pude bajo una cachucha y una chamarra. Entré y me puse a ver el *show* de Los Recoditos como si fuera un fan más, mientras iba buscando policías. Cuando ubiqué a los municipales, les ofrecí como 5,000 dólares para que me dieran las armas e ir a defender a mi gente del asalto, explicándoles que me estaban queriendo secuestrar. No quisieron hacerlo de esa manera. Mientras se resolvía la situación y llegaba gente que nos diera auxilio, me escondí en la camioneta de la señora que vendía flores en el evento. Cuando Los Recoditos acabaron de cantar, me fui a su autobús custodiado por la gente de seguridad, esperando que llegase la ayuda. Cuando por fin llegó el promotor del evento, Arturo Cruz, con serenidad y mente fría tratando de enfrentar adecuadamente la situación, le hice saber que tres sujetos armados intentaron secuestrarme.

—¿Qué pedo? ¡Me quisieron chingar! ¿Qué está pasando? Unos tipos armados me quisieron levantar. Me les escapé, pero se llevaron a mi chofer y a mi mánager.

Al poco tiempo, escuché llegar un helicóptero y el operativo policial se puso en marcha. Mi chofer y mi mánager aparecieron vivos, gracias a Dios, en el municipio de Acatlán de Osorio. Ese mismo día, los agarraron. Detuvieron a un joven que el chofer identificó como la persona que le pidió que le entregara el dinero que había cobrado por la presentación, por lo que parecía obvio que el móvil era el robo. Ese mismo domingo se hizo el juicio, algo insólito. Creo que he sido el único mexicano que pudo sacar a un juez de misa para llevarlo al juzgado de volada. Al menos, eso era lo que me decía la secretaria mientras se celebraba la vista sumarísima. Me gastaron más de una broma a partir de eso en fiestas privadas donde me presentaba. Se preguntaban qué tipo de contactos podía yo tener para sacar a un juez de misa. Mi respuesta era siempre la misma.

—Yo nomás canto, no se crean. Yo no conozco a nadie.

Por fortuna, salí airoso de aquello. La cosa se quedó en susto, pero ese contratiempo marcó un antes y un después. Cuando volví a Los Ángeles, hablé con Mayeli y desde ese momento dejaría de acompañarme en mis presentaciones en México. Yo temía por su seguridad, ignorante del peligro que muchas veces corríamos sin saberlo.

Me pregunto si con esa decisión de dejar de llevarla a las giras generé un efecto mariposa que desembocó en un divorcio. Tenía la lección aprendida de lo que pasó en mi primer matrimonio. No era buena idea dejar a la esposa en la casa sola sin hacer nada de la noche a la mañana, mientras yo trataba de relanzar mi carrera tras el largo silencio que siguió a la muerte de Jenni. Sin embargo, en este caso había algo que me tranquilizaba. Mayeli ya trabajaba por su cuenta, se sentía realizada y se mantenía ocupada en el tiempo que yo me la pasaba fuera en las giras. Por supuesto, yo había contribuido a que así fuera y a convertir otro sueño suyo en realidad. No se trataba de darle pescados sino de conseguirle una caña para pescar. La apoyé para que se convirtiera en empresaria, empezando por montarle una escuela de maquillaje en Temécula junto a una línea de productos que complementaban y enriquecían una línea de pestañas que ella ya tenía. Para poder hacer esa inversión, vendí una propiedad en Los Ángeles, un dúplex que tenía en South Central, gracias a lo cual se puso todo el negocio en marcha.

Aparte de su propio trabajo, mi exesposa había hecho la tercera temporada del reality *Rica, famosa, latina* y estaba en el elenco de la cuarta, que iba a emitirse ese mismo año. Acudió a cubrir la baja de Elisa Beristain, a la que, al parecer, le dio un ataque de ansiedad que le impedía continuar. Su esposo, que no era otro que Pepe Garza, fue el que me preguntó si Mayeli podía cubrirla para la tercera temporada, que se extendió del 21 de septiembre al 25 de noviembre de 2015. Yo le dije que no había ningún problema. Repitió en la cuarta del 6 de septiembre al 1 de diciembre de 2016.

Su paso por el *show* tuvo un efecto colateral positivo, que fue el negocio de las proteínas. Mayeli tenía mucho pesar porque, de algún modo, se convirtió en la gordita del *show*. Regresó enojada porque decía que todo el mundo se burlaba de su sobrepeso. Por ese entonces, luego del flirteo con el alcohol, yo había dado un giro radical a mi estilo de vida. Afortunadamente, dejé atrás el trago al que me arrastró el período sombrío tras la pérdida de mi hermana y mi sobrina. Empecé a hacer mucho ejercicio. Me puse bien marcado gracias a la disciplina con la rutina del gimnasio y a la mejora de la alimentación. Aprendí la importancia de la nutrición en la dieta diaria para una vida sana. Desde entonces sé mucho de nutrición. Es uno de mis pasatiempos favoritos. Me encantan los alimentos y la cocina, como bien se pudo ver en los videos que hice poco después.

Antes de que ella acudiera a la televisión, solía pedirle que me preparara suplementos alimentarios con determinadas combinaciones de nutrientes que yo le sugería, bautizando con diferentes nombres a cada una de esas fórmulas. De esa imaginación que le echaba a la cosa, surgió, por ejemplo, el Skynny Bitch, nombre que se me ocurrió tras su paso por la tercera temporada del programa. Yo trataba de consolarla. Le decía que había más gente gordita que flaquita. A raíz de eso nos pusimos a hacer la línea de las proteínas. Hicimos unas pastillas que llamamos Adiós Fat y otros productos, como el Skynny Glate, del café, para adelgazar. Después conocimos a Daisy Cabral, quien había fundado en 2014 la marca Bella All Natural. Nos asociamos con ella para desarrollar el negocio de las proteínas. Yo me quedé como mero asesor del negocio y puse todo mi poder de influencia a través de internet al servicio del emprendimiento. Me da gusto que eso le haya servido a ella para tener un negocio productivo. Dicen que de bien nacidos es ser agradecidos, pero la gratitud debe ser virtud espontánea, no virtud que se deba rogar.

Los celos podían ser la herramienta hiriente en esa teoría del efecto mariposa que pudo haber generado el hecho de que dejara de acompañarme. Los primeros síntomas fueron las broncas que de ellos se derivaban. Una vez que ella dejó de estar a mi lado en mis presentaciones, le dio por sacar a pasear la idea de que yo me la pasaba de cabrón en los conciertos. Para tratar de frenar sus celos, hice algo que uno suele hacer de buena voluntad, pero que acaba siendo un error. Le di el acceso a todas mis redes sociales. En esos momentos, creía que aquello no estaba mal. Ella tomó las riendas y el control de todo lo que se publicaba en mis redes oficiales y, por supuesto, podía comprobar si llegaba algún mensaje sospechoso vía Facebook, Instagram o Twitter. Siempre ha habido fans que te mandan todo tipo de mensajes, algunas de ellas muy guapas. Era un caldo de cultivo para esos celos. Yo lo hacía también por el bien del matrimonio, para que ella estuviera tranquila teniendo ese control.

El resultado fue desastroso, al menos para mis intereses comerciales como artista. Por momentos, parecían unas redes encaminadas más a promocionar sus negocios de maquillaje o proteínas que a promocionar mi propia carrera. A través de ellas, canalizaba buena parte de las ventas que se quedaba ella íntegramente. Yo jamás vi un centavo de eso ni tampoco se lo reclamé. Por otra parte, lo miraba como un gesto de confianza. Era, al fin y al cabo, mi esposa y confiaba que con eso tuviera en cualquier momento el gesto de aportar algo al hogar conyugal.

De ahí vino la segunda causa de desgaste del matrimonio. El negocio de las proteínas creció tanto que llegó un momento que ella percibía una cantidad de dinero mensual muy importante. No sé hasta qué punto eso activó su codicia, pues de la noche a la mañana salió con un ambicioso anhelo. Había una casa en Temécula que ella había deseado desde que la vio. Era un rancho que, a primera vista, parecía la casa de Harry Potter. Viendo cuánto la deseaba, le comenté que podíamos comprar esa casa. Me preguntó cómo le iba a hacer. Era muy sencillo. Se me ocurrió amarrar un trato con Daisy para que le diera un adelanto fuerte a cuenta de las liquidaciones mensuales por las ventas previstas para el año siguiente. Daisy agarró a su contadora, que le hizo un cálculo de las ventas de enero a agosto de 2018, que ascendía a 1,700,000 dólares en una proyección moderada. Le propuse entonces que Bella All Natural le diera un adelanto de 1,300,000 a Mayeli y que, una vez amortizado, todo lo que Daisy vendiera de ahí en adelante en ese periodo se lo podía quedar directamente sin rendirle el porcentaje a mi esposa. Si luego ella lograba vender dos millones, por ejemplo, no tendría que dar cuentas de los setecientos mil de excedente. Estuvo de acuerdo y en eso cerramos el trato. Así logró comprar esa casa que tanto le gustaba. Yo empecé a ayudarla para acomodarla a su gusto, hasta que pasó lo que pasó y todo se vio súbitamente interrumpido.

El trato con Daisy lo cerré en noviembre de 2017. Ese año no fue bueno para mí. Tuve fechas muy limitadas. Fue precisamente por eso que yo, por primera vez en mi vida, le pedí a mi esposa que me ayudara a pagar algunas facturas de la casa y los regalos de Navidad. Lo entendió perfectamente y no hubo ningún problema. Aquel mes de diciembre destinamos parte del dinero que ella ganaba a cubrir esos gastos. En enero de 2018, volvió a suceder lo mismo. Habían pasado las Navidades y yo no había hecho nada, y por eso no había generado ningún dinero, de modo que volví a pedirle que echáramos mano de sus ingresos. Accedió de nuevo, pero en esta segunda ocasión lo hizo de mala gana, enojada y quejándose.

—¡No estoy dispuesta a vivir con alguien así! No voy a estar pagando las cosas de la casa. Necesito que las cosas estén pagadas, así que tú verás cómo le vas a hacer —me dijo textualmente, haciéndome sentir toda la pena y el malestar del mundo.

Por una parte, lo podía entender, pues yo siempre me había hecho cargo de todo sin fallar jamás, pero, por otro lado, no esperaba de ella esa reacción. Como mínimo, no era justa. De algún modo, los dos sabíamos que esos ingresos los obtenía gracias a mis redes sociales, de manera que podía considerarlos míos también, por no hablar de que yo había sido quien le había invertido y puesto en marcha los proyectos, y yo le había conseguido la negociación del anticipo. Lo peor de todo es que aquella actitud suya me quebró el corazón. No me la vi venir en absoluto. Más bien, esperaba todo lo contrario, que se comportara como parte de una pareja solidaria, como la pareja bonita en todos los sentidos que se suponía que éramos.

Aquello me rompió. Fue muy decepcionante. Cuanto más pensaba en todo lo que había hecho por ella, más tristeza sentía. Lo de los celos lo había podido controlar, pero esto abría una grieta muy grande en mis sentimientos hacia ella. Una persona que se comporta así por el dinero, que solo está contigo en las buenas y te da otra cara bien distinta en las malas, delata la verdadera esencia de su alma, y esa esencia no me gustaba. Me acordé de lo que me dijo un día mi hermana Jenni. Ellas nunca se acabaron de llevar. No fueron las grandes amigas, no fluía la energía. Tuvieron sus roces porque Jenni tenía el carácter que tenía. No se callaba nada. Un día le pregunté de frente y me respondió por qué no le caía bien.

—*Bro*, esa mujer no me gusta, no me inspira confianza alguna, y te digo una cosa: ojalá me equivoque, pero esa mujer, en cuanto aprenda todas las cosas que tiene que aprender de la vida y de cómo funcionan las cosas aquí en los Estados Unidos, se va a abrir y te va a dejar.

Aquellas palabras de Jenni retumbaban con fuerza y desasosiego en mi mente en aquellos inicios de 2018. Desde ese momento, sentí que empezó a cambiar todo, como si el reloj de una cuenta regresiva se hubiera puesto en marcha. En realidad, el cambio en ella comenzó cuando en diciembre le pedí ayuda para pagar las facturas. Si bien en esa primera ocasión no dijo nada, ya hubo detalles que me invitaban a pensar que un interruptor invisible se había activado. El distanciamiento no hizo sino crecer. En el mes de febrero, me di cuenta de que empezó a irse a las juntas de negocios por su cuenta, sin decirme ni consultarme nada, como solía hacer siempre. Alargaba las salidas en cenas con sus socias, regresando a la casa tipo dos de la madrugada. No me contestaba las llamadas como antes; lógico, por otra parte: cuando la mujer te anda engañando, no quiere que la molestes para nada. Yo permanecía en el hogar con los morros evitando pelear por esa actitud para no agudizar el pleito, que ya de por sí traíamos por culpa del dinero.

Mi condescendencia no ayudó en absoluto. Al contrario, su comportamiento empeoró al punto de que en el mes de abril me enteré de que había hecho cosas indebidas. En ese mismo instante, sin pensármelo dos veces, le pedí el divorcio. De un día para otro. Cosas indebidas son engañar al esposo con una infidelidad. Mayeli pudo haber dicho todo lo que quiso para justificar el divorcio —le escuché incluso jurar y usar el nombre de Diosito en vano en televisión—, pero la verdad es una sola: me fue infiel y traicionó nuestro matrimonio con una aventura con uno de los músicos de la banda que me acompaña en las presentaciones en los Estados Unidos. Él mismo llegó a contármelo porque tenía miedo de mi posible reacción. Temía que me pudiera enterar por otra vía y que mi reacción contra él fuera imprevisible. Uno nunca sabe, bajo los códigos de barrio, lo que puede suceder con un hecho de este calibre. Cuando me lo confirmó, yo ya lo sospechaba. Me habían mandado algún video incluso en el que se les veía juntos. Lo que hice fue darle las gracias por su honestidad. Normalmente, cuando un hombre se mete con una mujer casada, el marido se enoja con el bato cuando la que tiene la culpa es ella, no él. Hoy que lo cuento, le vuelvo a agradecer que me abriera los ojos y, aun con dolor, pudiera quitarme ese peso de encima.

Corté de raíz, me repetí a mí mismo que no ocupaba terapia, ni tener que ir a la iglesia para hablar con los pastores. Nada de nada. Corté por lo sano y punto. El 21 de abril de 2018, una semana antes de nuestro aniversario de bodas, le pedí el divorcio de una vez. Ella no lo aceptó. Fue lo último que le escuché decir, porque me fui a un hotel a la espera de resolver todos los detalles y, a partir del 22 de abril, no volví a hablar con ella.

Mi decisión repentina agarró con el pie cambiado a todo el mundo. Nadie podía esperar una cosa así, máxime cuando nos tenían en un ideal de pareja feliz, ejemplar y sólida donde las hubiera en el medio. Cuando se lo comuniqué a Ninette Ríos y a Jessica Maldonado para tenerlas sobre aviso, no daban crédito. Yo he mantenido una amistad constante con ellas hasta la fecha, y he valorado mucho que antepusieran la amistad al instinto profesional de querer soltar una nota de gran impacto, como en este caso. Ninette me invitó a recapacitar, a tratar de buscar una salida que no fuera tan traumática, pero cuando le platiqué acerca de las cosas indebidas que ella andaba haciendo, ahí mismo me reconoció que era imposible regresar. Jessica, por su parte, me aconsejó que fuera a la corte a poner la demanda de divorcio sin perder un solo segundo una vez que también le compartí la causa última de mi decisión. Le agradecí entonces y le agradezco ahora ese consejo, pues era completamente acertado.

—Lupe, si no lo haces ya mismo te van a voltear toda la nota. Los medios te van a voltear todo el rollo. Ella va a mentir sin pudor aprovechándose de que no vas a contar lo que ha pasado, y tú vas a ser el malo de la película. Acuérdate de lo que pasó con el divorcio de María y acuérdate de lo que te estoy diciendo —respondió con absoluta y profética certeza cuando le pregunté por qué debía darme tanta prisa.

Se cumplió exactamente lo que me advirtió. Baste tan solo recordar algunas frases textuales de Mayeli en *Rica, famosa, latina* que tergiversaban los hechos y me pintaban como un celoso enfermizo que rompió el matrimonio mientras ella estaba muy enamorada: "¿Cómo es posible que pongas en duda la lealtad de una mujer que ha estado contigo en las buenas y en las malas?", dijo. Y añadió: "Agarré mis cosas y, se los juro por Diosito santo, nunca regresé. Mi dignidad y el ejemplo que yo le tenía que dar a mi hija eran más fuertes que el amor, porque yo me fui de ese lugar enamorada y muy herida". También dijo que la busqué después para que regresara. No hay una sola verdad en cada una de sus palabras. Puse en duda la lealtad, porque su amante me confesó lo sucedido. Me dio todo tipo de detalles que, por elegancia, no voy a reproducir. Jamás le pedí regresar. Mi decisión fue firme e irrevocable. Por no aceptar, no acepté ni el dinero que me ofrecieron para aparentar que todo estaba bien y evitar que se dañara el negocio.

La historia se repitió. Mayeli difundió acusaciones falsas contra mí, hurgando en las difamaciones que se me hicieron cuando la conocí, mintiendo para tratar de dibujar el perfil de un hombre celoso, promiscuo, infiel y machista, que no se corresponde con la verdad. Ella conoce la realidad, eso debe ser suficiente como para darle trabajo a su conciencia. Tampoco estaría mal que revisaran sus conciencias aquellos que se atreven a juzgar públicamente a las personas sin saber la realidad de los hechos. Lo que sí reconoceré es que arrancármela así de golpe y porrazo fue como arrancar una muela con unas tenazas y sin anestesia. El dolor del momento era inmenso, sin más consuelo que creer que era un dolor necesario para cortar de cuajo ese otro dolor diario que la muela podrida me iba a generar. Fue ahí donde empecé a hacer cierto el dicho que reza que uno conoce a la mujer con la que se casa, pero no a la mujer de la que se divorcia. Estoy pensando que seguramente mi hermana Jenni tenía razón.

Capítulo 23

EL PODER DE LA MENTIRA

La etapa que comenzó con mi decisión de cortar drásticamente mi matrimonio con Mayeli se convirtió en el día de la marmota. Me preparaba, por segunda vez en mi vida, para repetir la crónica del poder de la mentira, de la crueldad de determinados periodistas en el ejercicio de su profesión, con consecuencias más devastadoras que en las ocasiones precedentes. La crisis existencial que provocó el tsunami mediático de falsedades que sobre mí se dijeron, generadas desde mi exesposa y su entorno, me afectaron tanto que estuvieron a punto de costarme la vida.

El cielo volvió a oscurecerse y los tragos amargos regresaron con un abuso descontrolado y una amenaza de final trágico. Tampoco es fácil rememorar esos días. Tal como me sucedió al abordar el recuerdo de la muerte de Jenni, narrar las catastróficas consecuencias del divorcio de Mayeli sacude mis entrañas. Pocas veces en mi vida me he sentido tan solo y abandonado a mi suerte por todo el mundo, incluida mi propia familia, que a esas alturas estaba más predispuesta a creer los chismes que a creerme a mí.

La primera batería de mentiras vino derivada de la consecuencia inicial de la separación repentina. Le reclamé mis redes sociales. Eran mías, estaba en todo mi derecho. Ahí me llevé la primera sorpresa. A la mujer con la que me casé nunca la creí capaz de robarme nada. Sin embargo, la mujer de la que me estaba divorciando me robó la cuenta de Instagram en cuanto se la reclamé con los miles de seguidores que tenía, cambiándole directamente el perfil a la línea de productos de ella. Estuvo a punto de hacer lo mismo con la de Facebook, pero esta la pude recuperar. En Instagram me tocó hacer una cuenta nueva partiendo de cero.

Su obsesión por mis redes era lógica, porque perderlas significaba perder una gran capacidad de venta de la línea de productos, y esa nueva situación afectaba a la negociación que se había hecho con Daisy Cabral. Por eso, no tardó mucho en tener serios problemas con Daisy, que le reclamó el notorio descenso de los ingresos y su capacidad de generar el dinero que le restaba por amortizar. La caída drástica de las ventas fue inmediata y amenazaba con no cubrir el adelanto de 1,300,000 dólares. Se exponía a una demanda y quería forzar que yo regresara con ella sin más objetivo que recuperar el nivel de ingresos que había logrado merced a manejar las redes oficiales de Lupillo Rivera, para de ese modo salir del problema con su socia. La desesperación la invadió y la hizo pasar inmediatamente a la acción, porque la separación la estaba afectando en el ámbito económico. Al poco tiempo de haberme mudado temporalmente al SpringHill Suites Temecula Valley Wine Country, el hotel donde me hospedé tras abandonar la casa, me mandó hasta allá a su contadora, Nancy, con un cheque de un millón de dólares.

—Te traigo este contrato, Lupe; no queremos que te vayas a divorciar. Por favor, reconsidera tu postura y acepta esta oferta porque no le conviene a nadie esta situación. Mayeli no se quiere divorciar y te estamos ofreciendo este millón de dólares para que no lo hagas.

—Muchas gracias, pero dígale que no, no ocupo el dinero. Dígale que no hay trato, el divorcio sigue adelante —contesté categórico.

Era obvio que a Nancy tampoco le convenía: ella agarraba un porcentaje de las ganancias de Mayeli. Por ello, no me extrañó el tremendo coraje que agarraron tanto ella como su equipo de gente porque, en efecto, todo el mundo perdió. Se ha de temer a la gente despechada y embargada por la ira —ya me podía ir preparando—, porque era justo lo que dejaba en el camino: gente con mucha rabia que había puesto una diana imaginaria con mi rostro en todo el centro, y los dardos no se harían esperar. A partir de entonces, no hizo sino tramar una especie de extorsión. Si no regresaba con ella, amenazaba con generar un sinfín de cosas volteadas. Iba a convertir la historia del divorcio en una vil mentira, lista para reproducirse en el altavoz de los medios, que podría ser letal para mi imagen como artista. "Cría cuervos y te sacarán los ojos", ¡qué sabio el refranero! Si era y sigue siendo famosa, es porque era mi esposa. No tuvo ningún remordimiento para agradecérmelo de esa manera tan rastrera.

Su chantaje no tuvo éxito. No di mi brazo a torcer y la amenaza se cumplió echando mano de todos esos contactos en los medios que en su día obtuvo también gracias a andar conmigo. No tuvo el más mínimo escrúpulo para usarlos como arma arrojadiza contra mí, algo que ni de lejos pude imaginar de aquella mujer en los días de vino y rosas, completamente enamorado, en los que compartíamos cama y aventuras, en los que la sentía como un apoyo, en los que hacerla feliz cumpliéndole todos sus sueños era parte de mi propia felicidad.

Una vez más, de manera injusta, la prensa me daba en toda la torre. La versión de la supuesta mujer empoderada frente al tipo machista e infiel era carnaza para las alimañas amarillistas. No quiero generalizar por no ser injusto, pues tengo grandes amigos dentro de la prensa, donde hay gente muy profesional y honesta, pero no he conocido perfil más mezquino y cruel en mi vida que el del periodista sensacionalista al que le importa nada la verdad. Tienen más sangre fría que la de algunos sicarios y mafiosos que se han cruzado en mi camino. Son como pirañas devorando su presa, sin pararse a pensar por un momento si esta era o no inocente. Te destrozan y se regocijan en tu destrucción. Es el poder de la mentira, el gran poder destructivo de la mentira.

De ahí surgieron todos los chismes falsos, las armas que cual carnaza usaron las pirañas, como la historia del supuesto *threesome*, un invento de una hipotética perversión mía al que achacaban nuestra ruptura. Me volvieron a acusar en falso: que si yo era machista, que si la tenía presa en la casa, que si me gustaban los tríos. Cualquier cantidad de falsedades y estupideces. Me hacía mucha gracia que ciertos medios airearan eso sin parar siquiera a preguntarse cómo la habían conocido a ella, porque si hubiera sido cierto que la tuve encerrada poco menos que en régimen de casa por cárcel, ellos jamás la habrían visto. ¿Se habían preguntado si conocían a las esposas de otros artistas? Ni siquiera una vez respondí a esas infamias tratando de aclarar las cosas. Sabía que no servía para nada y además era un tremendo desgaste. Por eso ni me tomaba la molestia. Si se la toma cualquier lector para buscar esas notas, creo que no las van a encontrar.

En una ocasión le formulé así tal cual la pregunta a Raúl de Molina cuando le pedí cuentas de por qué me andaba llamando machista.

—Oye, Raúl, ¿y tú cómo chingaos conociste a mi esposa si resulta que soy un machista que la tenía todo el rato encerrada en la casa?

—No, pues la conocí a través de ti —admitió.

—¿En dónde? —insistí.

—Pues, aquí, en una entrevista, recuerdo que me la presentaste.

—Pos, ¿y entonces?

—Es que eso no tiene nada que ver.

—¿Cómo que no? ¡Claro que tiene que ver! —enfaticé indignado y cargado de razón en mi defensa, preguntándole a continuación si conocía a las esposas de otros artistas que le nombré. Efectivamente, no conocía a ninguna.

Era una lucha desigual. Daba lo mismo si uno tenía razón o no. Siempre se perdía en aquellas peleas. Los medios tenían el poder y la sartén por el mango. Yo por eso trataba de ir solo a programas en vivo, donde no tenían la oportunidad de editar las entrevistas. Pero, claro, eso no les convenía. Los productores me tenían pánico en ese sentido. La verdad les daba lo mismo si no se ajustaba a sus intereses y a su relato. No importaba. Tampoco era la primera vez que soportaba una campaña basada en hechos falsos en contra mía. Aprendí a convivir con eso, porque hasta la fecha sigue sucediendo. Hablar mal del artista es más rentable que hablar bien. El morbo vende. Es más rentable decir que soy un mujeriego que se la pasa restregándose con mujeres después de los conciertos, que decir que después del *show* me retiro a descansar para preparar el del siguiente día. A ellos no les importa la verdad. La verdad, de hecho, ha dejado de importar. ¿Por qué respetar la verdad si nos funciona mejor la mentira? Hay un axioma muy célebre: "No dejes que la verdad te estropee una buena noticia". Procede de una película protagonizada por Tony Curtis y Natalie Wood, acerca del cinismo de la prensa sensacionalista. Negar la realidad no es patrimonio de los periodistas. Es la base de la estrategia que hizo famosa el publicista de Hitler: repetir mil veces una mentira para convertirla en verdad.

De justicia es decir que no todos son así. Quiero insistir y hacer énfasis en esto. Hay muchos reporteros y medios que me conocen desde hace muchos años, que saben perfectamente cómo soy y cómo me he comportado toda mi vida. Han sido espontáneos y sinceros en muchas reuniones de amigos.

—¿Lupillo, un trío con su esposa? No mamen —les he escuchado más de una vez, contagiándome de la hilaridad que semejante barbaridad produce a los que conocen el tipo de persona que soy.

Esos periodistas son conscientes de las falsedades que se han levantado y del verdadero papel de Mayeli en cuanto contenido mediático ha generado. Eso, en el fondo, le da mucha paz a mi conciencia y mitiga la tristeza de ver cómo ella se enfocó en que los medios difundieran puras mentiras con el fin de volcar negatividad sobre mí, ignorando deliberadamente las muchas cosas positivas que hice por ella y por su familia, de las que ya he dejado testimonio en estas páginas.

En torno a mis hijos encontramos otra ración de mentiras que no caducan, pero que se desmoronan en la más mínima confrontación con la realidad. Una de esas notas tendenciosas decía que mi hijo L'Rey se había ido a vivir con su mamá. La presentaban como la gran mamá. Todo era mentira: ni mi hijo me dejó nunca, ni ella sabía siquiera su plato favorito. L'Rey se crio conmigo. Después del divorcio, cada vez que yo tenía que irme a las giras por México o dentro de los Estados Unidos, él se quedaba en las casas de sus amigos, nunca con la mamá. Sí la visitaba, pero jamás vivió con ella. Lupita sí se quedó viviendo con Mayeli hasta los 18 años, pero una vez que alcanzó esa edad y tuvo libertad para elegir, se mudó conmigo. Esos son los hechos reales, en contraste absoluto con la falsa teoría, repetida por los medios, de que ella crio a sus hijos. Pueden dar fe de esto mujeres con las que he convivido después de divorciarme. Ellas han visto con sus ojos cómo me despertaba temprano para llevar a mis hijos a la escuela, les hacía de comer, los llevaba a hacer deporte, los cuidaba, les lavaba la ropa, les limpiaba la casa y les tendía sus camas. Esas mujeres me confesaban —pueden dar testimonio de eso— que ese lado paternal mío ejercido con tanto esmero y cariño era lo que más les atraía de mí. No se imaginaban ni de lejos que yo fuera un padre así. Se quedaban perplejas porque cuando llegaban a mi vida, lo hacían creyendo los chismes, pensando que era la mamá la que los criaba. Y, ¡sorpresa!, no era así.

Aclarado todo eso, digo con sinceridad que me da mucho gusto que Mayeli haya conseguido salir adelante partiendo de cero, sean cuales fueran los medios que haya utilizado, directa o indirectamente a mi costa. No soy hombre de rencores. Ella sabe perfectamente que muchas notas que le hacían en medios de máxima difusión para promocionar su maquillaje o el salón que abrimos en Temécula eran por mí. Ninette Ríos puede dar fe, por ejemplo, con la que entonces era su jefa, Luz María Doria. Esa productora le daba el visto bueno a notas de tipo promocional del negocio por tratarse de mi esposa, porque lo tomaban como un modo de apoyarme a mí. Ella hizo el reportaje del lanzamiento de su línea de maquillaje. El rencor es un arma diabólica y no estamos para esas. No se me puede olvidar que el signo de la cruz siempre vence.

Fue un final muy triste para ese matrimonio, pero yo puedo decir con la cabeza bien alta que le cumplí todos los sueños a Mayeli. No me arrepiento de nada. Mi deber como esposo siempre ha sido engrandecer a la mujer, y he seguido mi filosofía de vida a rajatabla, desde el momento en que me comprometí con mi primera esposa. Cuando amas a tu mujer, es un placer y un gusto hallar la manera de hacerla crecer y convertirla en una mujer exitosa. Mi mayor satisfacción, lo que más agradezco a Dios, es que fui una persona determinante en la vida de esa otra persona, alguien que se cruzó en su camino para mejorarlo. Es posible que Mayeli muchas veces se haya preguntado qué habría sido de su vida si nuestros caminos no hubieran hecho intersección en aquel concierto de la ciudad de Chihuahua de 2003. Le doy las gracias por todo lo que me dio y deseo que le vaya muy bien en todos los sentidos. Por nuestras buenas o malas obras, solo Dios nos puede juzgar; por tanto, no lo haré yo.

En el divorcio, al menos, nos arreglamos sin mayor pleito. Fue un divorcio exprés. Llegamos a un acuerdo rápido sin un *child support*, porque yo no lo acepté. En ese entonces, ella estaba ganando más dinero que yo y debía pasarme la pensión de alimentos a mí, pero yo no quise recibirla. Qué bueno tener ocasión de dejar esto bien claro, pues así ocurrió, por mucho que algunos periodistas se empeñaran en difundir versiones intoxicadas y falsas con tal de perjudicarme. Acordamos que yo me quedaba con L'Rey y ella con Lupita, y cada uno mantenía a ambos por su cuenta. Así ha sido sin mayores complicaciones desde entonces. De mi buena predisposición da fe una anécdota el día de la graduación de Lupita. Me pidió que nos tomáramos la foto juntos toda la familia y noté que lo hizo con temor. No tuve ningún problema, saludé cordialmente a Mayeli y la hicimos. Fue algo muy bueno, porque tuve ocasión de hablar con mis hijos y decirles que, más allá de lo que pudieran ver y leer en las redes sociales, yo estaba muy agradecido con su mamá por todo lo que me dio, y ellos podían tener la total libertad y confianza de pedir una foto así. Mi hijo me dijo ese mismo día, de regreso, que no nos habíamos tomado una foto los cuatro juntos desde 2014. Se me salió una lágrima.

No tengo comunicación con ella, como no la tengo con María, por respeto a sus nuevas vidas. Mejor evitar cualquier tipo de interacción que genere algún problema. Lo último que puedo decirle es que mi memoria conservará siempre los buenos momentos vividos juntos y mi corazón perdonará lo que haya que perdonar.

Capítulo 24

S.O.S DEPRESIÓN

Tenía 46 años. Cerraba otro ciclo de 15 años de mi vida. Se consumó la separación, interpuse la demanda de divorcio, volví a la casa y me quedé viviendo con mi hijo. No calculé bien mis fuerzas. Pensé que no precisaba ayuda de ninguna naturaleza, me abandoné a mi suerte y me deprimí bastante. Infravaloré los estragos que sobre la salud mental puede provocar el poder de la mentira, más devastador que nunca. Recuerdo un día muy crítico en el que estaba solo en la casa, en unos de esos intervalos en los que mi hijo se iba a visitar a su madre. Aquel día, habían difundido una nota especialmente cruel, plagada de embustes, que dibujaba a una porquería de hombre que nada tenía que ver con mi personalidad, mis actos y mi forma de ser, pero que presentaban con mi imagen, mi nombre y apellido. Mastiqué la injusticia yo solo y me emborraché hasta vaciarme de lágrimas y quedarme dormido.

Un divorcio es lo más triste, doloroso y feo del mundo, máxime si eres una figura pública expuesta a todo. En diciembre de 2018, le concedí una entrevista a la periodista Adela Micha, donde más que nunca se hace bueno el dicho de que el rostro es el espejo del alma. Mi rostro y mi tono de voz reflejaban en cámara de manera notoria el dolor que arrastraba y la depresión que padecía. A cada rato, se me venía una lágrima y me quebraba. No podía ni hablar, sobre todo cuando me tocaba el tema del trato de la prensa. Tenía atragantadas todas esas patrañas. Le dije a duras penas que debía callar sobre las causas del divorcio por mis hijos. Mi mayor dolor era por ellos.

—Hay que aprender a perder, a levantarse, a seguir adelante y dejar todo a un lado nomás —fue una de mis respuestas a media voz y con el rostro compungido.

No he variado mi filosofía hasta hoy, seis años después, que rescato ese dolor para contarlo. Nunca iba a pelear por la custodia, porque reconozco que los hijos, en este sentido, pertenecen a la mujer. Ella los carga nueve meses en su vientre y sufre el dolor de traerlos al mundo. Eso debe darles alguna ventaja al menos, y por eso nunca me pondría en la tesitura de que un hijo no vea a su madre.

Tampoco era correcto hablar mal de una mujer que amé y que me entregó 15 años de su vida. He tratado de evitar detalles incluso a la hora de sincerarme en esta biografía para no faltar a mi palabra, si bien el lector tiene elementos de sobra para deducir lo que sucedió. Cuando Adela Micha me preguntó si era cierto lo que se decía respecto a que la principal causa de la ruptura era que había una tercera persona, en clara alusión a una posible infidelidad de ella, yo me quedé en silencio durante varios segundos. Cualquiera puede ir a YouTube a ver la escena. Es un silencio que dice más que mil palabras. Finalmente, respondí que, por la salud emocional de mis hijos, no iba a decir nada malo en contra de su mamá. Dije que para mí fue una reina y como tal la traté, que lo que fuera que pasara era íntimo de ambos.

He conservado los detalles de esa intimidad, pero sí, mis lectores ya conocen que hubo una tercera persona.

Superar el divorcio de Mayeli ha sido el mayor sufrimiento por amor que he soportado en mi vida. Puedo compararlo en intensidad al del divorcio de María, pero en aquella experiencia tuve el atenuante de mi culpabilidad. En esta, el agravante de la traición. Estaba muy enamorado. No me desenamoré de inmediato. Fue un proceso lento que tuve que sufrir en silencio. El tiempo todo lo cura, pero me costó mucho. Tenía muchos arrebatos nostálgicos de querer recuperar a mi familia. Lo pasé muy mal.

Cada vez que L'Rey se iba dos o tres días de visita con su mamá y me quedaba solo en la casa, me ponía a tomar de manera descontrolada. Me arrojé nuevamente en brazos de los tragos, más amargos que nunca, una tormenta que volvía a descargar sobre mi alma, un nuevo golpe del que había que levantarse, pero que estuvo más cerca que nunca de hundirme, como en los peores días de la depresión posterior a la muerte de Jenni. Entonces fueron mis músicos los que impidieron que cometiera una estupidez que pudo ser mortal. Ahora me iba a salvar Shirley Arroyo. Puedo decir que fue otro ángel de la guarda. Gracias a ella, pude levantarme del golpe con la seguridad de que iba a ganar aquella pelea. Fue la única persona que estuvo a mi lado en aquellos momentos tan delicados, con una profundidad en nuestras conversaciones que acabaron siendo mi flotador y me hicieron ver que no podía ceder en mi lucha.

Los primeros días de enero de 2019, sorprendíamos a nuestros allegados y a la prensa con una transmisión en vivo a través de las redes sociales que puso el sello oficial a la relación y zanjaba las habladurías luego de que Shirley se hubiera convertido en mi inseparable acompañante y de que algunos medios empezaran con sus mañas a inventarse cosas. Yo tenía un buen puñado de *haters* en la prensa, que estaban a la que saltaba para acabarme.

El mejor modo de contrarrestarlo era apareciendo directamente en una transmisión en vivo, sin intermediarios ni edición. Mis palabras de entonces fueron claras.

—Hemos sido amigos. Te conozco bien, me conoces bien. Nunca habíamos tenido nada que ver y, sin embargo, ya dos, tres veces nos achacaron que éramos novios y nunca lo hemos sido. Hasta hoy. Quería públicamente pedirte que seas mi novia —le dije en plena transmisión en vivo—. Lo hago así, porque yo siempre les dije a mis fans que el día que tuviera novia, les iba a decir a ellos, porque los fans siempre comentan. ¿Quieres ser mi novia o no?

Ella contestó con un beso y confesó sentirse nerviosa. Dijo que le sudaban las manos y quiso dejar claro que nada había tenido que ver con mi divorcio, afirmando que no le había robado el marido a nadie. En ese momento, hacía más de medio año que yo había presentado la demanda de divorcio e incluso había salido con otras mujeres, pero estaba claro que habría gente mal pensada que asociaría rápidamente una cosa con otra. Yo traté de dejar claro desde ese momento que ella había sido gran amiga de mi exesposa Mayeli Alonso y que, lejos de causar la ruptura, había intentado ayudarnos para evitar el divorcio. Bromeamos con la fecha oficial de inicio del noviazgo. Yo le pregunté si era ese mismo día que anunciábamos al mundo lo que estaba pasando, o era más bien el primer beso.

Aquella transmisión fue sincera. Dijimos la verdad. Todo empezó a gestarse gracias a que Mayeli y yo teníamos una amistad muy bonita con Shirley. En realidad, era amiga de los dos y estaba afectada por nuestra separación. Decía que, después de tanto tiempo, era muy triste ver cómo se rompía la bonita pareja que formábamos. Más allá de aquel sentimiento suyo, que era sincero, influía el hecho de tratar de salvar algunos proyectos que había pensado poner en marcha conmigo, que se hacían completamente inviables con la pareja rota. Con Shirley, teníamos planes de hacer algunos negocios muy grandes, y por eso no hacía sino pensar si podía hacer algo para influir positivamente en arreglar aquella crisis. Frecuentaba el rancho arriba al que se mudó Mayeli, que pudo comprar gracias a la diligencia que yo le hice. Platicaba con ella con tal de intermediar para buscar que pudiera darse una reconciliación. Después de verse con ella, acudía a la casa a verme a mí y viceversa.

En una de esas idas y venidas, se produjo una situación en la que Mayeli ofendió muy feo a Shirley, dando por hecho que ella había iniciado una relación a escondidas conmigo, pasando de tirarle indirectas a acusarla abiertamente. Le afloraron esos celos irracionales que cargaba, no porque fuera Shirley, sino porque le habrían aflorado igual con cualquier mujer que sospechara que andaba conmigo.

—¿Estás pendeja, Mayeli? ¿Cómo puedes decir eso? Yo lo único que quiero es que se junten, se perdonen y se den otra oportunidad —le respondió completamente dolida, porque en aquellos momentos no había absolutamente nada entre ella y yo.

En todo caso, yo ya había tirado la toalla. Sabía que la reconciliación era imposible y había rechazado todos los intentos de acercamiento sentimentales y también la alta suma de dinero que me ofrecían para dar marcha atrás y evitar el divorcio. Seguí adelante con el proceso. Mi firmeza fue directamente proporcional a la fuerza del impacto que tuvo en mi salud emocional. Es cierto que tomé la decisión del divorcio de un día para el otro, pero no lo es que de un día para el otro dejé de quererla. La decisión arrastró un duelo que creí poder controlar en mi soledad, sin tener en cuenta la campaña que se me venía encima.

Muchas personas de mi entorno han tenido siempre la falsa idea de que yo soy de palo, que no tengo sentimientos, que nada me duele ni puede herirme el corazón. Se tomaban a chiste que de un momento a otro hubiera perdido a mi familia con la pendejada aquella de "pos tú te vas con otras viejas" y todo ese rollo. Semejante ignorancia era tan hiriente como alejada de la realidad. Tanto me dolió lo que sucedió que empecé a maltratar mi cuerpo de manera tal que en cualquier momento me habría podido sobrevenir un episodio que comprometiera mi vida bajo los efectos de este trago amargo.

No era por Mayeli. Me apresuro a adelantarme a una interpretación malintencionada de esta confesión, que de pronto alguien diga que Lupillo cuenta en su libro que casi se suicida por su ex. No, en absoluto. Mi crisis depresiva la provocó la onda expansiva del divorcio infectada precisamente de ese tipo de falsedades. Lo fácil para la mayoría de los medios —lo que les vendía— era culpar y criminalizar al artista. En aquellos momentos, esa campaña mediática tan injusta y cruel me agarraba con la guardia baja y el gancho estaba a punto de echarme a la lona. Perder la vida era perder el combate.

Me venía hundiendo poco a poco el hecho de sentirme desamparado por la sangre de mi sangre. A mi familia le valía o, lo que era peor, si algún comentario escuchaba de mis papás o mis hermanos era en el sentido del refrán que dice que "cuando el río suena, piedras lleva", y si sonaba era "porque algo ha de haber hecho". Para ellos, el cabrón era yo. Ni chance me daban de contarles la verdad cuando percibía esa predisposición en mi contra. La presunción de culpabilidad de tu propio linaje era un puñal que se me clavaba hasta el fondo del alma, haciendo la herida de mi salud mental cada vez más grande. Es algo que ni entendí, ni entiendo ni entenderé. ¿Era culpable por el mero hecho de ser artista o cómo era la cosa? ¿Era que los artistas no éramos seres humanos ni teníamos sentimientos? Me mortificaban todas aquellas elucubraciones ante lo que veía y escuchaba.

No hubo ni un hermano que descolgara el teléfono para ver cómo estaba y cómo me iba con el divorcio, como tampoco recibí una llamada de mi padre o mi madre simplemente para preguntarme cómo estaba, cómo me sentía nomás, o siquiera para contrastar las barbaridades que se estaban diciendo de mí. Nunca supe cuánto me habría reconfortado un gesto así, porque nunca sucedió.

Si mi familia me falló, también me fallaron otras gentes que yo tenía por amigos, que en situaciones como esa te muestran su verdadera cara. Y te das cuenta de que no están a tu lado para cuidarte sino para cuidarse ellos mismos, su posición y su trabajo, y te dan la espalda cuando más lo necesitas. Eso también me dio muy duro. Estaba en una situación muy peligrosa, convencido de que no tenía familia, ni amigos ni fuerzas para seguir adelante. Estaba solo, no tenía con quien platicar. Aquella depresión —que no quería ni podía compartir con nadie ni en privado ni mucho menos en público— me la estaba tragando solo, inconsciente del peligro que mi vida corría. Lancé un S.O.S. y Shirley llegó en el momento justo para evitar una tragedia.

Cuando llegó aquel día a mi casa, se aterró. Comprobó los estragos de la depresión y que había tocado fondo hasta dejarme ir de aquella manera. Yo era una sombra de mí mismo dispuesta a acabar para siempre con la luz del sol. En parte, es culpa de la falta de conciencia de la sociedad sobre los síntomas de una enfermedad mental. Cualquiera con un dolor de panza enseguida descuelga el teléfono y pide una cita con un especialista, pero no hacemos lo mismo cuando nos duele el alma. Soy el primero que entona el *mea culpa*, porque no acudí a visitar a ningún doctor ni a ningún psicólogo, pese a que a mí me estaba doliendo mucho. Mal hecho. Muchas veces, la enfermedad merma hasta acabar en suicidio, bien sea directo o inducido por la dejadez y los excesos. No estuve bajo un tratamiento médico que le pusiera remedio. Por fortuna, Shirley y la compañía de mi hijo fueron un tratamiento eficaz que poco a poco me fue sacando a flote. Fue un punto de inflexión entre nosotros. Ella me abrió los ojos para darme cuenta de que mis hijos, por sí mismos, eran una razón de sobra para ganar aquella batalla. Así fue. Estar con mi morro, llevarlo a sus deportes, compartir un tiempo de calidad con él fue como un bálsamo.

Empecé a mirarla con ojos diferentes y todo empezó a mejorar en mí. Veía una mujer que me podía cuidar. Las pláticas eran cada vez más profundas y personales. He sido una persona siempre de tendencia reservada, dada a masticar mis propias cosas en soledad, reticente a compartirlas para expulsarlas. Sin embargo, cuando voy agarrando confianza, me suelto y me abro de par en par. Así tal cual ocurrió. Shirley se alejó por completo de Mayeli y se acercó a mí, al punto de ayudarme a sanar emocionalmente y —una vez que me vi preparado, con fuerzas y recuperado mentalmente— dar el paso para transformar nuestra amistad en una relación de pareja que tuvo un final feliz.

Lo más chistoso de la fase final de mi recuperación era que Shirley me presentaba a amigas suyas para que saliera con ellas, aprovechando los intervalos que me quedaban libres cuando mi hijo se iba. Me decía que eso me haría bien y, de repente, me empataba con alguna. Llegué a tener citas hasta con cuatro mujeres diferentes, todas ellas contactadas por ella. Estaba de nuevo en la soltería. Conocí en ese tiempo a una muchacha de Jalapa que me gustó y me fui hasta Florida, porque su papá me dijo que me quería conocer. Allá fui y le dediqué delante del papá la canción que le cantaba a ella, que se llama "Cariño nuevo". La relación no cuajó por la distancia, pero convivimos un tiempo que me hizo bien.

Todo esto es la prueba más evidente de que Shirley no se me había arrimado con malas intenciones y, por supuesto, nada que ver con el delirio celoso de mi ex el día que la ofendió acusándola de algo que no había hecho, ni tan siquiera imaginado. Lo último que va a hacer una mujer que quiere conquistarte es presentarte a alguien que pueda ser su competencia.

En un momento dado, recapacité. Me pregunté a mí mismo por qué andaba buscando por fuera una mujer cuando tenía una delante de mí que merecía mucho la pena y se había desvivido por cuidarme. Uno de aquellos días que llegó a la casa, venía muy enojada y llorando porque alguien le había salido con ese cuento que tanto daño le hacía, que la señalaba como la persona que impedía mi reconciliación con Mayeli. Sentía mucha impotencia por la injusticia que esos comentarios entrañaban y se desahogaba conmigo.

—Lupe, tú sabes que si algo he querido yo ha sido todo lo contrario, que ustedes se arreglaran. ¿Cómo vienen a decirme que por mi culpa no regresan?

Yo la tranquilicé. La abracé muy fuerte, al tiempo que le repetía que no se preocupara, que yo sabía la verdad. En un momento dado, se hizo un silencio, nos miramos y sin decir más nada le planté un beso. Fue un instante bonito, aunque ella se quedó algo contrariada.

—Bueno, tampoco se trataba de eso —atinó a decir.

—Pues, por mi parte sí se trata —repliqué yo al tiempo que la besaba de nuevo.

Desde ese instante, todo cambió. La amistad se convirtió en romance, la cosa avanzó y yo empecé a contárselo a algunas personas de confianza. Tomé la decisión de hacerlo público en aquel mes de enero, porque quería darle su lugar y evitar que ella tuviera la sensación de que aquello pudiera ser un antojo pasajero mío, o que la gente hablara de una aventura sin importancia para salir del paso en mi regreso a la soltería, tras separarme de Mayeli. Ahí se nos ocurrió lo del en vivo en las redes y posteriormente se le hizo una nota muy bonita con Ninette Ríos, donde la presenté en *Despierta América* aprovechando una cena que teníamos en el restaurante El Mariachi, de Encino, California.

Desafortunadamente, no logramos consolidarnos como pareja. Yo me obsesioné con retomar y reflotar mi carrera como una de las mejores terapias para pasar página. Ella también tenía legítimas ambiciones respecto a la suya y su negocio. Nuestra convivencia se espaciaba cada vez más. Cuando yo regresaba a Temécula de mis presentaciones, tomaba el tiempo para compartir con mi hijo, pero no sacaba el tiempo para compartir con ella. Cuando se produjo la llamada para ser *coach* de *La Voz México* 2019, vi una magnífica oportunidad para que el público me viera con renovadas energías, hacia nuevos horizontes, pero al mismo tiempo fue la puntilla del romance al introducir el factor distancia por andar yo en México todo el rato y por algo que no tenía previsto: conocer a Belinda. Luego de algunas visitas esporádicas de su parte, nuestros caminos acabaron separándose.

Hablo, sin embargo, de un final feliz, porque entendimos lo que pasó. Pactamos el final del amorío de mutuo acuerdo y retomamos la amistad con pureza. El romance acabó, pero el amor fraterno perduró, tanto con ella como con toda su familia, a la que me da mucho gusto ver cada vez que por casualidad nos encontramos. Presumo de la amistad de todos ellos y destaco el orgullo de contar entre mis mejores amigos a gente como Shirley, a quien tuve incluso la oportunidad de devolverle el gran favor que me había hecho. Tiempo después, ella se vio en una situación en la que su estado anímico no fue el mejor, y yo pude echarle una mano del mismo modo en que ella me la echó a mí.

Hasta la fecha, es una de las personas más importantes en mi vida y tengo con ella una relación amistosa positiva y sincera, que para mí es un tesoro. Nos buscamos en las Navidades, en los cumpleaños o si coincidimos en algún lugar donde estamos físicamente cerca el uno del otro. La quiero de todo corazón y haré cuanto esté en mi mano por su bienestar.

Capítulo 25

AMOR DE LOS DOS

El acuerdo con la producción de *La Voz México* fue muy rápido. Tenía tiempo con la ilusión de participar en este programa y por fin se dio la oportunidad. Me hablaron para proponérmelo y en un par de días estábamos firmando el contrato. Al tercer día ya estaba en México para hacer el primer programa. Ese día, nos citaron para la junta de producción donde nos iban a explicar cómo se iba a manejar el *show*. Antes de entrar, yo estaba parado platicando con mi hermano Juan, y la vi. Venía caminando muy guapa, vestida con un bluyín, una chamarra blanca plateada y un peinado espectacular. Le hice una señal a mi hermano como diciendo: "¡Vaya mujer tan espectacular!".

—Es Belinda, cabrón, ¿a poco no la conoces? —preguntó él, con cierto asombro ante el hecho de que yo no la identificara.

—¿En serio? Ah, pues, no la había visto yo —respondí como haciéndome pendejo.

—Salúdala, pues.

Me acerqué inmediatamente. Nos presentamos el uno al otro y en el mero momento del saludo, noté que agarraba mi mano con fuerza y no la soltaba. Al mismo tiempo que le sostenía la mano, volteé hacia Juan con una frase en inglés esbozando una sonrisa cómplice.

—*I'm gonna have trouble* —como queriéndole decir "mira, *bro*, voy a tener un problema yo aquí".

Mi carnal no paró de reírse, porque ni yo le soltaba la mano a ella, ni ella a mí. Aquello parecía un intercambio de energía que, dada mi situación, no podía sino anunciar efectivamente un problema. Ya por fin soltamos nuestras manos, ella hizo como que no oyó el comentario, platicamos un poco y nos fuimos para la junta. Al llegar a la sala donde se iba a celebrar, había una mesa redonda con las cuatro sillas y medio metro de separación entre cada una. Observé que, de una vez, ella fue y se sentó bien pegada a mí. Interiormente pensé: "*What*?".

Me enamoré al instante. No me he decidido a contar mi vida para mentirle a mi público, y no lo haré. Mi primer impacto al verla fue el de un flechazo. Hasta ese momento, no estaba en mi radar ni tampoco era alguien que yo siguiera especialmente. Me habían dicho que iba a compartir equipo de jurado con Ricardo Montaner y Yahir, dos personas cuyas carreras sí conocía de cerca, y con Belinda, a la que honestamente, en un primer momento, no ubicaba tanto, a pesar de ser consciente de su popularidad. No quiero pasar la oportunidad de nombrar a Ricardo sin agradecerle los consejos que me dio cuando se dieron cuenta de lo que pasó, para sobrellevarlo y mantenerlo oculto con discreción.

Fue un amor a primera vista que tenía que domar a como diera lugar, pues yo no estaba soltero. Cuando Belinda y yo nos conocimos en televisión, todavía era oficialmente novio de Shirley, aunque era consciente de que mi final con ella estaba cerca.

Debía guardar las formas, pero no me preocupé en exceso por eso, porque sabía que lo podía controlar.

Habrá quien lo piense por el poco tiempo entre una pareja y otra, pero Belinda no fue la causa de mi ruptura con Shirley. Fue justo al revés. El final de mi romance con Shirley fue el detonante de mi relación con Belinda, una corta y bonita experiencia que dejó un momento mágico para el público y muchos momentos inolvidables en privado para ese legado de sentimientos y vivencias que el corazón va almacenando a lo largo de la vida. El dueto de "Amor de los dos" resume, con solo echarle un vistazo al video de YouTube, una etapa marcada por algunas de las palabras de aquella canción: ilusión, amor, sufrir y perdón. En el momento de aquella recordada interpretación magistral en plenitud de complicidad, nuestras voces estaban tan compenetradas como nuestros corazones.

Una vez iniciado el *show*, la producción me permitió invitar a Shirley, cosa que no era habitual. Ellos no permitían tener invitados si no eran de tu equipo de trabajo. A pesar del desgaste que ya arrastrábamos en la relación, yo la atendí muy bien, con todo tipo de detalles, como he hecho toda mi vida, pendiente de ella los dos días que estuvo conmigo en el programa. Después de aquella visita, noté inmediatamente un cambio en la actitud de Belinda hacia mí. Nosotros teníamos un trato muy cordial y cercano. Yo, por supuesto, había logrado amarrar el flechazo del primer día y manejábamos la cosa con cordialidad. Por eso me llamó mucho la atención ese cambio repentino que de primeras no supe descifrar. Llegó un momento en que le hice un aparte para hablarle con franqueza.

—Oye, Beli, si te he ofendido en algo, nomás dime. Te pido perdón porque no me he dado cuenta, pero he notado un cambio total en tu trato conmigo, con una frialdad a la que no le hallo razón. Discúlpame por lo que fuera que hice.

Pensaba que a lo mejor había sido por alguna participante que le había quitado para mi equipo o cualquier otro detalle del *show* que la pudiera haber disgustado sin yo darme cuenta.

—No, nada, es que nomás no quiero hablar contigo —me respondió así sin más, dejándome absolutamente fuera de onda, como decimos en México. Ahí quedó la cosa, me retiré y ya no volví a decirle nada.

El *show* siguió como si tal cosa y yo asumí la antipatía de Belinda sin darle mayor importancia, hasta que tiempo después nos encontramos por casualidad en la calle. Fue un día que teníamos libre y no nos tocaba filmación, por lo que decidí darme un paseo en la plaza Artz, que estaba a la espalda del hotel Camino Real Pedregal, donde yo me andaba quedando en los meses que duró *La Voz*. Ella no vivía lejos de allí. A pesar de la frialdad de los últimos tiempos, nos saludamos con cordialidad. Me preguntó qué andaba haciendo y le dije que paseando, matando el tiempo libre en aquel centro comercial, viendo si de pronto me iba al cine o qué me comía. Sorprendentemente, me preguntó si quería acompañarla a tomar algo a un *hookah lounge* bar con su gente. Le acepté la propuesta con la condición de que yo la invitaba. Le dije que no sabía cuál era el sitio, pero que si ella sabía llegar, pues, de una. Allí mismo estaba bien. Me explicó que se trataba de uno de esos bares de ambiente oriental en el que se sirven las bebidas con una cachimba y tabaco para fumar ubicada en una mesa de centro, alrededor de la cual la gente se sienta sobre unas almohadillas. Quedamos que me recogían en el hotel, de modo que me regresé, me bañé, me arreglé, y al rato me habló para decirme que ya estaban abajo.

Belinda iba en la camioneta acompañada de cinco personas de su equipo de trabajo. Cuando íbamos de camino, empezó a mandarme mensajes por el celular en los que me decía que una vez que llegáramos al lugar agarrara un privado para ella y para mí, y que al resto de la gente la mandara para otro lado. Yo pensaba que íbamos a ir todos en bola, pero le respondí con un escueto "*OK, cool*". Cuando llegamos, me adelanté e hice tal cual me pidió. Hablé con el encargado, que nos asignó una zona privada para nosotros dos solos. Le ordené que nos llevara hasta allá una botella de tequila Casa Dragones y una cachimba de cuatro sabores. Ella y yo nos acomodamos en el privado y el resto de la gente se hizo cerca de nosotros, pero aparte.

Una de las primeras cosas que saqué en la plática, mientras estaba apenas destapando la botella de tequila, fue la intriga por saber el motivo que la había hecho enojarse conmigo, o si no enojarse, al menos mostrar una absoluta antipatía que contrastaba con el trato afable del principio.

—Sírveme un tequila, por favor —contestó ella, señalando con su mirada la botella que acababa de destapar antes de proseguir—. ¡Es que tú no entiendes, Lupe, no sabes, no captas! ¡No sabes lo que está pasando!

—¡Pos, no! —respondí con espontaneidad e ignorancia ante lo que me estaba queriendo decir.

—¡Pos que me cae gorda! ¡Me cae gorda que vaya tu novia a visitarte! ¡No me gusta! —soltó de una vez antes de dar el primer trago.

Aquella frase activó todas mis hormonas. Lo primero que instantáneamente deduje fue que, si decía eso, era porque yo le gustaba. Era una manifestación de celos, al fin y al cabo. Sin embargo, antes de decir o hacer nada, en décimas de segundo, mi cerebro me mandó una señal de alarma como queriendo decirme que no podía ser cierto lo que estaba escuchando, que alguna trampa había ahí. Empecé a mirar alrededor buscando cámaras ocultas, pues fue lo que se me vino a la mente. Eso debía ser parte de algún plan para grabar el video de alguna broma del programa y ponerla luego en el *show*. Hasta ese grado mi mente activaba una especie de mecanismo de defensa natural. Bajo ese pensamiento, moví ficha.

—Pero ¿por qué te cae gorda si ella es a todo dar? No te puede caer mal si no la conoces de nada, apenas la saludaste.

—Sí, la saludé, pero, pues, no me gusta porque no me gusta, y no me gusta verte a ti como la tratas tan bien, lo atento que eres. Eso no está bien y no me gusta.

—¿En serio? Ah, déjame entonces, me tomo un trago ahora yo —respondí nervioso de manera espontánea, buscando en el Casa Dragones un tiempo muerto que me ayudara a vislumbrar hasta dónde nos conducía esa plática.

Mi subconsciente se moría de ganas de que la teoría de la cámara oculta fuera falsa, por lo que volví a escudriñar las esquinas del reservado y los lugares donde yo colocaría una cámara en caso de querer hacer ese video. No se veía nada raro. Entonces tomé una decisión. Iba a subir la apuesta y le iba a sacar un beso. Si era broma y estaban filmando, me lo iba a negar, pero si no era broma y nos besábamos entonces… Los puntos suspensivos de mi mente acababan en un *wow, what a lucky guy!* interior. De modo que me la quedé mirando y, ¡vámonos!, allá que me lancé por el beso.

—Entonces, Bel, a ver si estoy entendiendo. Si ella te cae tan mal, eso quiere decir que yo te gusto. Así que, si de veras ella te cae tan mal y si de veras yo te caigo tan bien, pues dame un beso, a ver si es cierto —le dije al tiempo que me le quedé mirando los labios.

Ella no lo dudó ni un instante. Atravesó la cachimba para llegarme y me plantó el beso sin que nadie saliera gritando por detrás aquello de "¡sorpresa, sorpresa!" con una cámara en mano. Ese momento fue para mí como un *knock out*. "¡Órale!", me repetí al tiempo que traté de tomar aire y reconducir la situación. La plática dio un giro radical. Desde ese momento, me abrí por completo, le reconocí que no había captado que yo le pudiera gustar, e incluso le pedí una disculpa porque debía haber estado más atento.

—¿Y yo no te gusté? —preguntó ella entonces.

—Desde el primer momento —le espeté sin titubear, con absoluta sinceridad.

—Ah, claro, por eso comentaste a tu hermano que ibas a tener problemas, ahora entiendo, porque me quedé aquel día pensando —me dijo recordando la frase de aquella escena.

—Exactamente. ¡Ah! Entonces es que hablas inglés.

—Sí, hablo inglés.

—Ah, claro, qué chingaos, pues menuda discreción la mía —me reí a carcajada suelta ya llevado por la euforia del momento.

Belinda desconocía que Shirley y yo habíamos mantenido una conversación seria en su última visita a México, en la que decidimos de mutuo acuerdo poner fin al romance como tal, para poder reconducir el tipo de relación entre nosotros y salvar la amistad. De hecho, su último viaje a México fue casi aposta para mantener esa plática, pues los dos sabíamos de tiempo atrás que la cosa no estaba funcionando. Fue la noticia que subió más todavía la pasión del momento.

—Bueno, pues, déjame decirte que ya no te vas a tener que molestar más, porque Shirley no va a volver a visitarme: decidimos terminar con la relación. Es algo que casi nadie sabe, por supuesto no los medios, pero visto lo visto creo que tú debes saberlo.

Seguimos dando cuenta del tequila estrenando nuestro propio romance con tal entusiasmo y pasión que una de las personas de su equipo que compartía sus tragos aparte de nosotros —concretamente, su asistente— nos vio, se acercó y sugirió cerrar la cortina, porque se estaba viendo todo. No fuera que algún avispado cliente del bar se apercibiera de lo que estaba pasando y decidiera hacer uso de la cámara de su celular.

Ese mismo día me dejaron en el hotel y, al día siguiente, desde nuestra llegada al camerino, todo fue diferente. Decidimos seguir adelante con la relación, pero con discreción, aunque dicen que el dinero y el amor no se pueden esconder. Desde entonces, estábamos pendientes el uno del otro con todo tipo de detalles pequeños, pero bonitos. En la producción, todo el mundo lo notó y probablemente alguien pensó que aquello podría ser un jugoso potenciador de *rating* si el chisme se regaba por los medios, que desde luego también lo notaron. Solo había que observar la complicidad, la energía y las miradas entre nosotros en las sillas, en los juegos. La producción filtraba el rumor para que la prensa lo difundiera y todo el mundo estuviera pendiente en el *show* de si coqueteábamos o discutíamos, porque hubo un programa en el que nosotros no nos hablamos. Ocurrió luego de un desacuerdo que tuvimos, al punto de que nos llamó la atención José Luis, el productor, para que interactuáramos, porque aseguraba que el enojo se notaba mucho en cámara.

Llegó el momento en que ella me invitó a quedarme en su casa y no en el hotel. Fue después de una larga velada, una de esas noches que nos íbamos a cenar luego de cada sesión. Dormimos juntos por primera vez. La primera vez que hicimos el amor es un grato recuerdo alojado como un tesoro para el resto de mis días en mi memoria. No es necesario detallarlo. La imaginación de mis lectores puede hacerse idea de una experiencia maravillosa.

Progresivamente, me fui quedando en su residencia e intensificando la convivencia sin que de su boca ni de la mía saliera jamás palabra alguna hacia los medios que reconociera que estábamos juntos. Fuimos muy cuidadosos en nuestros movimientos para evitar que una lente indiscreta obtuviera una imagen que delatara nuestro romance. Jamás hubo un video o una foto nuestra agarrados de la mano o besándonos. Si a ella le preguntaban, no decía nada. Si me preguntaban a mí, me reía y decía que éramos amigos y compañeros de programa. Hablábamos mucho para preservar nuestra discreción y nos poníamos de acuerdo cuando teníamos que salir separados, por la aglomeración de periodistas que nos esperaban afuera. Ella salía en su camioneta, yo salía en la mía. Al rato nos marcábamos y nos poníamos de acuerdo sobre el lugar donde nos encontraríamos.

Yo tenía especial interés en que nada se supiera, porque no quería que en un momento dado ni ella ni nadie de su equipo de trabajo pudieran pensar que yo quería tomar ventaja de la situación en favor de mi propia promoción. Le dejé bien claro que no la necesitaba para ser famoso. Si de pronto ella era más famosa que yo, pues, qué bueno, pero yo no me iba a colgar de eso. Estaba con ella por puro amor y por eso me comportaba de una manera natural y espontánea. Una noche que nos dio hambre, propuse ir a buscar unos tacos, y su equipo se echó las manos a la cabeza.

—¿Cómo vamos a ir con Beli por unos tacos? —preguntó alarmada su asistente personal.

—¡Pues yendo! ¿A poco no comes tacos, mi amor? —respondí yo con otra pregunta para la aludida.

—Sí, claro, ¡vamos! —aceptó sin pensarlo dos veces.

Fuimos con la consiguiente precaución de su equipo para que nadie pudiera tomar un video o una foto, y disfrutamos la taquería ante las miradas de asombro de los empleados y mis continuas bromas sobre paparazzis imaginarios que salían por todos lados.

Durante nuestra convivencia hubo detalles hermosos. Algunos de ellos son tangibles y los conservo, como algunas cartas que me mandaba, dedicatorias que me hacía en los vasos del café y cosas así, típicas de una pareja enamorada. Ella tenía personal de servicio que estaba pendiente de atender tanto a ella como a su familia o sus invitados. Una vez se me acercó una de las empleadas y me preguntó si se me ofrecía algo de tomar para desayunar. Cuando le dije que sí, Beli me paró en seco y se dirigió a la sirvienta.

—¡Tienen estrictamente prohibido darle cualquier cosa a él! Lo que él pida, yo personalmente se lo voy a traer. Por favor. ¿Qué quieres, mi amor? —dijo entonces mirándome a mí.

—Pues, iba a pedirle un jugo —respondí yo atónito por el detalle.

—¿Y no tienes hambre, no quieres unos huevitos?

—Oh, sí, claro, mi amor.

Se fue y al rato regresó con unos huevos a la mexicana que ella misma cocinó, un pedazo de pollo, café, tortillas, fruta cortada y jugo de naranja. La molesté un poco cuando dijo que ella misma lo había cocinado, pero sí, era cierto. Sacó su celular y me mostró un video que se había hecho mientras lo preparaba. Confesó haberlo grabado en previsión de mi incredulidad. Me lo sirvió con un amor que me tenía hipnotizado. Estaba todo delicioso. Nunca en mi vida habría imaginado cuando la conocí que tras aquel rostro y aquellos ojos tan bellos se ocultaba una mujer capaz de tener semejantes detalles con un hombre.

Cuántas veces he pensado en este y otros detalles suyos y me ha dado pesar lo que siempre nos pasa a los artistas, que la gente critica y se pone a decir pendejadas sin conocer a las personas. A ella la han acusado de buscar a los hombres nomás por el dinero, lo cual a mí siempre me pareció una absoluta estupidez, pues el hecho de que a una mujer le guste el dinero y tener una determinada calidad de vida no es incompatible con tener sentimientos y ponerle amor a sus relaciones. Todas las mujeres que yo he amado han tenido en común, cada una en su nivel, que les gustaba tener una seguridad económica. Yo, por mi parte, he buscado otro tipo de seguridad, y muy a mi pesar llegó el día en que me di cuenta de que con Belinda no la iba a tener. Fue el principio del fin de una bonita historia de amor de los dos. He vuelto a ver el video en YouTube y, lágrima en mejilla, brindé por Belinda con una copa de Casa Dragones para que todo lo que haga y le pase en la vida sea para ella lo mejor.

Capítulo 26

TATUAJE, BORRÓN Y CUENTA NUEVA

El 1ro de mayo de 2019 se celebraba en la ciudad de Las Vegas la ceremonia de los premios Billboard, en el MGM Grand Garden Arena. Con motivo de aquel evento y de la promoción de la gira *Jenni Gold Tour* de la familia Rivera, en el 50.° aniversario del natalicio de mi carnala que mi padre había organizado, acudimos todos para atender algunos compromisos programados, entre ellos un directo con el programa *Hoy Día* de Telemundo. Aquel viaje para mí fue en realidad la crónica de un tatuaje.

Un día, andábamos Beli y yo juntos y relajados mirando sus redes. Me hizo saber que entre sus miles de seguidores había bastante gente de la comunidad LGBTQ+ y muchos de esos fans se habían hecho un tatuaje con su nombre, su firma, su cara o su logo. Le dije que era algo bien padre.

—Sí, Lupe, los adoro y les agradezco todo el rato, pero a mí me hace ilusión que un hombre real se tatúe algo mío real —comentó.

Dos años atrás, ella había andado con Criss Angel, quien al parecer se había hecho un tatuaje en el pecho con su nombre. Lo tomé como una indirecta.

—Ah, pues, cuando vaya a Las Vegas me haré un tatuaje tuyo.

—¿En serio? No, estás loco. ¿Cómo te vas a hacer un tatuaje si ni siquiera te gusta mi música?

Ahí quedó la cosa. No era la primera vez que algo así pasaba. En mi relación con Shirley también hubo un tatuaje de por medio con su nombre y el mío, que difundimos por las redes sociales después de la transmisión que hicimos cuando oficializamos nuestro romance.

No volvimos a hablar del tema, pero cuando viajé a Las Vegas yo ya llevaba aquella promesa en la mente. Planeé hacer los ensayos programados lo más rápido posible y en cuanto acabaron me fui y me desaparecí de todos. La prensa andaba buscándome y nadie tenía idea de dónde me había metido. Por lo pronto, le marqué a Beli para anunciarle que iba a cumplir mi promesa, y le pedí que me mandara su foto favorita para hacerme el tatuaje. En principio, me contestó otra vez que estaba loco y que no me lo permitiría. No aceptaba eso.

—Lo voy a hacer, Beli —insistí categórico—. Si no me mandas una foto, la escogeré yo del internet.

—No, Lupe, en serio, no lo hagas. No es necesario, aquello fue una plática nomás —reiteró.

—Mira, yo me quiero tatuar tu cara sí o sí porque te quiero y porque eres muy bella. Piensa que tengo amigos que tienen a Marilyn Monroe tatuada porque se les hace muy bella. Qué no voy a hacer yo contigo que eres más bella todavía y eres mi pareja. Yo quiero tener una belleza así tatuada en mi cuerpo, y vas a ser tú.

Finalmente la convencí, y me mandó como siete fotos para que escogiera la que más me gustase. De esas, seleccioné tres.

Acto seguido, localicé por medio de internet al mejor tatuador de Las Vegas, que resultó ser un latino que estaba casado con una cubana. Cuando marqué al número, contestó la esposa. Eran casi las 10 de la noche. Le pedí una cita de emergencia para hacerme el tatuaje de una cara. Para ello le mandé una de las fotos por mensaje. La muchacha me dijo que ya habían cerrado y me preguntó si lo podía hacer al día siguiente. Insistí aduciendo que al día siguiente no iba a tener tiempo y le ofrecí una generosa propina extra por la emergencia. En mitad del diálogo, alcancé a escuchar una conversación de fondo que había iniciado la voz de una señora.

—¡Esa es Belinda, esa es la foto de Belinda! —exclamó toda emocionada, con fuerte acento cubano, cuando vio la imagen que yo había enviado.

—Pues, yo no sé quién es —respondió el tatuador— y yo no voy a hacer ningún tatuaje esta noche. Yo me voy al cine con mi esposa.

—¿Cómo? No van a ver ninguna película. Además, está fea. Tú vas a hacer ese tatuaje ahora porque te conviene. Tiene que ser Lupillo el señor ese que está en el teléfono —replicó la señora con autoridad. Yo escuchaba atónito, suponiendo, acertadamente, que se trataba de la suegra.

El muchacho cambió sus planes. Tomó el teléfono y nos citamos más tarde en la dirección que me dio. En lo que esperaba, le volví a marcar a Beli para confirmarle que ya era un hecho que lo iba a hacer, y me puse a pistear en el casino. Me fui al lugar convenido y me llevé conmigo a mi ingeniero, Issai Piñón, y a su esposa, porque les dije que necesitaba documentar ese tatuaje. Ella, que casualmente es asistente de Mayeli, iba todo el rato incrédula diciéndome que al final no me lo iba a hacer. Pero nada más llegar, se puso a filmar y se dio cuenta de que por supuesto que sí lo iba a hacer. Ahí mismo, le marqué a Beli por videollamada, volteé el teléfono hacia el tatuador y le pedí que le mostrara la foto que me iba a tatuar en el brazo. Ella no daba crédito.

—¿Pero en serio lo vas a hacer?

—Sí, yo soy hombre de palabra —respondí alegre y eufórico, ya con mis tragos encima, mientras el bato estaba en lo suyo con la máquina sobre mi piel.

—No, Lupe, no necesitas hacerlo.

—Todavía puedo parar —apuntó el muchacho que asistía como espectador a aquella conversación.

—¡No, ni madres! —le dije—. Dale, cabrón, síguele, que vea aquí, mi amor, que la cosa va en serio. Me lo va a hacer, mejor dicho, ya lo está haciendo, y es en tu honor —rematé, dirigiéndome de nuevo a la pantalla.

Yo no dejé de chupar toda esa noche mientras me tatuaba. Salí de allí de madrugada. Me eché como seis horas con el tatuaje. Por la diferencia horaria, tenía que regresar derecho al hotel para una entrevista en vivo con el resto de mi familia a las cinco de la mañana, hora de Las Vegas, de modo que agarré un taxi y para allá directo me fui. El problema era que yo no me mantenía en pie de la borrachera que llevaba. Cuando llegué, estaban todos frescos como rosas recién levantados. Yo de una me fui a darle un abrazo a mi papá.

—¡Vienes pedo, Lupe! —me dijo con indisimulado asombro y enojo.

—Vengo bien a toda madre, jefe.

—¡Pos no vayas a hablar, cabrón, no hables nada!

En esas, llegó el productor a preguntarme si podía ponerme el micrófono. Al mismo tiempo que yo dije que sí, mi papá le hizo un gesto negativo. El hombre se dio cuenta.

—Lupe, pues yo no sé si sea mejor que te ponga el micrófono o no.

Me ubicaron por la parte de atrás, parado como una estatua para que no me sentara a la par de las conductoras. Entre el pedo y el dolor del brazo, que lo tenía entumido de toda la noche con la máquina de tatuar, pasé un rato bastante desagradable. Por lo menos, tuve la precaución de ponerme una chamarra para que no se me viera. No me quiero ni imaginar donde me hubiera presentado allí con el brazo descubierto. Sin embargo, ni en ese momento ni en ningún otro del tiempo que permanecí en Las Vegas supo ningún medio del tatuaje. No fue hasta después de regresar al programa de *La Voz México*, la semana siguiente, que yo se lo mostré a ella, porque hasta ese momento dudaba de que fuera un tatuaje real.

A raíz de ahí, se filtró. No tengo idea si fue gente de su equipo o la propia producción del programa. Algunos medios lo tomaron como una carta de autenticidad de nuestro noviazgo, toda vez que no disponían de una imagen que lo confirmase. Desde ese momento, hubo comentarios de todo tipo y especulaciones sobre el origen del tatuaje, pero a mí me valía. Yo andaba bien feliz y orgulloso con mi Beli en el brazo. Decidí usar mi Instagram para hablar de ello y acabar con las especulaciones. En cualquier caso, la historia real del asunto es la que acaban de leer.

El tatuaje parecía inmortal, pero lo que representaba no tanto, pese a que en esos momentos nuestra relación parecía ir viento en popa. Beli llegó a convivir con mis hijos Lupita y L'Rey, y a mi hijo le caía muy bien. Mi mamá sí me dijo que tuviera cuidado dónde me iba a meter, porque no le cuadraba yo como pareja de Belinda según lo que había visto de ella en los medios y los chismes que le llegaban. Mi jefa no la conoció en persona, solo por teléfono.

Hubo una cosa muy hermosa que sucedió en pleno romance y fue la idea de tener unas gemelas. La idea partió de ella y yo estaba de acuerdo. Iba a darle una oportunidad al semen congelado que guardé tras mi vasectomía para hacer realidad un sueño que nos hacía ilusión a los dos. Sabido es que la fecundación *in vitro* permite hacer realidad este tipo de anhelos. Muchas veces he pensado lo hermosas que hubieran sido esas niñas. Lástima que todo se torció. Lo hubiéramos hecho, de no haber sido porque todo se rompió precipitadamente y el plan se frustró.

Los dos nos quedamos con las ganas y la ilusión de esas niñas. Hubiera sido bueno que no le volviera a proponer esa idea a nadie más después de habérmelo propuesto a mí.

Le compuse una canción a Belinda que no he sacado al mercado. Se la canté a ella en una ocasión. La letra forma un acrónimo con las iniciales de su nombre encabezando los versos de la canción. La llegué a grabar, pero todavía no he visto el momento de darla a conocer al público. Creo que lo llegaré a hacer, porque para mí es un detalle bonito. Por casualidad, la compuse como una semana antes del episodio que echó toda la ilusión por tierra.

Me agarró completamente por sorpresa. No lo habría podido esperar jamás porque nuestra relación estaba muy hermosa. El programa matutino *Despierta América* publicó una imagen de Belinda junto a un hombre a bordo de un avión camino de Miami, tomada de la mano entrelazada y recargada en su hombro. A simple vista, se veía que era la típica imagen cariñosa de cualquier pareja que viaja junta. Yo no daba crédito a lo que veía. Me quedé completamente contrariado y le marqué de inmediato para preguntarle qué estaba pasando.

—No, mi amor. Yo estoy sola aquí en el hotel, ando sola aquí en Miami. Todo eso es mentira, chismes e invenciones de la prensa, ya tú sabes cómo son —me soltó de primeras, por completo a la defensiva.

No me convenció en absoluto. La imagen era muy obvia. Me dolía pensarlo y asumirlo, pero me lo repetí a mí mismo varias veces antes de marcarle. A lo mejor, ese era el día que ponía el punto final a la relación. Igual, pudo ser cosa durante el *show*, pero acabado el programa era el momento de terminar el romance. Además, en público siempre lo habíamos negado. Ese era el pacto que teníamos entre nosotros desde el momento en que la prensa empezó a hablar sobre nuestro idilio. No había una sola imagen que nos desmintiera. Yo se lo había negado incluso a mi propia publicista. Antes de concluir esa misma llamada, le fui franco y directo.

—Ven, mi amor. Creo que esto es el fin de nuestra relación. Me duele, pero yo tengo que sobrevivir y seguir para adelante. Igual, lo nuestro fue cosa nomás del *show* y, pues, te agradezco, me la pasé muy bien. Vivimos momentos muy bonitos, pero hasta aquí. Te repito que me duele mucho, pero la vida sigue. Tú dale también para adelante y tan amigos. Échale ganas que no pasa nada, sobreviviremos.

Ella no lo quería aceptar y seguía excusándose, diciéndome que me quería y que no quería perder nuestra relación, pero cuando yo tomo este tipo de decisiones no hay marcha atrás. Cuando el jarrón de porcelana sufre un golpe y se rompe, no trato de repararlo porque ya no queda igual. Prefiero hacerme a un lado y darle chance a la vida de que me proporcione uno nuevo, tal como sucedió, por ejemplo, con mi traumático y abrupto final con Mayeli.

Una vez que puse el punto final a la relación en aquellos últimos días de agosto de 2019, tuve muy poco después un desplazamiento a la Ciudad de México por unas presentaciones. Andaba echando algún que otro trago para olvidar, no de forma tan abusiva como los tragos de amargo licor de otros episodios de mi vida, pero sí lo suficiente como para desahogar mi despecho con mi equipo de trabajo. En aquel viaje, les hablé con franqueza, les dije que necesitaba saber si aquel desengaño amoroso que venía cargando se iba a traducir en un dolor permanente.

—Necesito saber si yo como hombre voy a seguir clavado con esa mujer, si me voy a quedar psicológicamente enganchado y enamorado de ella sin poder superarlo. Necesito enfrentarlo y ver eso, y va a ser ahorita, en nada que lleguemos a México en cuanto acabe el evento —les confesé en el vuelo.

Fue dicho y hecho. Le marqué para hacerle saber que estaba en la ciudad y que quería pasar a verla y platicar con ella. Muy amablemente, y contenta en apariencia, me dijo que por supuesto, que me esperaba con los brazos abiertos en su casa. No sé si el tono de entusiasmo se debía a que intuía una reconciliación, pero no eran esas mis intenciones. Tuvimos una larga y distendida plática en la que me insistió en que no había absolutamente nada con esa otra persona, de quien incluso negó la identidad que los medios le otorgaron, asegurando que no se trataba del doctor con el que había tenido su romance. En todo caso, yo me mantuve firme en mi postura de dejar la cosa así, testando al mismo tiempo la intensidad de mi sentimiento.

Uno como hombre sabe perfectamente si la mujer se le va a quedar o no fija en la mente para siempre. Desde que llegué y nos saludamos, me di cuenta de que eso no iba a suceder. Estuvimos cerca de cuatro horas platicando cordialmente, pero cuando me pidió que me quedara a pasar la noche con ella, acabé de certificar que el romance era historia y que no me iba a quedar clavado ahí. El hermoso jarrón de porcelana que construimos desde nuestro primer brindis con el Casa Dragones se había roto y nunca más la iba a mirar igual. Decliné cortésmente su invitación, me despedí y fui en busca de mi gente. Les había dicho que me esperaran, pero no me hicieron caso y se regresaron al hotel convencidos de que yo me iba a quedar a pasar la noche con Belinda. Tuve que hablarles para que fueran a recogerme. Cuando íbamos de regreso, le rematé el chisme a Jorge Núñez.

—Compa, ya sé que no me voy a clavar ahí. La amé mucho, para qué le digo mentiras. La quise de una manera que ni yo mismo creía posible, un enamoramiento diferente, pero no me enganché.

No le mentía. Ya a esas alturas sabía perder. Ahí perdí y ni modos, había que continuar. El amor tiene que doler para que sea amor de verdad. A raíz de las imágenes del avión, fui consciente de que mi paz no era negociable; si aquella relación no me garantizaba paz interior, era mejor hacerse a un lado por más que doliera. Me enamoré mucho de Belinda, pero lo hice en un momento de mi vida en que la madurez me ayudaba a gestionar esas cosas y me permitía tomar este tipo de decisiones sin quedar seriamente lastimado. La única manera de convertir aquella derrota en una victoria era con una retirada a tiempo en prevención de males mayores.

Luego de ese último encuentro, nuestro contacto ha sido escaso. He recibido mensajes de ella tan solo para reprocharme que hablara públicamente de lo que hubo entre los dos, porque cuando alguien me preguntaba, yo respondía sin caer en indiscreciones, pero eso no le gustaba. Le guste o no, debe entender que estos capítulos son parte de mi propia biografía y no tengo más remedio que hablar de esos meses y de la experiencia positiva que supuso tenerla en mi vida. Muchas veces, la memoria tiende a ser selectiva y retener las cosas buenas y los momentos únicos que nos proporcionaron las personas que se cruzaron en nuestro camino, aunque el final no haya sido el que habíamos soñado. Prefiero recordar el video de los huevitos que me cocinaba, en lugar de la imagen de su mano entrelazada con la de otro hombre. Si actuó bien o mal, es algo que le dejo a su conciencia. Por mi parte, de sobra sabe que todo lo hice como acostumbro, corazón en mano, aun a riesgo de poder salir dañado. Siempre he pensado que de no haber estado sometidos a la presión mediática que teníamos encima ni al entorno de nuestros respectivos equipos de trabajo opinando todo el rato, lo que hubo entre ella y yo podría haber dado para una relación mucho más duradera y bonita. Pero eso entra ya en el terreno de lo que pudo haber sido y no fue, y eso sería un libro de ficción.

Yo a Belinda la quise mucho y la traté como un caballero. Si la cosa acabó así, pues, cada quien a pagar lo que debe, nomás. Nadie me va a quitar lo bailado ni lo amado, y siempre estaré bien orgulloso de haber andado con una mujer así. Después de todo eso, pensé que había llegado la hora de sustituir el tatuaje de Belinda por cualquier otra cosa a pesar de que había declarado en televisión que Belinda fue la mujer que más había amado en la vida y que no iba a borrar nunca el tatuaje. Las circunstancias cambiaron y una vez que formalicé mi relación con Giselle tenía que darle sitio a mi novia, que hacía mala cara cada vez que veía mi brazo. Se quejaba con razón. En una de aquellas conversaciones, L'Rey se puso de su lado. Él también decía que no estaba nada *cool* que cargara con esa imagen cuando la relación se había roto. Le pregunté que cómo lo borraría él. Sin más respuesta, se fue al cajón y tomó un rotulador Sharpie de trazo grueso. El tatuaje lo iba a quitar con un tachazo. Empezó a tachar hasta que el rostro de Beli quedó sepultado bajo toda esa mancha de tinta oscura. Ahí mismo me tomé una foto.

Acto seguido, acudí a Tanke Rules, un conocido tatuador de Ciudad Guzmán, quien me dio varias opciones de diseño para hacer desaparecer a Beli de mi piel. Hasta llegó a sugerir el barril del Chavo del Ocho, desesperado porque ninguna de las que me proponía me convencía. En un momento dado, le dije que no se complicara. Saqué la foto del tachón que había hecho L'Rey y le dije que simplemente lo imitara. A raíz de todo ese rollo, que fue muy mediático, aparecieron todo tipo de memes míos que yo me tomé con bastante sentido del humor. Fue algo que me divirtió mucho. Para mí, era como tener a una legión de gente que yo no conocía de nada trabajando de alguna forma para mí. A Tanke, sin embargo, le daban bien duro y de manera injusta. La verdad es que era un genio el hombre. No quería pasar esta oportunidad para darle un buen crédito, porque se lo merece y porque lo quisieron quemar después de aquello cuando lo de mantener el borrón fue cosa mía. Mi novia grabó de hecho el video del proceso del borrón.

Era borrón y cuenta nueva, nunca mejor dicho.

Capítulo 27

EFECTOS COLATERALES

La vida no ha dejado nunca de sorprenderme. Puedo catalogar el año 2019 como una caja de sorpresas vivido con tal intensidad que cuando lo despedí me parecía mentira rememorar todo lo que me había pasado. En las fiestas patrias de septiembre de ese año, mi truene con Belinda estaba reciente y mi teléfono empezó a recibir mensajes muy particulares, o bien me llegaban directamente o bien a través de mi equipo, con ciertas proposiciones que no sé si catalogar de indecentes —como en el famoso *film* de Robert Redford y Demi Moore de principios de los noventa—, pero cuando menos sí muy singulares, fruto de un misterioso fenómeno del comportamiento humano que hasta la fecha no dejo de escudriñar.

El efecto colateral del romance con Belinda fue que otras mujeres de semejante posición y belleza voltearon de repente a mirarme a mí, cosa que probablemente no habría sucedido sin la popularidad que *La Voz* dio al asunto. De ese modo, pude conocer y tener la suerte de vivir una serie de aventuras con otras cantantes y actrices muy conocidas, atractivas y espectaculares, a las que el morbo de irse a la cama con el ex de una enemiga y rival les estimulaba la libido hasta extremos inimaginables. Me limité a disfrutar de esos momentos. Estaba en mi derecho como hombre soltero al que se invitaba a saborear un bombón. ¿Por qué habría de negarme? ¡Por supuesto que no! Ellas no faltaban el respeto ni traicionaban a nadie ni tampoco yo.

Así fue como, en el transcurso de pocas semanas, recibí diferentes invitaciones para cenar en la cama con postre incluido. Fue una racha de amantes no previstas que disfruté en mi soltería y que se alargó por unos meses, casi hasta el final de aquel año. Son personas de sobra conocidas del gran público. Un sábado, llegué a Miami acompañado de todo mi equipo de trabajo. El lunes tenía la típica gira de promoción que se hace en los medios. Tenía una propuesta para irme a pasar esa misma noche a la casa de una conocida artista, de tal manera que me le perdí por completo a mi gente. No supieron de mí desde el sábado en la tarde que me esfumé hasta el lunes en la mañana que me volví a comunicar con ellos. Estaban aterrados, incluso preocupados. Todo el mundo me andaba buscando hasta debajo de las piedras. Llegaron a pensar que me podían haber secuestrado. No les faltaba razón: fue un secuestro pasional en toda regla de día y medio con maratón de sexo. Acudí esa mañana desvelado y todavía bajo los efectos de todo lo que habíamos tomado, aunque no se me notaba tanto. Miguel, el promotor, era el único que había estado relativamente tranquilo.

—Yo sabía que usted estaba ahí, porque ahí lo dejé —me dijo entre risas, porque él me había dado el *ride* hasta aquella dirección, aunque no sabía la identidad de la persona que me estaba esperando.

Una de estas amantes coincidió con Beli en un evento. Estaba muy reciente el final de nuestra relación, motivo de más para ser discretos, pero no. A esta otra mujer no se le ocurrió mejor cosa que acercarse a saludarla y decirle que yo le mandaba muchos saludos. Eso sacó bastante de onda a mi ex, que le preguntó que cómo así saludos, y la otra le dio más detalles.

—Sí, amiga, es que nos la pasamos en mi depa juntos todo el fin de semana, platicamos mucho. Habló mucho de ti y, pues, dijo que te manda muchos saludos.

Por supuesto, era mentira lo de los saludos, obviamente. Lo del fin de semana que pasamos juntos sí era cierto. Pasó lo que tenía que pasar y se lo comentó a Belinda con toda la maldad del mundo, pues, acto seguido, me marcó para contármelo y reconocerme abiertamente que lo había hecho nomás para darle en la torre. Incluso me regañó, diciéndome que yo debía entender que las mujeres eran así y que si no lo entendía, estaba mal.

Por si me había quedado alguna duda de si lo entendía o no, tuve otra de esas aventuras que me mostrarían con más crudeza ese gen competitivo femenino, cuya voracidad es más feroz que la de un depredador. Fue con alguien cuya identidad sí debo preservar a toda costa, porque a Belinda le sentaría como un tiro en un pie que la hiciera pública. Me consta fehacientemente que se odian a muerte. Es su acérrima enemiga y no la podía ver ni en pintura. Yo mismo lo comprobé durante nuestro noviazgo. No quiero que mi ex lo tome como un acto de guerra, porque en realidad no fue así. Si acepté todas esas citas, era porque tenía clarísimo que no iba a haber segunda parte y de frente, como caballero, se lo había dejado cristalino *vis a vis*. Fuera de eso, estoy convencido de que donde yo contara con pelos y señales mis quereres con esa mujer, no me iban a creer. Ni ella ni yo hemos dicho nada jamás al respecto, no hemos hablado de ello con nadie, al menos por mi parte. Supongo que tampoco de la suya, pero fue una experiencia digna de mencionarse, así no revele el rostro de esta amante, a quien agradecí su franqueza desde la primera vez que platicamos cenando alrededor de una mesa.

—Mira, Lupe, espero que no me lo tomes a mal, pero tú a mí no me gustas. No eres mi tipo de hombre, no sé en realidad cómo eres ni me interesa saber cómo seas. Yo solamente quiero acostarme contigo para darle en toda la torre a esa culera, que se merece eso y más.

Así me lo soltó en seco, sin anestesia, antes siquiera de probar bocado. Yo casi me atraganto con el trago de vino al escuchar esas palabras tan directas.

—Está bien, no hay pedo, tampoco he acudido a esta cita escribiendo poesías o buscando el amor de mi vida. Soy un hombre soltero, no tengo que dar explicaciones a nadie de con quién me voy o dejo de ir a la cama. Vine a pasarla a toda madre y la pasaremos —respondí con la misma franqueza, invitándola acto seguido a que acortáramos los prolegómenos visto lo visto y fuéramos directos al grano. —Yo creo que ni caso tiene alargar la cena ni pedir más vino. Órale, vayamos de una ya a lo que vinimos pues, para qué hacernos tontos aquí gastando palabras.

—¡Órale! —asintió ella sin titubear.

Después de tener mi cuento con esta hermosa mujer, me quedé pensando. Si la aventura fue secreta, no veía la manera de que cumpliera ese perverso deseo que ella misma me confesó de restregárselo a Belinda para hacerle daño. Ojos que no ven, corazón que no siente. No tenía sentido. Por tanto, pensé que la persona que me llevó a la cama halló el modo de filtrarle la noticia para regocijarse con su trofeo. Ni supe ni pregunté, pero había un indicio que reforzaba esa sospecha. Casualmente, luego de aquella aventura clandestina, noté que mi ex no me volvió a contestar los mensajes. Nuestra comunicación era muy esporádica en todo caso. Nos llamábamos alguna que otra vez para saludarnos y ver cómo estábamos, comentar algo puntual que había salido en las noticias como para darnos un consejo, o le mandaba algún mensaje por alguna razón en particular. En ambos casos, me contestaba siempre con mucha amabilidad. De un día para otro, dejó de responder los mensajes y no me atendió más las llamadas. Como suele decirse, era blanco y en botella. Aparentemente, hubo una causa y hubo un efecto.

Capítulo 28

AMAR EN TIEMPOS DE PANDEMIA

Preparamos dos buenos proyectos para recibir la nueva década, cuando justo se estaban cumpliendo veinte años de mi primer gran éxito. Así nacieron *20 años de éxitos* y *Borracho de primera*. La idea era volver a grabar viejos temas, entre ellos, un dueto póstumo con mi hermana Jenni, "Que me entierren cantando", para el cual pedí permiso a mis sobrinos. Aprovecho para contar que cuando me separé de Juan, esa canción no se la firmé a él. Mi voz se la regalé a los hijos de mi carnala. Ellos tienen todos los derechos de mi voz en la rola. Publicaba esa canción casi dos décadas después de grabar "Que me entierren con la banda", dueto que hicimos para apoyarla a ella en sus inicios, cuando yo ya estaba bien fuerte.

El video musical lo dirigió Lino Quintana y lo grabamos en la casa de la avenida Gale, donde nos criamos. Mi mamá es todavía dueña de la casa. Por aquel entonces vivía allá Marco Gálvez, un asistente de mi papá. Ahí se me ve llegar bien borracho en una camioneta amarilla que manejaba Rosie. Una vez dentro de la casa, me pongo a repasar un viejo álbum de fotos dejando flotar la nostalgia al compás de la canción. Me dio mucho sentimiento, porque tenía mucho tiempo sin ir a esa casa que tantos recuerdos guarda en sus paredes, como el trabajo que hice con mis propias manos poniendo la plomería de cobre de una pulgada, el filtro del agua y los suelos de cerámica.

Presentamos *Borracho de primera* y *20 años de éxitos* por todo lo alto en la Ciudad de México, prácticamente coincidiendo con mi cumpleaños 48. La familia se dio cita allá. Mi mamá, mi papá, Rosie, Juan y su esposa Brenda me cayeron por sorpresa cuando yo cantaba en el evento. Ahí presentamos también el video de "Que me entierren cantando". Recuerdo haber dicho a los medios que me seguía costando ver imágenes de Jenni y le dediqué sentidas palabras a mis jefes, como siempre, emocionado y con un nudo en la garganta.

—Apá, usted es mi mejor amigo, es mi héroe. Todos los que están aquí quisieran tener un padre como usted, pero usted es mío y lo amo, jefe. Es un pinche chingón. Pero hay una viejilla, hay una viejita que siempre estuvo. Creo que, si hubiera traído bastón, nos habría pegado con él. Mi mamá fue la que me dijo graba "Borracho", graba "Sufriendo a solas", graba "Yo" de José Alfredo Jiménez, graba "Despreciado", graba "Tragos de amargo licor". Mamá, gracias por escoger todos mis éxitos.

Acompañado de mi banda, canté aquel día muchos de esos temas exitosos y recibí un cuadro de parte de los fans de Jenni, hermoso detalle que agradecí.

El detalle de la familia fue emocionante. Aquel fin de año, nos juntamos todos en casa de mi mamá. Éramos como 72 personas, si no me falla la memoria. Yo no he vuelto a celebrar ninguna Navidad familiar con los Rivera en estos últimos cinco años. Cuando dejé de trabajar con Juan, esa misma familia se me volteó, creo que injustamente, pero así fue. No dejo de soñar con que esa escena pueda volver a repetirse. El tren del perdón nunca debe llegar tarde a la estación de nuestros corazones, y mi mano está tendida.

En los planes de 2020 no estaba contemplado repetir en *La Voz*, a pesar de haber salido victorioso en 2019. Se dijeron muchas tonterías, como que Belinda me había vetado. La verdad es que me enfoqué en los nuevos discos. Había pensado en un álbum de duetos con artistas modernos de diferentes géneros y un homenaje a Vicente Fernández, mi gran ídolo, con música de banda. Lo hicimos, pero todavía no se ha publicado. En todo caso, con apenas dos meses transcurridos del año, hubo una fuerza mayor que nos hizo cambiar todos los planes.

A veces uno lo piensa y pareciera que fue una pesadilla que no sucedió en realidad. El mundo era un caos. Todos estábamos encerrados en nuestras casas y llegó el momento en el que California se selló. No se podía salir ni entrar. Para poder salir, necesitabas certificar que era por primera necesidad, para comprar víveres o medicinas. Con la obligatoriedad de tener que estar en la casa, durante ese tiempo intensifiqué mi presencia en las redes sociales. Fue cuando me dio por hacer los videos de las cocinas con transmisiones en vivo desde Temécula.

Permanecimos encerrados hasta que el número de afectados descendió. Se relajaron algo las medidas, California volvió a abrir sus puertas y nos pudimos empezar a mover otra vez, así fuera con restricciones. Esa misma semana conocí a Giselle a través de las redes, de la manera más típica. Le mandé un primer mensaje y hubo una primera respuesta. Luego, empecé a tirarle rollo y se intensificaron los mensajes. De ahí pasamos al chat y, posteriormente, a las pláticas por videollamada, donde el coqueteo fue muy directo, al punto de generar esa típica ilusión idealizada del otro antes de poder conocernos en persona. Todos los pasos que fuimos dando parecían positivos.

Toda vez que se habían levantado las restricciones, pudimos conocernos en persona. Justo cuando empezábamos a vernos, la situación se volvió a complicar. Los casos de Covid aumentaron y se anunció que se iba a echar otra vez el candado al estado. Viendo lo que se venía, tuve unas palabras muy francas con ella.

—En circunstancias normales, nos echaríamos casi un año entre que nos sigamos conociendo, yo trate de conquistarte y demás proceso. Lo que pasa es que no estamos en unas circunstancias normales, la situación es bien complicada tanto para ti como para mí. Tú me gustas y yo te gusto, entonces te quería proponer que te vinieras para acá y te quedaras aquí conmigo durante el encierro. No tenemos nada que perder. Piénsalo. Una de dos, o resolvemos o reventamos.

Ella lo pensó y aceptó. Se mudó conmigo a mi rancho de Temécula. Llegamos al amor en los tiempos de pandemia por un atajo. Para mí fue algo muy novedoso. Nunca sospeché que pudiera iniciar una relación de esa manera. Tampoco éramos ninguna excepción. A partir de aquel mes de marzo de 2020 en adelante, muchas parejas se vinieron abajo y otras se formaron condicionadas por el virus que azotaba a la humanidad y el modo de interactuar entre nosotros. En aquel confinamiento que compartimos, consolidamos el romance y por compartir, hasta compartimos el Covid.

Aquella apuesta fuerte de invitarla a la casa podía ser una gran idea o un tremendo error. Si iba a funcionar, funcionaría de todos modos, con o sin pandemia, con o sin acelerador de la convivencia. La moneda salió cara, porque estuvimos juntos tres años, en los que vimos el paulatino regreso a la normalidad luego de doblegar al virus. Desde el momento que vimos que todo iba bien, empezamos a tomar decisiones encaminadas a acoplar nuestras vidas. Ella tuvo que cerrar un negocio que tenía de cuidado y diseño de cejas y pestañas, porque las cosas se pusieron muy difíciles por causa de la situación sanitaria. Cuando la coyuntura se fue recuperando, le sugerí que lo reabriera en Temécula. Yo podía apoyarla con eso. Rentamos un lugar y sí, le eché una mano poniendo el local a punto, pintándolo, decorándolo.

Mucha gente me preguntaba si me había vuelto a casar por tercera vez, porque me refería a Giselle como mi esposa en muchas entrevistas. Más allá de la firma de un papel, era como me nacía tratar a una mujer con la que convivía bajo un mismo techo. Lo hacía por respeto a ella y por darle su lugar. Se me hacía muy impresentable calificarla de amante o de noviecita. Hubo una anécdota ilustrativa al respecto. Su papá falleció en Guadalajara de manera repentina estando ya nosotros juntos. Yo lo respetaba y admiraba mucho, y tenía claro que si en algún momento dábamos el paso de casarnos le iría a pedir permiso. Cuando fuimos al sepelio, le pedí a una cuñada de ella que si me podía hacer un anillo de esos que se hacen doblando un dólar porque lógicamente yo no había comprado un anillo de compromiso. No había pensado tan siquiera en ello. Me pareció que era la manera más hermosa de pedir la mano de Giselle en esas circunstancias. Así fue como lo hice. Con el señor en el cajón, le pedí la mano de su hija de ese modo. Ella lo tomó a bien. Era lo que me importaba, porque la gente, en cuanto publicas algo en las redes, empieza a opinar y a juzgar sin tener idea del trasfondo de las cosas.

Honestamente, creo que sí me hubiera casado y habría sido mi tercer matrimonio. Lo que más me gustaba de ella era que no aplazaba la resolución de los problemas. Cuando había un pleito, me pedía resolverlo de inmediato y no irnos nunca a dormir masticando un coraje. A veces dormíamos separados, pero nunca enojados.

No me faltaron críticas por colaborarle a Giselle a relanzar su negocio, pero yo no hice sino lo que he hecho toda mi vida. Para qué unes tu vida con la de una mujer si no es para ayudarla, darle las herramientas para que crezca, desarrolle su propio talento, se sienta realizada y tenga sus propios ingresos. Si después te fallan, eso ya no es problema mío. No puedo dejar de hacer lo correcto por temor a que luego me puedan defraudar.

El mayor problema lo tuve con mis hijas, en particular con Ayana. Ya de por sí a mi hija mayor no le gusta convivir con cualquier aparecido. Es su personalidad. Nunca aceptó a Giselle y nunca se pudo solucionar aquel desencuentro. A mí, eso no se me hacía correcto. Mi papá ha tenido otras parejas luego de divorciarse de mi mamá. Independientemente de cómo me cayera una u otra, yo miraba que lo cuidaban, lo hacían feliz, y las respeté a todas porque era parte del propio respeto que le debo a mi papá. Esa misma actitud era la que le pedía a mis hijas con respecto a mis nuevas parejas, ya fuera Belinda, Giselle u otra, que fueran agradecidas, puesto que al fin y al cabo me estaban cuidando, una obligación que en teoría recae sobre los hijos. Puedo entender que en su afán de protegerme pudieran ser malpensadas y temer que Giselle simplemente estuviera tratando de sacar ventaja de la situación, aprovechándose en su propio beneficio. No niego que aquellas reacciones activaban una alarma en mí, pero por más que trataba de observar no veía esa mala onda en Giselle. No fue, ni mucho menos, por eso que empezó a resquebrajarse la relación.

La causa real de la separación fue la falta de comprensión y el egoísmo. Lo más importante para mí era pasar tiempo de calidad con mi hijo, de modo que cuando un compromiso con L'Rey coincidía con alguna cena o cualquier otro evento con Giselle, yo lo cancelaba para darle prioridad a mi hijo, porque mis hijos eran y son prioridad ante cualquier persona, empezando, por supuesto, por el único hijo varón que tengo, que era en aquellos momentos el más cercano a mí. Como yo lo era con mi apá, mi hijo es mi mejor amigo. Cuando él me pedía algo, se paraba el mundo, incluso cuando quería algo que él sabía que no iba a gustarle a su mamá. Es mejor pedir perdón que permiso, le decía yo, anticipando el posible regaño de Mayeli. Lo apoyaba al cien por ciento en lo que me pedía, y si alguna petición suya significaba dejar para después un plan con mi pareja, ni modos. Por tanto, sí le doy la razón en eso.

Ella lo interpretaba como una falta de atención y lo tomaba a pecho. Para Giselle, no era correcto y, para mí, lo incorrecto era que ella no entendiera que yo estaba haciendo lo correcto. Ese desgaste se enquistó y acabó por provocar un alejamiento que desembocaría en la separación definitiva. No fue, ni mucho menos, un tema exclusivo de infidelidad como publicaron los medios. Para entonces, nosotros ya nos habíamos dado un espacio. Su imprudente cita de Las Vegas fue tan solo la gota que derramó el vaso. Para desgracia mía, la prensa volvió a equivocarse, ya fuera con mejor o peor intención, tal como pasó en el divorcio de Mayeli, proyectando una versión falsa de los hechos y una imagen mía distorsionada, en la que, como siempre, no salía muy bien parado.

He aquí una prueba más del fenómeno *fake news*, de la intoxicación informativa de quienes publican cosas alegremente, sin contrastar, atendiendo puros rumores, chismes sin fundamento. Veamos nomás una publicación de mayo de 2023. Decía el titular:

> "Giselle Soto le habría puesto los cuernos a Lupillo Rivera con Fernando Vargas Jr.".

El uso del condicional en el verbo *haber* ya es de por sí una pista de que están publicando una información sin contrastar, ¡pero lo hacen sin ningún rigor, órale! ¿Las fuentes de información para hacerla pública? Pues, comentarios en las redes sociales, la mayoría anónimos, y la opinión de un bato que puede contar con muchos seguidores en sus videos de TikTok, pero que no tiene ni la más remota idea de lo que pasó. La nota lo citaba a él como fuente y añadía: "Aparentemente, Giselle Soto habría tenido una aventura con el boxeador Fernando Vargas Jr., a quien había ido a conocer personalmente en Las Vegas, y Lupillo Rivera la cachó *in fraganti*".

Aquí, el adverbio "aparentemente" antecede al verbo en condicional. ¿Se imaginan una vida entera padeciendo informaciones de este tipo? ¿Se imaginan una vida donde a ustedes los estuvieran acusando a cada rato con un "aparentemente" delante? Pues, la ruptura con Giselle fue el penúltimo capítulo que me tocó soportar. El último siempre está por escribirse y sé que no me libraré de eso jamás. Veamos ahora lo que sucedió en realidad.

Cuando vimos que los problemas que veníamos arrastrando habían condenado el romance a su final, decidimos dejarlo hasta ahí. Estábamos en ese proceso y en buenos términos. Nos dimos un tiempo para que, en caso de no superar la crisis, ella se ubicara y mirara cómo iba a rehacer su vida. Me presté a ayudarle en todo lo que pudiera y, por supuesto, le di libertad de movimiento. En ese ínterin, ella hizo aquella escapada a Las Vegas con unas amigas y allí fue donde se vio con el boxeador. Yo no supe dónde andaba, ni lo que hizo o dejó de hacer con aquel bato, ni tenía por qué saberlo. Me enteré del chisme por la persona menos esperada, una vieja amistad: Daisy Cabral.

Yo le hablé aquel día a Daisy nomás para saludarla, y preguntarle cómo iban los negocios. Quería comentarle, precisamente, que mi separación de Giselle parecía inevitable, dándole de ese modo luz verde para trabajar con ella sin necesidad de enredarme a mí. Daisy había intentado captarla como *influencer* para promocionar sus negocios, pero después de la experiencia de Mayeli le pedí de favor que no lo hiciera. Daisy y Mayeli acabaron en muy malos términos tras mi divorcio de ella, tanto así que yo acepté ayudarle para que le bajara a la guerra con la madre de mis hijos Lupita y L'Rey. Lo hice por ellos. Sin embargo, sí le pedí que dejara a un lado a Giselle Soto cuando estábamos juntos, y ella lo respetó.

Ese día, le comenté que si quería ya podía contratarla. Cuando le estaba diciendo eso, ella me interpeló relacionando lo que le acababa de contar con lo que había visto en algún medio.

—Ah, entonces es que ya te diste cuenta de lo que pasó con Fernando Vargas...

—¿Cómo? No, ¿qué pasó? Cuéntame, no sé de qué me hablas —respondí con lógica perplejidad ante algo que desconocía por completo.

—Pues, que la agarraron con él, al parecer, en Las Vegas. Vas a tener que aclarar eso, Lupe, porque te ves mal.

Viendo mi sorpresa, pasó a contarme con detalles todo lo que los medios estaban publicando y de inmediato me puse a checar. Cuando colgué el teléfono, recibí nuevas llamadas que confirmaban la información. No puedo decir que me diera igual. Solo las especulaciones que la situación generó eran, de por sí, motivo suficiente para que no me gustara, pero poco podía hacer. En *La casa de los famosos* hablé de esto, del hecho de que ella me reconoció que tuvo su asunto en Las Vegas. El desengaño fue relativo y tuvo sus matices, porque finalmente ya la cosa estaba muy mal, pero aun con ese atenuante la palabra traición suena fea y no deja de ser traición. Estuvo mal buscar fuera de la casa la atención que ya no tenía de mi parte. Por mucho que estuviéramos en una crisis de pareja, nunca habíamos tenido una conversación explícita de que cada cual podía hacer lo que se le diera la gana hasta esos extremos. Una vez que hizo eso, sí le pedí que se fuera de la casa.

Cuando me escuchó pronunciarme públicamente sobre lo que sucedió, escribió un *post* que me causó hilaridad. ¿De qué otra forma me lo podía tomar cuando leí que decía que se había mantenido leal y fiel hasta el final? No sé qué hará cuando lea este libro. Mi trato hacia ella es con todo el respeto del mundo, pero sin faltar a la verdad. Tal vez el error sea no tener muy claro el significado de las palabras *lealtad* y *fidelidad*, pero uno anda ya muy mayor como para seguir ese tipo de juegos. Ni caso tiene decir que no me tomé la molestia de responder cuando escribió que tenía "un álbum completo lleno de pruebas de que me engañaste a diestra y siniestra". Simplemente, me habría gustado poner algún comentario preguntando cuándo sucedió eso si me la pasaba con ella todo el tiempo, 24 horas al día, 7 días a la semana.

Mi conciencia estaba tranquila respecto a todo lo que le había dado a esa mujer. No creo que tenga queja de la vida que le di. Me pregunto si después de mí siguió ordenando sushi a diario por el valor de 300 dólares para compartir con las amigas y las clientas, cosa que por supuesto hacía con cargo a mi tarjeta. No era lo mismo que tener que irse a comer a un McDonald's, con todo mi respeto a quienes eligen esta opción. Si ella no era capaz de mantener la compostura, no era problema mío. El episodio de Las Vegas no fue la causa de la ruptura de nuestra relación, que ya estaba rota, pero desde luego sí de la separación. No iba a dejar que siguiera en la casa mientras se reubicaba, si ella no era capaz, cuando menos, de ser discreta a la hora de rehacer su vida. Debió haber sabido que hoy en día te pueden captar en cualquier momento y lugar.

Los tiempos modernos nos complican la vida en este sentido. Hoy en día, todo el mundo graba o toma fotos desde su teléfono. Se ha perdido completamente el respeto a la intimidad de las personas. Si vas a un funeral, te graban; si estás en el hospital, te graban, así se estén muriendo. Hay gente que ve un accidente en la carretera y, en lugar de pedir ayuda o de hincarse a orar por los afectados, sacan el dispositivo y se ponen a tomar fotos. Para las personas que somos conocidas se ha vuelto imposible disfrutar de un momento especial con una persona que te gusta, pues a donde quiera que uno vaya hay gente armada con celulares que desenfundan sin pararse a pensar en la privacidad. Me he sentido cohibido a la hora de invitar a una mujer a cenar porque cualquiera, desde un mesero hasta un comensal, puede tomar una imagen y dañar el momento. La alternativa sería tratar de organizar una cena privada, pero, claro, si le dices a una mujer que quieres invitarla a una cena en tu suite se va a asustar, porque va a pensar que directamente te la quieres llevar a la cama.

No solo se ha perdido el respeto a los demás, sino también a uno mismo, al poder disfrutar de los momentos. Antes, íbamos a los conciertos y los disfrutábamos a tope, le gritábamos al artista, aplaudíamos, cantábamos las canciones, tomábamos, saludábamos a extraños. En definitiva, gozábamos del *show*. En la actualidad, ves gente en los conciertos nomás preocupada con su celular en mano para tomarse la foto *cool* o hacerse el video para subirlo al Instagram. No disfrutan de una sola canción. Están nomás pendientes del teléfono. Es algo muy triste. Podré entender que llegue el día que un artista prohíba el uso del celular en su concierto.

Giselle debía saber todo eso. Esa separación me dejó, en todo caso, junto al divorcio de Mayeli, una enseñanza. Eran dos mujeres completamente anónimas que se hicieron famosas e *influencers* a mi costa, cosa que no han agradecido jamás y que perjudicó la relación. No volveré a tropezar con esa misma piedra. Al menos, eso espero. Si he vuelto a tener pareja, he procurado que los medios no sepan ni siquiera su nombre. He aprendido que es mejor mantener una línea reservada. De ese modo, logramos que la energía entre nosotros dos esté intacta sin exponerme a la intoxicación de la prensa y a la bola de energía negativa que genera. Para eso, he necesitado que ella esté de acuerdo y no caiga en la tentación de buscar la fama. Qué bueno que no tenga interés en ser famosa y prefiera no estar involucrada en la escena pública para evitar disgustos el día de mañana.

Se lo he aconsejado también a mis hijas. A Lupita le dije que publicar que anda con tal novio no le va a generar nada más que chismes, envidias y malas vibras, incluso de sus propias amigas, lo cual la acabará afectando. Ya no me voy a dejar convencer de cualquier comunicador que venga con el cuento de que me conviene tal o cual cosa. Le convendrá a quien me lo propone, pero no a mí. Quien evita la ocasión evita el peligro. Las traiciones del pasado han hecho del Lupillo Rivera tremendamente abierto un hombre reservado con según qué cosas. Platicar de mi pareja públicamente no me va a hacer vender más discos ni alcanzar más reproducciones. Por el contrario, sí podría llenar mi copa otra vez con tragos de amargo licor.

Capítulo 29

LA ADRENALINA DEL ESCENARIO

Este probablemente sea el capítulo de balance de algunos de los tragos más dulces que mi profesión me ha permitido tomar, gracias a la música y a la intervención positiva de algunas gentes en mi vida. Hay dos personas que me han enseñado mucho a lo largo de mi carrera, ambas han fungido como representantes míos. Quien me enseñó los secretos del escenario y a echarle todas las agallas que se necesitan para estar al cien por ciento fue Javier Rivera, que en gloria de Dios esté. Con él, aprendí mucho del mundo del espectáculo y todos los trucos para el comportamiento durante una actuación. Me ayudó a superar la timidez que arrastraba desde niño y que él percibió al instante cuando enfrentaba entrevistas o me fijaba en alguna mujer bonita. Luego está Patty Chávez. A ella le debo todas las enseñanzas de la parte de los tratos en la industria disquera moderna, los acuerdos en programas de *reality* y todos los productos de mercadeo de los tiempos modernos. Ahorita estoy trabajando con Jorge Torres, el mánager más constante de cuantos he tenido, para el que nunca hay descanso. No tiene horas ni reloj. Está pendiente las 24 horas del día de los siete días de la semana para atender cualquier solicitud de contratación que se presente.

Los escenarios son nuestra vida. Para cualquier artista, el escenario es esa adrenalina tan necesaria para vivir como el oxígeno. Cada cual tiene su ritual. El mío es muy básico. Antes de salir a cantar solo hago una pequeña oración de acción de gracias por estar ahí en ese momento. Luego, hago el habitual calentamiento de la voz, y nada más. He intentado mantenerme en silencio, pero es difícil, porque siempre hay gente que te quiere saludar y a mí me gusta atender a todo el mundo. Nunca tomo antes de salir a cantar. En ese sentido, he sido muy responsable para estar centrado en lo que voy a hacer. Durante el *show* sí comparto mis típicos tragos con el público, algo que todo el mundo ha visto. Tampoco ingiero ningún alimento antes de los conciertos. Soy incapaz de comer antes de subirme al escenario, absolutamente nada, ni una fruta ni un jugo siquiera. El hambre se me amontona de golpe una vez que he acabado. Por supuesto, hacer el amor menos todavía. He escuchado de artistas que sí acostumbran, o al menos eso cuentan las leyendas, pero en mi caso creo que se me acabaría toda la energía de la voz antes de entonar la primera rola.

No visualizo mi vida sin cantarle a la gente. Me he presentado en los escenarios más grandes del mundo y después en los locales nocturnos, pero me vale madres. Yo nací para cantar. Lo disfruto igual y me entrego con la misma pasión a mi público, ya sea en una fiesta privada o en un estadio. Me han llamado para cantar en panteones y he ido a cantar "Yo te extrañaré" a las gentes con todo el gusto del mundo.

Cuando hago memoria, recuerdo grandes momentos que he vivido sobre los escenarios y también algún que otro momento embarazoso. El Anfiteatro Universal era el lugar que lo consolidaba a uno como estrella y lo subía al olimpo de los dioses de la música. Allá se presentaba gente de la talla de Vicente Fernández y artistas de fama internacional en cualquier género musical. Fue el escenario donde Julio Iglesias batió un récord en sus presentaciones durante los Juegos Olímpicos de Los Ángeles 1984, con un total de diez conciertos seguidos, *sold out* todos ellos. Fue un gran logro que acababa con el viejo récord de convocatoria en ese recinto que tenían Frank Sinatra y Barry Manilow.

Me convertí en el primer artista nacido en Los Ángeles capaz de entrar a ese escenario cantando música regional mexicana. Ese es el recuerdo grato de aquel mítico escenario, que llegó a ser el tercer recinto de mayor capacidad de toda California y que en 2005 se rebautizó como Anfiteatro Gibson, cuando la Gibson Guitar Corporation se hizo con los derechos de denominación. En el Gibson viví también el día más amargo cuando estuve ahí con el féretro de mi hermana presente. No pude evitar recordar, entre lágrimas, la segunda vez que me presenté ahí de la mano de Javier Rivera y se generó una situación incómoda con Jenni, que voy a tratar de rememorar a cabalidad, sin lecturas sesgadas, chismosas o malintencionadas, que era por desgracia lo que siempre trascendía ante cosas así.

Primero que nada, conviene recordar el contexto. Como yo fui el primero de la familia que alcanzó la cima del éxito, mis papás y mis hermanos pensaban que era una obligación mía ayudarlos a que triunfaran también. No hacía falta plantear la cosa como una obligación. Yo los ayudé porque me nacía del alma. Ellos, sin embargo, no me pagaron con la misma moneda. Cuando yo necesité de su ayuda, no la tuve. Al contrario, si movieron un dedo, fue para tratar de destruir mi carrera y hundirme.

Dicho esto, repasemos lo que sucedió en el Gibson con Javier Rivera. El primer año en tan emblemático escenario de Los

Ángeles, le dije a mi mánager que quería meter a Adán Sánchez, el hijo de Chalino, y a mi hermano Gustavo. Así fue. Subirse al escenario era una buena oportunidad para ambos. En el caso de Adán, sí le sirvió para disparar algo más su carrera. El segundo año, le pedí a Javier que le diéramos chance a mi hermana Jenni para abrir el concierto. Desde ese momento, hubo un roce con mi carnala, porque ella sentía que abrir el *show* era hacerla menos. No olvidemos que todavía no había agarrado fuerza, no estaba en condición de exigir, pero aun así no quise discutir. La mera verdad, siempre he pensado que era una estupidez todo eso de quién abría y quién cerraba. Pedí que se le hiciera un hueco en la mitad del concierto en lugar de que lo abriera. Yo cantaba una hora, después salía ella, cantaba, y ya seguía yo hasta el final. Para el tercer concierto, Javier Rivera me propuso meter a Maribel Guardia en lugar de mi hermana, aduciendo que no era bueno repetir sino variar. No niego que, dado el carácter de Jenni, él debió haber buscado algún pretexto para evitarla, pero para mí la palabra de Javier Rivera era poco menos que palabra de Dios en lo que a mi carrera se refería. El hombre estaba avalado por años de trabajo manejando a los más grandes y su sabiduría dentro de la industria era incuestionable. En otro concierto, me propuso meter a una cantante que se llamaba La Peligrosa, que era locutora de la KeBuena. Fue una jugada maestra. Si nos hubiéramos ido por nuestra cuenta con la radio, la promoción de mi evento nos habría costado unos 60,000 dólares. Él metió a la locutora, a la que le pagó 5,000 dólares por cantar en mi *show*, sabiendo que promovería el evento a diestra y siniestra. Por cosas como esa era que le tenía una fe ciega y, por tanto, le hice caso sin dudar cuando metió a Maribel Guardia aun con el consiguiente enojo de Jenni, quien sintió que no hice todo lo que estaba de mi parte para darle esa nueva oportunidad. A raíz de eso, tocó escuchar cualquier tipo de comentarios, tuvieran o no fundamento, y casi nunca lo tenían. Mi mamá, por ejemplo, dijo que Javier Rivera no quería a mi carnala en mis *shows*. No era cierto, él simplemente buscaba lo mejor para mí y no se equivocó. Maribel funcionó, tenía muy buena presentación y, de hecho, nos acompañó en más eventos fuera de Los Ángeles. Aun así, si llego a saber que Jenni se iba a sentir tanto, la habría metido en cada uno de mis *shows*, así pasara por encima de la opinión de mi representante. Lo reafirmo hoy en día, aun sabiendo que cuando mi hermana estaba volando y a mí me tocó picar piedra, ella jamás me llevó a ninguno de sus *shows*.

Más tarde se daría otra circunstancia en Pico Rivera, en un concierto al que acudimos toda la familia. Ya por entonces Jenni había agarrado mucha fuerza y a mí me tocó defender mi lugar como pionero de la dinastía, lo cual volvió a originar molestias en la familia. Con el paso del tiempo, el cargo de conciencia por aquel incidente se alivió bastante.

Esos roces provocaron que me molestara mucho con Pepe Garza, porque él dijo abiertamente que yo no había querido ayudar a mi hermana, aunque, al día de hoy, él ha aclarado que estaba equivocado y que aquello no fue así. De hecho, mencionó la canción que grabé con ella, "Que me entierren con la banda". Ese dueto, junto a su correspondiente video con una estética chola mezclada con una apacible tarde de campo, se dio cuando justamente ella estaba empezando con su rola de "Las malandrinas" y yo ya había dado el gran salto a la fama. Por tanto, claro que hubo siempre un deseo de ayudarla. No solo eso: en muchas presentaciones mías multitudinarias organizadas por la radio, yo le avisaba para que se aprendiera tres rolas y la subía al escenario cuando empezaba. Ni mi papá ni mi mamá creyeron jamás los chismes de que yo trataba de frenar la carrera de Jenni. Todo lo contrario, lo demostraba con hechos.

Fui el primero y me encontré un camino muy empedrado que fui limpiando. Eso sirvió para que, cuando ella despegó, se encontrara un sendero más limpio. El más claro ejemplo fue lo que le aconsejé sobre el equipo de gente del que debía rodearse. Tuvimos una conversación en la que le dije que no cometiera los mismos errores míos, que si entraba fuerte al negocio debía rodearse de un equipo de personas adecuado: un publicista, un promotor, un productor, un mánager, personas que la cuidaran. Y lo hizo. Se armó con gente muy fuerte y muy inteligente, y supo tomar mejores decisiones que yo a veces, como cuando tenía que escoger entre que le pagaran o irse por la puerta, es decir, a porcentaje, en un concierto.

He tenido algunos desencuentros a lo largo de mi carrera con Pepe Garza, no solo ese. El primer problema que tuvimos ocurrió después de él haberme promovido y cuando yo ya ocupaba los primeros lugares de las listas de éxitos. Él manejaba un personaje en un *show* que se llamaba El Morro, que era una especie de Barney, pero en lugar de un dinosaurio era un mono. La mascota cantaba con la voz de un niño y me pidió el favor de que yo grabara mi gran éxito "Despreciado" junto a la voz de su personaje. Para la versión de El Morro, cambiaron la letra y la titularon "Castigado". Fue una experiencia agradable. Grabamos incluso un video y le fue muy bien al *show*. El problema fue que, a las tres semanas, noté un drástico bajón de mi música en la radio. Como no sabía nada, fui a visitar a Pepe.

—Compa, ¿hubo algún problema? Estoy sintiendo como floja la cosa con mi música y con la rola, no sé si algo hubiera pasado. Si pasó algo, quiero pedirle de antemano una disculpa, pero no sé por dónde pueda venir la cosa.

—Pues, es muy sencillo, Lupe. Pasó que ahí anda un mono igual que El Morro cantando las canciones tuyas, que se hace llamar "Lupillito", pelón para más señas, para que no haya dudas.

—¡Ah, caray! ¿Y de quién es esa madre? —pregunté yo, ignorante por completo de aquello.

—Ah, ¿no sabes? Pues es tu propia familia.

Me llevé una tremenda sorpresa. Fue mi hermano Pedro a quien no se le ocurrió mejor idea que crear un mono igual a El Morro, bautizarlo con el nombre de Lupillito y ponerlo a hacerle la competencia al personaje de Garza. La primera consecuencia fue bajarle a mi música. De inmediato, y desde la misma oficina de Pepe, le marqué a Pedro muy enojado. Le hice ver que esa onda de Lupillito no estaba correcta. No se le podía poner semejante zancadilla a la persona que me había apoyado incondicionalmente contribuyendo a mi éxito.

—*Bro*, me estás haciendo quedar mal con Pepe Garza y yo no quiero quedar mal con él después de todo lo que me está ayudando. Y fuera de eso, de esto depende mi carrera, cabrón. Me pueden llegar a sacar de la radio y todo nomás por una pendejada como esta, *bro*. ¿Cuánto te estás ganando con el pinche muñeco? Yo te lo pago, carnal, pero te pido de favor que quites esa madre y me arregles el pedo.

No pareció entenderlo o no quiso entenderlo, eso sí no sé. Todo lo que hizo mi hermano para arreglar el asunto fue cambiarle el nombre a su muñeco y dejarlo en "Pillito" nomás, y como también estaba pelón le puso como unas tiras de pelo para disimular. No sé si fue peor el remedio que la enfermedad. Lo único positivo de aquel incidente es que Pepe Garza pudo ser testigo de mi lealtad, más allá de la diferencia que me generó mi carnal.

Pepe me pidió una vez que le grabara un mensaje a su papá porque era muy fan mío. Yo en lugar de un mensaje aproveché una ida a Monterrey para visitar personalmente al señor y, de paso, conocí a su mamá también. Malentendidos posteriores nos distanciaron a veces, pero, por encima de cualquier cosa, mi gratitud hacia él se ha mantenido invariable. Me sentí siempre muy arropado en los Premios de la Radio. Decían que era el artista más ovacionado y yo sentía ese calor. Recuerdo especialmente la edición de 2004, a la que acudí por sorpresa luego de mi accidente en Chihuahua. Nadie contaba con que pudiera ir.

Toda la vida le voy a agradecer a Pepe Garza por todo el apoyo y el respeto que me brindó. Preciso por eso, quise tener el gesto de invitarlo a escribir unas líneas en el libro de mi vida. Eso lo dice todo.

Hay una presentación que siempre cito como el peor momento que pasé en un escenario. Fue una vez que me tocó abrir el *show* para Juan Gabriel en la ciudad de Chicago. Yo tenía programados 40 minutos de actuación. Me subí y empecé a cantar ante la absoluta indiferencia del público. Nadie reaccionaba, nadie aplaudía. Después de cinco canciones, yo estaba desesperado, ni un grito, ni un aplauso. Parecía que las sillas estuvieran vacías. La sensación en las primeras canciones era horrible. Yo miraba a Juan Gabriel, que estaba al pie del escenario en un rincón, observándome sin que nadie se diera cuenta. Él mismo fue testigo de cómo, poco a poco, logré sobreponerme a la situación, ganarme al público del Divo y acabar con la gente aplaudiendo de pie y pidiendo otra y otra rola. Yo miraba al maestro para que diera su aprobación. Él hizo un gesto afirmativo y alargué mi presencia en el escenario hasta llegar a la hora, 20 minutos por encima de lo previsto.

Los Estados Unidos y México han sido siempre los lugares en los que el público no me ha fallado. Ser el primer artista nacido en el extranjero que cantando música mexicana funcionaba en México me proporcionó grandes días de gloria en la cantada. Algunos de ellos precisamente con Juan Gabriel, una persona finísima con quien tuve ocasión de grabar unas canciones para un dueto en su casa de Cancún y de cantar juntos en el Auditorio

Nacional. Lo segundo fue lo que me llevó a lo primero. Con él aprendí mucho en dos días, en el escenario primero y en el estudio después. Fue una maravillosa experiencia que jamás olvidaré.

En septiembre de 2015, el Divo de Juárez se presentó en el Auditorio Nacional con varios invitados. Para mí, aquello fue una enorme bendición. Era un artista que conocía desde niño, cuya música había vendido en casetes como pan caliente en las calles de Los Ángeles. Verme con él —además, en un escenario tan ilustre— fue algo maravilloso e inolvidable. Fue tanta la emoción que en mitad de la cantada rompí a llorar evocando aquellos recuerdos. Yo le compartí la historia, porque me veía tan emocionado que no hacía sino preguntarme si andaba en algún enredo de mal de amores por una mujer. Y no, le aclaré que era la emoción de recordar mi época de morro en la que mi papá me decía que no se me ocurriera regresar a la casa hasta vender todos los casetes de la caja, muchos de ellos de su disco *Querida*. Resultó que, con el pasar de los años, aquel señor que aparecía en la carátula del casete me invitaba a compartir su escenario.

—¿No cree que sí es para llorar, maestro? —le dije.

—No, pues, ¡qué pedo! No me lo puedo creer —contestó él, dándome un abrazo y con los ojos igualmente vidriosos después de escuchar toda esa historia.

Ese momento quedó registrado en un video. Conmigo hizo el tema "Si me quieres ver muy triste", una canción preciosa que él había compuesto para mi último disco y que cantamos con mariachi. Lo que no quedó grabado fue la llamada que le hice a mi mamá, todo emocionado, para contarle lo que estaba pasando.

—¿Qué estoy haciendo yo aquí, amá? —atiné a decirle antes de quebrarme.

—Pero ¿por qué lloras, hijo?

—Pues, es que, en qué hora, amá, iba yo a imaginar algo así cuando andaba en mi patineta o mi bicicleta con la ansiedad siempre de vender las cintas y vendía aquel casete de este señor frente a frente con Rocío Dúrcal de sus 15 grandes éxitos. ¡Y ahora voy a cantar con él! —le dije bastante emocionado.

Era tal que así. Recordaba perfectamente cada una de las portadas de todos los discos que vendí. Por ejemplo, *El Noa Noa* tenía una portada con una moneda café. Era tal como me había pasado en el caso que narré de Vicente Fernández. Esta misma historia se repitió cuando gracias a mi carrera tuve ocasión de conocer a otros artistas y hasta compartir escenario con ellos, gente a la que le había vendido su música y me sabía de carrerilla, como Los Tigres del Norte e incluso Ramón Ayala, el autor de "Tragos de amargo licor". Ramón nunca había grabado un dueto. Cuando fui a Hidalgo, Texas, para decirle que tenía el sueño de grabar uno con él, me dijo que era tal la energía bonita y el entusiasmo que observaba en mí, que accedió a hacerlo y grabamos juntos la rola de "Una botella" con banda y acordeón que tocaba el propio Ramón.

Juan Gabriel se comunicó después conmigo para que grabáramos tres canciones en dueto en el estudio. Era un hombre muy profesional y perfeccionista. Fue tanto que casi me acaba. Yo le bromeaba con eso cuando, exhausto, veía cómo me pedía una toma más. Me enseñó cosas para grabar, para modular mejor la voz. Él me decía que, si no me sabía la letra de la canción, no le gustaba que la leyera mientras la grababa. Me sentó en una silla y me dio dos libretas indicándome que apuntase la letra hasta que se me acabaran las hojas para aprendérmela. Lógicamente, le hice caso, me la aprendí. Volví al estudio, la grabé y comprobé que tenía razón. La perspectiva de la rola fue completamente distinta. Era la diferencia que iba de cantarla a interpretarla. Esa fue una lección magistral para mí, que me hizo mejorar como artista y tener siempre presente que los temas hay que interpretarlos para que la gente los sienta. Fui con la idea de grabar una canción y al final grabamos como cuatro. Su familia tiene esas grabaciones, que todavía no han visto la luz. Me hace mucha ilusión que algún día puedan incluirse en nuevas ediciones de sus duetos.

Tengo más fechas marcadas a fuego en mi alma que han determinado mi carrera. Por ejemplo, la que celebramos en México para conmemorar mis treinta años en la cantada; la del rodeo de Texcoco cuando me acompañó mi hermana por última vez. Cada vez que he regresado a cantar ahí, he tenido un cruce de sentimientos, de recuerdos tristes y recuerdos bonitos, como cuando volví la primera vez, años después de su muerte, y repetí la rola de "Tragos de amargo licor" pidiendo ayuda al público para cantarla con el fragmento que pudieron leer en la introducción del libro, como si ella hubiera estado allí. El palenque de La Paz, en Baja California, es otro de los escenarios que me evocan momentos muy gratificantes. He trabajado muchos años allí e incluso me invitaron a ir a sus famosos carnavales, que son de los más antiguos de México.

Hubo un concierto en Guadalajara, concretamente en una cancha de fútbol de Santa María Tequepexpan, en el que quise quedarme en el camerino una vez que concluyó el *show*, a la espera de que todo el mundo se fuera para ver una cosa: decían en esa época que yo era el artista que más alcohol vendía, y quise comprobarlo. Me pusieron un camerino en el que se podía ver el aforo y me di cuenta de que no podía verse el zacate. De tantas latas de cerveza que había sobre el suelo, no se alcanzaba a ver el pasto. Todo era un tremendo desorden de puros botes de aluminio. No me alcanzaba a imaginar todo lo que tomaba la gente durante mi *show*. No pude evitar acordarme del niño de los botes ante semejante mar de latas.

Recuerdo también con emoción el día de la actuación en la célebre explanada 30-30 con Joan Sebastian en México, cuando me contrató para cantar en un evento que él mismo promovió. Acudieron miles y miles de personas en un desorden total, un día de lluvia con mucho lodo en el que las autoridades tuvieron que decirme que no pusiera a la gente a bailar ni a brincar de aquella manera, porque semejante multitud podía provocar que la tierra se moviera. Joan Sebastian era otro artista muy especial para mí. Nos unía un pasado difícil. De morro vendí sus casetes en los bailes gruperos y en las pulgas. Cantamos juntos en varias ocasiones. Recuerdo otra que se alargó hasta las cuatro de la mañana en septiembre de 2003, en La Fe Music Hall de Monterrey, con ríos de gente formada desde las ocho de la noche. Ahí mismo salí y los saludé al grito de "¡Qué pasó, raza, vamos a ver de qué cuero salen más correas!".

Son la memoria de los días de gloria, en un momento muy fuerte en la labor de demostrar que tenía talento más allá del género ranchero y los temas de borrachos. Un mes después, saqué el *Lupillo Rivera LIVE En Concierto*, donde incluí *covers* que me habían funcionado, como el bolero clásico "Sabor a mí" de Álvaro Carrillo con banda, "El corrido de Chihuahua" y un tema nuevo de mi papá, "Dame por muerto".

En general, guardo muy buenos recuerdos de entradas impresionantes en conciertos memorables, tanto en México como en los Estados Unidos, y también en clubes y recintos más pequeños. Cuando me ha tocado bajarme en aforo, no se me ha bajado el ánimo ni el entusiasmo y lo he disfrutado por igual. Esa humildad nunca me faltó, como tampoco la satisfacción de haber ido a presentaciones puntuales en otros países, como Colombia, donde hemos tenido muy buena acogida. La nueva era digital anuló definitivamente las fronteras para la música.

❖

El repertorio que manejo en el escenario en cada *show* ha ido variando en función de los tiempos y el lugar donde me he presentado, porque los públicos son muy diferentes de un lugar a otro. No hay dos públicos iguales y siempre hay canciones a las que recurrir si notas que necesitas subir el ánimo de la gente. Uno como artista va sintiendo esa energía y adaptando siempre la lista para hacer que el público disfrute y tú con él. Normalmente funciona.

Si tuviera que mencionar un éxito por encima de los demás, es muy probable que con los datos en la mano escoja "Despreciado". Sin embargo, en mis presentaciones, la baraja de las grandes canciones está más repartida. Hay canciones como "Sufriendo a solas", "Paloma negra", "El Barzón", "Tú y las nubes", "Borracho" y "Sin fortuna", por poner algunos ejemplos, que cuando uno sube a un escenario es cuando dimensiona lo grandes que son entre el público, que las disfruta y las corea sin parar.

Cuando vendía música en la calle, había un casete de Javier Solís, el de sus quince auténticos éxitos, donde venía la canción "Esta tristeza mía". Me enamoré de esa canción y es una de las que canto con mayor emoción, ya sea con banda o con mariachi, así como "La derrota", de Joan Sebastian, otra que me llegó profundo porque evoca el arrepentimiento ante nuestros errores. "Flor de capomo" es un norteño muy popular que me piden mucho y que canto pensando en una joven a la que se la dediqué cuando la anduve conquistando. Me recuerda mucho a ella y por eso la canto con mucho sentimiento. "Paloma negra" es un *cover* que me piden mucho luego de aquella famosa interpretación en el homenaje a Jenni en los Premios de la Radio 2013, el año siguiente a su fallecimiento, y de incluirla en *El Rey de los Borrachos*. Ella la hizo muy popular luego de interpretarla en el último concierto suyo en Monterrey, precedida por aquellas palabras en las que pidió al público que le ayudara a cantársela a su hija, reconociendo que la canción, desde hacía unos meses, le llegaba profundamente. No fue la última canción que cantó en su vida, porque no fue la última del repertorio del concierto. "Borracho" es un tema del disco *Sufriendo a solas* que me recomendó mi mamá que grabara. Tanto en mis interpretaciones como en mis composiciones hay un elemento autobiográfico. Al fin y al cabo, las composiciones salen de las experiencias de la vida, al menos las mías.

La mayor bendición que Dios le ha dado al hombre es la mujer. Con ellas soy chapado a la antigua, caballeroso y conquistador. Ellas han sido mi gran inspiración. Ahora que rebasé el medio siglo de vida, me acuerdo del niño de los botes y de lo que aquello acabó influyendo en mí, porque me siento más niño que otra cosa, como si tuviera veinte años menos, en la flor de mi vida. Me relaciono con mujeres jóvenes, cosa que, no sé por qué, no le parece a cierta gente. A mí me da igual. Yo me siento un inútil enamorado, como diría la inolvidable Paquita la del Barrio.

Todas mis canciones tienen una historia detrás con una mujer. Ya me he referido a ello en algunos capítulos, si bien últimamente me ha tocado ir con cuidado con lo que vaya a expresar aludiendo a las mujeres, porque se te pueden echar encima con las críticas. Mi equipo me lo ha comentado, que hay canciones que canto con un sentimiento muy especial. Yo les respondo que eso es normal, porque cierro los ojos y evoco la vivencia y la persona que inspiró esa canción, que aflora con fuerza en ese momento. A mí se me hace bonito que uno pueda recordar a la gente de esa manera tan especial, aunque las reacciones no son siempre las mismas. Sé que hay mujeres a las que les gusta ese gesto y otras que te odian por eso. En ese caso no les toca otra que aguantarse, porque lo que canto es lo que viví. Pensé hacer un disco de todas las rolas dedicadas a las mujeres de mi vida que tanto me han inspirado. Hay una bien desgarradora que cantaba en mis borracheras pensando en Belinda, una rola que grabé y canté en la gira del campo. Era "Al ver que te vas", de Chayito Valdez, que me llegaba bien profundo. La he vuelto a grabar recientemente en una versión de estudio.

"Despreciado" es el recuerdo de una mujer real, una muchacha que quise y tenía idealizada desde mis años de la primaria. Llegó hasta la preparatoria, donde se veía hasta más guapa, pero nunca me volteó ni a mirar porque yo no daba el perfil ni el estatus del hombre que a ella le hubiera podido interesar. Me rechazaba solo por mi forma de vestir, y yo me sentía continuamente despreciado por un amor imposible. "Esclavo y Amo" es un canto al recuerdo de la señora del pasto, con quien perdí mi virginidad y quien dejó una marca bonita en mi vida. "Sufriendo a solas" me lleva al tiempo en que pasaba por mi primer divorcio, cuando me subía al escenario y cantaba ante miles de personas, pero luego regresaba a la casa y me veía solo. Aquello me hacía reflexionar mucho. Era una soledad dañina. Me preguntaba cómo el fin de semana podía estar arropado de tanta gente en un multitudinario concierto en Chicago, y el lunes llegaba a la casa en Los Ángeles y encontraba tanta frialdad y vacío que se podían percibir en medio del silencio más absoluto. Con el tiempo, esa canción se me ha hecho difícil de cantar, porque también me evocaba los momentos de dolor en soledad tras la muerte de mi hermana Jenni. Ese tema fue el que sonó junto a "Yo te extrañaré" en el Gibson, el día del funeral. Trato de no cantarla durante mis presentaciones en el mes de diciembre, mientras que, por el contrario, sí canto "Tragos de amargo licor". Grabé esta canción en el disco *Despreciado* para dedicársela a todos mis amigos del barrio, por aquel entonces, en memoria de los que ya no estaban con nosotros y habían fallecido. Ahí menciono a Eduardo, Alejandro, Vicente, José Noé y, en especial, a Miguel. El tema cobra una importancia muy especial por haber sido la última canción que canté con mi hermana una semana antes de que muriera: el último dueto que hizo en su vida. Provoca un contraste de sentimientos cada vez que la interpreto. Por un lado, la tristeza de saber que nunca más podré abrazarla ni cantar con ella y, por otro, la alegría del regalo que me dejó antes de irse, aquel dueto y aquel momento mágico sobre el escenario.

Capítulo 30

HONRARÁS A TUS PADRES

He tratado de seguir durante toda mi vida el dictado de la cita del capítulo 6 de Efesios en sus versículos del 2 al 4, que aluden tanto a mi condición de hijo como a la de padre: "Honra a tu padre y a tu madre, que es el primer mandamiento con promesa; para que te vaya bien, y seas de larga vida sobre la tierra. Y vosotros, padres, no provoquéis la ira a vuestros hijos, sino criadlos en disciplina y amonestación del Señor".

A mi mamá la he honrado y la honro restándole importancia a algunas diferencias que hemos tenido y al hecho de que nunca creyera en mi talento. Si por ella hubiera sido, yo sería cualquier cosa menos cantante. No sé por qué sí creía en mi hermana Jenni como artista y en mí no. La razón la ignoro, nunca me dijo.

—No es que no creyera. Lo que pasó es que nunca vi cantar a Lupe de chamaco mientras que a Jenni sí. Por eso el caso de mi hijo me sorprendió tanto y tal vez, cuando arrancó, sí dudé de si podría hacerla o no. Pero inmediatamente le apoyé, me di a la labor de buscar canciones para él y acudía a todos sus conciertos —fue su respuesta cuando le preguntaron al respecto.

Dice la verdad, si bien a veces me sacaba un poco de onda, como si ese escepticismo flotara en torno a ella. Cuando me gané como cuatro premios Billboard por "Te solté la rienda", le hablé desde Miami. Estaba bien contento y quise darle la primicia porque el *show* todavía no salía al aire en California.

—Amá, me gané cuatro Billboards y le mandé un saludo en televisión. Le di las gracias y todo.

—Pero ¿te los ganaste o los compraste? ¿Cuánto te costaron? —me respondió.

—No, amá, qué comprar. Los premios Billboard no se pueden comprar. Me los gané por mi trabajo nomás —respondí un poco sacado de onda con su contestación.

Cuando me gané el Grammy por "Esclavo y Amo", me pasó algo parecido. Percibía la poca fe que me tenía mi jefa. Con todo y con eso, le regalé esos premios, que los tiene en su casa, un nuevo hogar donde no olvida que cuando las cosas le vinieron torcidas, el que sacó la cara por ella fui yo.

De un día para otro, mi mamá se salió del que era su nido conyugal. Llegó un momento dado en que no aguantó más y el 15 de abril de 2008 se fue junto con mi tía Norma a vivir con Jenni, al tiempo que Rosie se iba con Pedro. Estaba dispuesta a ir de casa en casa con tal de no estar con mi papá en la suya propia. Hacía mucho rato que había descubierto la infidelidad. Ella fechó la separación en 2002, así no fuera de cuerpos, situación que se agravó en 2003, cuando nació Juan Carlos, el hijo extramatrimonial de mi papá. Llegó el momento en que se hartó y dijo basta. Jenni me habló para contarme lo que estaba pasando.

—Mi mamá ya no quiere estar en la casa, porque ahí está mi papá y dice que no quiere verlo. Anda de acá para allá. Ha estado aquí conmigo y ahorita se va para donde Gustavo.

—Pero ¿cómo, Jenni? ¿Qué me estás contando? ¿Por qué permiten eso? ¡Eso no puede ser! —respondí yo enojado.

—Sí, yo sé, pero ¿qué le vamos a decir a mi papá?

—Pues que no podemos permitirle que traiga a mi mamá rodando para acá y para allá, así de sencillo. Eso no está correcto, Jenni. Dejen, yo le hablo a mi papá.

Le marqué primero a mi mamá para preguntarle por lo que estaba pasando y qué podíamos hacer. Inmediatamente después, llamé a mi papá.

—Ya supe que mi mamá no quiere estar con usted ahí en la casa durmiendo y sufriendo. Yo no hallo eso correcto, jefe, que mi mamá, mi tía y mi hermana Rosie se tengan que ir. Entiendo que eso está muy equivocado. Ella no puede andar deambulando de casa en casa arrimada teniendo su casa propia. Acabo de hablar con ella a ver qué es lo que quiere y me dice que por qué no se sale usted de la casa.

Aquello no le gustó. Lo tomó muy a pecho, pero hizo caso. Agarró sus cosas y se marchó. Entonces mi jefa regresó a su casa. Hasta la fecha, cada vez que ha salido el tema, él me señala. Dice que fui yo el que lo sacó de la casa por defender a mi mamá. Siempre respondo lo mismo.

—Apá, es que ella no era la amante ni la concubina ni cualquier aparecida, ¡era mi mamá! ¡Era mi jefa! ¿Acaso estaba yo equivocado con esa postura? La defendí porque apliqué la filosofía de vida que le aprendí a usted. Cuando yo me separé de María, usted mismo me dijo que mi obligación era mantenerla a ella y a mis hijas. ¡Pos, ahora le toca a usted!

Una vez que mi mamá regresó a la casa, vino el segundo problema, porque ella no tenía ingresos de ningún tipo si mi papá no le daba dinero. Mi hermana Jenni le dijo que no le pidiera dinero, que ella se encargaba de cuidarla y de que no le faltara de nada. Se ha sostenido todos estos años gracias a las ayudas que le hemos dado. Yo, al menos, le he dado dinero de manera regular porque no tiene ninguna fuente de ingresos. No ha recibido ni un solo dólar de Cintas Acuario, por ejemplo. Con eso se sostiene y se entretiene. Le gusta ir al casino. Me parece bien, el dinero es para que sea feliz. Yo estuve de acuerdo en ayudarla, pero no con que no le reclamara nada a mi papá, pues entendía que estaba en su derecho y que tenía que asegurar lo que era suyo. Por eso la apoyé al cien. Le mandé a mi asistente para que la llevara en el carro y la acompañara a ver al primer abogado que Jenni le consiguió en Beverly Hills.

—Jefa, usted estuvo ahí cincuenta años a su lado. ¡Tiene todo el derecho de reclamar lo que es suyo! Cuando yo me divorcié de María, bien que me decían que a la mujer no se le puede dejar en la calle, que a la mujer había que dejarla bien, porque esa mujer me entregó su vida. Yo a ella le dejé varias casas y una manutención de veinte y pico mil dólares los primeros años, entre otras cosas, porque me entregó trece años de su vida ¡Pues, imagine usted que le entregó medio siglo de la suya a mi papá! —le insistí en innumerables ocasiones.

Se demoró mucho tiempo en hacerme caso, pero al final lo hizo. Como mi papá no accedió, le tocó meterlo en la corte. Cuando logró por fin el divorcio a través de una segunda abogada, me habló enseguida para contarme. Estaba muy triste. Me preguntó que dónde estaban sus 42 años entre lágrimas, y le respondí que estaban en nosotros, que éramos sus hijos y estábamos con ella para amarla y apoyarla siempre. Por desgracia, la pensión todavía la anda peleando. Ella misma dice que antes se va a morir que lograr recibir un dólar de mi papá.

Si tuve clara mi posición sobre el divorcio de mis papás, fue precisamente gracias a las enseñanzas que recibí de mi jefe, y así tal cual se lo he dicho a él cada vez que platicamos del asunto. Es muy probable que por eso su divorcio no nos distanciara, así yo me mantuviera firme insistiendo en que ella debía recibir su dinero, y así mis hermanos se la pasaran dañándole la cabeza a mi apá diciendo que yo le inculcaba a mi jefa la idea de reclamar para tratar de enfrentarnos. Cada vez que alguno de ellos le iba con el chisme, él me hablaba.

—Hijo, ¿por qué la convences? Si tú y yo somos bien derechos y hemos estado juntos siempre. No le insista, deje así.

—Apá, nomás estoy haciendo lo que usted nos enseñó desde bien morros, que es cuidar a mi mamá. Usted cuidó mucho a su jefa y eso es ahorita lo que yo estoy haciendo. Es mi mamá, entienda. Yo con usted estoy al cien por ciento, pero ella es mi jefa.

A día de hoy, puedo decir con mucho amor y orgullo que soy el gran pilar de mi madre, digan lo que digan mis hermanos. ¿Quién si no yo es capaz de cocinar sus tamales y su pastel de chocolate? Verla feliz a ella es una parte innegociable de mi propia felicidad.

Mi papá fue y es todo para mí. Lo quise siempre, desde que siendo bien chamaco era su fiel escudero. Lo admiré y estreché tanto la relación con él que con solo mirarlo ya sabía qué estaba pensando. No hubo un hijo más unido a él, que haya compartido más con él, que yo. Nuestra conexión era tal que muchas veces no necesitábamos ni hablarnos para saber lo que íbamos a expresar. Toda mi vida he tenido una excelente relación con mi padre. Hubo una buena química, un profundo sentimiento de amor de hijo, que además heredaba el nombre del hermano con el que él más convivió cuando crecían en México. A mi tío Lupe le debo el nombre y el apodo.

Hace unos años, mi papá me dijo que yo iba a estar en sus cosas, que iba a ser el albacea de todo su patrimonio. Todo venía de un día que él timbró como a las seis de la mañana. Contesté casi dormido y medio inconsciente le facilité unos datos que me pidió, entre ellos, mi nombre completo, seguro social, número de identificación y número de pasaporte. Colgué y seguí durmiendo. Sobre las 10 de la mañana que me desperté, me levanté, me puse a pensar en eso. No sabía si mi jefe me había llamado o lo había soñado. Miré el celular y vi que sí, efectivamente me había hablado. Le marqué y le pregunté que para qué quería toda esa información. Era que andaba haciendo el *trust* testamentario y quería que yo fuera el *trustee*. Le di mi conformidad y colgamos. Me dio la curiosidad de llamar a Juanita, Juana Ahumada, su pareja de aquel entonces, con la que se casó en 2016, con la que está en proceso de divorcio. Le pregunté qué onda con todo aquello, si ella sabía algo, pues me entró como la inquietud de que, de repente, él estuviera enfermo y por eso anduviera haciendo testamento. Le hice ver que hablaba no porque me interesara algo de sus bienes, sino por su salud. Ella se puso a llorar y yo me asusté. No me quiso decir nada y me remitió a él. Preocupado por saber qué estaba pasando, volví a marcar a mi jefe, pues ya me estaba entrando como una psicosis poniéndome en lo peor.

—Apá, ¿qué onda con lo de que está haciendo testamento? ¿Usted sí se encuentra bien?

—Sí, mijo, está todo bien.

—Se lo pregunto porque a mí no me interesa ser albacea ni beneficiario ni nada que tenga que ver con el testamento en sí. A mí lo que me interesa es su salud. Si tiene algo, vendemos todo lo que sea necesario para curarlo, pero quiero saber. Si es necesario, vendo los carros que tengo y hasta mi casa para curarlo a usted.

Mi papá se quedó muy callado, lo cual no hacía sino aumentar mi zozobra, hasta que por fin contestó.

—Mira, hijo, a todos les llamé y les dije lo mismo que te dije a ti. Tus hermanos nomás me dieron las gracias por la confianza y por tenerlos en cuenta, pero ninguno me dijo lo que me estás diciendo tú.

—Pos, es que de veras que a mí no me interesa nada, nomás tenerlo bien a usted por mucho tiempo. Y si hay que vender, se vende. Ahorita arranco para allá para verlo y que me platique bien lo que está pasando.

—No, mijo, no es necesario. Gracias a Dios, estoy bien. Era nomás una prueba para ver cómo iba a ser la reacción de cada quien y, pues, ya me dijo Juanita que tú ibas a ser el bueno para eso, el hijo que en un momento dado me ibas a cuidar a mí y a tu mamá.

Mi papá siempre dijo que yo era el más noble de mis hermanos. Él me ha pedido paciencia, que me mantuviera calmado, porque sabe que yo nunca hablé mal de nadie, ni traté de hacerle daño a nadie en su carrera.

Quedé por tanto como albacea del testamento. Se sentó conmigo, me indicó la caja fuerte donde iba a estar el documento y me señaló todas las propiedades que tenía. Yo anoté toda esa información y la guardé. Desde entonces a la fecha, he observado que mis hermanos no han hecho sino buscar la manera de ponerme en jaque con mi papá de cualquier manera posible. Me dejaron solo defendiendo a mi mamá por el tema del divorcio entre ellos, metiéndole basura en la cabeza de que era yo el que la estaba convenciendo para reclamarle, y en el segundo semestre de 2024, Juan me echó a los leones con la demanda de mis sobrinos y me puso entre la espada y la pared. Si el tema de mi mamá no logró distanciarnos, siento que con el último pleito de la demanda de mis sobrinos, mis hermanos se salieron con la suya. No sé qué sucederá después. Al momento de contar esta historia, a finales de 2024, mi sentimiento es que no se va a recuperar la relación con mi apá, así me duela y así haya hecho lo correcto declarando en corte la verdad. Estoy casi seguro, aunque no lo sé a ciencia cierta, de que ha revocado mi nombramiento testamentario, pero honestamente eso es lo de menos.

Capítulo 31

LA SOMBRA DE CAÍN

Para mí, la familia lo ha sido todo. Hacerlos felices fue y es el mayor motivo de mi felicidad. Cuando me empezó a ir bien y lograba levantarme en un fin de semana 300,000 dólares, me daba el gusto de comprar carros para regalarlos. Una vez, traje de Chicago una excelente recaudación en vísperas del final de año y usé ese dinero para los regalos de Navidad. Compré unos anillos con diamantes para doña Rosa, Rosie y Jenni que yo mismo diseñé. Mi papá, mis hermanos y yo tenemos una esclava de oro. La mía es de platino, con el sello de Cintas Acuario. Yo se las regalé, también unos relojes de oro preciosos. La Navidad era una época del año en la que era especialmente generoso, bien con regalos concretos o bien dándoles dinero. Ya mencioné la generosidad como una de mis grandes virtudes, no solo en actos benéficos o eventos sociales solidarios, sino también con mi familia, con mis parejas, mis amigos e incluso mucha gente del medio y de la prensa. Toda la gente que me conoce lo sabe. Me causaba una gran satisfacción interior ver, por ejemplo, que mi hermano

Pedro cargaba un hermoso Rolex que yo le había regalado. No sé si mis hermanos conserven todos aquellos regalos exclusivos que un día les hice. Yo, desde luego, sí conservo el reloj que me regaló mi papá cuando arrancó la disquera, porque creo que uno debe apreciar las cosas y conservarlas.

Lo que en verdad me duele y me pone muy triste es que cuando yo tuve mucho dinero ayudé a toda mi familia, pero ahora no se acuerdan. Que uno anduviera buscando una iglesia para comprársela a mi carnal y que no se acuerde está muy cabrón. No puedo evitar recordarlo con el ojo aguado. Hay gente a la que le presté dinero y nunca me lo regresó, y encima, a día de hoy, se la pasan hablando pestes de uno. Pero no me arrepiento, en absoluto. Para mí, eso no fue malgastar el dinero, sino que lo hacía porque me nacía y me daba mucho gusto contribuir a la felicidad de mi gente.

El amor por mi familia no quitaba ni quita que cuando observaba cosas que no me parecían correctas, tuviera las agallas de decirlas de frente. La verdad incomoda a las personas que no aguantan afrontarla. Ir de frente y con la verdad por delante me ha dejado pocos amigos. Tengo muchos conocidos, pero amigos verdaderos apenas dos, gente cabal porque nos decimos la neta y aguantamos la verdad. Mi sinceridad puede haber sido culpable en parte de la triste realidad de ver a mucha gente de mi familia que ha perdido la memoria, al tiempo que le ha ganado la envidia.

La envidia y la codicia juntas son un cóctel explosivo. No hay felicidad que lo resista. Por separado, ya ambas son nocivas. La envidia es tóxica en sí misma y la codicia es, de por sí, el motor contaminante de muchas almas sucias y una trituradora de familias. A mí me ha tocado la desgracia de padecer la suma del poder destructivo de ambas. De esos pecados capitales se alimenta la sombra errante de Caín que mencionaba el célebre poeta español Antonio Machado, sombra que cruzaba metafóricamente su tierra hispana para afectar a la idiosincrasia de todos los pueblos de origen ibérico. No olvidemos que nuestras raíces y nuestros apellidos son, al fin y al cabo, españoles, y buena parte de esa sombra la cargamos también al otro lado del Atlántico. Los versos del poeta hablaban de la abundancia del "hombre malo del campo y la aldea, capaz de insanos vicios y crímenes bestiales, con los ojos siempre turbios de envidia o de tristeza, llorando por lo que el vecino alcanza".

Yo me pregunto: ¿en qué recodo del camino de nuestra familia Rivera brotaron los insanos vicios y la mala hierba de dicha sombra? ¿Qué hice yo para recibir tantos golpes bajos destinados a destruirme? Estamos trabajando en la producción de este libro y, de manera simultánea que narro golpes pasados, recibo uno de los más rastreros de toda mi vida, una acción que solo puede idear una mente siniestra, una iniciativa surgida de la mente de un hermano sin más intención que hacer el mal y perjudicarme. ¿Lo llegará a hacer? ¿Será capaz? Si atiendo los versos del poeta, desde luego que sí. El público habrá de enterarse, bien sea a través de estas mismas líneas o a través de mis redes sociales, si sucede después de publicarse mi biografía.

Una de las cosas que más sufrimiento me ha arrancado en la vida es esa sombra errante de Caín. No es de extrañar que en las enseñanzas bíblicas se nos presente como un pecado capital, porque no hay sino que ver sus consecuencias devastadoras para darse uno cuenta de que es algo muy feo que genera mucha impotencia y es muy difícil de tratar. Probablemente, entre hermanos sea todavía más desagradable. Hasta la fecha, consciente de que Dios me eligió para la cantada y con más de tres décadas de carrera, hablo con un regusto amargo de preguntas retóricas que dolerían en sus respuestas, respuestas que no tengo y que esquivo, pues todas ellas son afluentes de los grandes ríos de la envidia y la codicia que desembocan directamente en el mar turbio del arquetipo original de Caín y Abel.

No sé en qué recodo del camino brotó esa mala hierba, pero sí sé que hay una fecha que escenifica el resquemor de mis hermanos hacia mí. Juan y Gustavo siempre han tenido esa cosa de pensar, sin disimularlo, que por qué yo y no ellos. Eso aplicaba para todo: ser el primer famoso de la familia, ser un cantante exitoso, recibir la confianza de mi papá en la gestión de su testamento y ser elegido portavoz de la familia en momentos tan delicados. Desde que la Procuraduría General de México me designó a mí como único interlocutor válido en la gestión de la crisis por el siniestro que le costó la vida a mi hermana Jenni, empecé a tener roces con algunos de mis hermanos, que volvían a hacerme la pregunta directamente a la cara: ¿por qué yo? Como si aquello hubiera sido una decisión mía. Fue precisamente por recomendación de uno de los mejores amigos de mi hermana Jenni, Gabo Roa, que el gobierno de México me eligió. ¿Se han preguntado por qué? El mismo Gabriel lo dijo de forma pública, como lo leyeron en un diálogo del segundo capítulo de este libro. Por más que les dije lo que sucedió, no lo quisieron entender. ¿Qué podía hacer yo? Lo mismo de siempre: nada, callar y sufrirlo en silencio.

Asistí atónito a un efecto rebote en mi contra tras la muerte de mi hermana, que se sumaba al enorme dolor que ya de por sí generó su partida. Todo cuanto hacía era malinterpretado por según qué medios, que me acusaban sin fundamento de querer sacar partido de su ausencia para beneficiarme. Es la campaña más falsa y mezquina de cuantas he padecido, con el agravante de que no solo los medios dirigieron sus misiles hacia mí, sino también mi propia familia. Mis hermanos me atacaron de forma arbitraria sin yo entender jamás el porqué de aquella hostilidad.

A principios de 2013, tres meses después de la muerte de Jenni, de una manera u otra, todos en la familia estábamos descontrolados mentalmente. A Rosie y a Juan les cayó en ese momento el gran peso de la responsabilidad de tomar el legado de Jenni. Mi hermano Gustavo estaba muy fuera de control. No quería aceptar lo que había sucedido y ahí empezaron las diferencias con él. Ni quiero culparlo. Son cosas de la vida que vienen así sin esperar y no son fáciles de manejar. Cada cual lo trató a su manera. Mi mamá dice que él y yo chocábamos continuamente por el mero carácter fuerte de ambos. Es posible. Lo cierto es que la relación con mis hermanos se fracturó y se produjo un alejamiento entre nosotros.

La crisis familiar en la dinastía Rivera afectó también puertas adentro en mi hogar, con mis hijas mayores, a las que me tocó apretarles las riendas para que no anduvieran metiéndose en la pelea. Con Mayeli tampoco fue fácil. Ella influía para que me alejara de los Rivera y me ponía en una situación que, en lugar de solucionar el problema, lo agravaba. Mi mamá dejó de venir a la casa, porque mi exesposa invitaba a las fiestas familiares a mi hermano Juan Carlos Rivera, sabiendo que mi jefa no se sentía a gusto si estaba el morro. De hecho, la única vez en mi vida que la vi salirse de una de mis presentaciones fue cuando mi papá llevó al chamaco y yo lo subí al escenario. Eso le dio mucho coraje y le pidió a Gustavo que la sacara de allí.

Ese hermano fue la manzana de la discordia desde que se supo de su existencia. Jenni no tuvo reparos en decir públicamente que no lo aceptaba, que ella solo reconocía hermanos con la sangre de papá y mamá. Yo, sin embargo, sí lo acepté, porque el niño no tenía la culpa de nada. Demoré diez años en hablar con él, pero lo hice por honrar a mi padre a pesar de que sabía que a mi jefa le costaría entenderlo. Sabiendo todo eso, me preguntaba si Mayeli lo hacía aposta. No lo sé. Doña Rosa cree que sí, porque mi exmujer conocía su talón de Aquiles y yo no me daba cuenta de esos detalles. Lo que sí es cierto es que hasta que no me divorcié de Mayeli no volví a hablar y recuperar la relación con mi mamá. Cuando me separé de aquel modo tan abrupto, estaba muy cerca el Día de la Madre. Ella vino a verme y eso me reconfortó mucho.

Reconozco que yo también pude cometer errores y lastimar sus corazones. Sin embargo, creo que la verdadera raíz del problema está en que cada quien no sabe o no quiere aceptar el rol que Dios le asignó en esta vida. Creo que si cada uno de nosotros fuéramos conscientes de la posición y el propósito que Dios nos dio, sería todo más fácil. Mi hermana Rosie, por ejemplo, podría ser una de las mejores abogadas de la industria de la música, porque sabe de todo. Es muy buena para eso y yo la admiro. El problema es que se empeña en cantar. Lo mismo sucede con Gustavo o con Juan. Dios no les dio el don de llegarle al público cantando. Juan tiene mucho talento como negociante, pero no como cantante. Si asumieran con naturalidad y buena onda esta realidad, se habría dado un tipo de relación más cordial entre nosotros, pero cuando esto no se quiere admitir, la envidia campea a sus anchas, todo se tuerce y nos vemos oscurecidos por la sombra errante de Caín.

No todos los casos han sido iguales. Con mi hermano Pedro me llevé muy bien desde niño. Tenía una gran ascendencia con él. Me enseñó muchas cosas, como el juego del béisbol y las cosas correctas de Dios a través de las escrituras. Me corregía cada vez que era necesario. Sentía una gran admiración por él y todo era muy cordial, hasta que hubo un par de cosas que arañaron nuestra relación. De la primera me vine a enterar por Pepe Garza, cuando Pedro tuvo la nefasta ocurrencia de ponerle una zancadilla con lo del mono Lupillito. El segundo desencuentro con mi hermano vino a raíz del primer bache que tuve en mi carrera, tras el cual menguaron los ingresos que yo percibía. Eso afectó al diezmo que venía entregándole para su iglesia y deduje que también a su decisión de inhibirse ante los ataques que empecé a recibir de otros miembros de la familia. Sufría por la hostilidad de mis hermanos cuando yo fui quien abrió las puertas de la fama a la dinastía de los Rivera. No lo entendía. Acudí a Pedro, y tuve una plática muy directa con él. A mí me habían enseñado que el pastor debe cuidar por igual a todas sus ovejas, y él no lo hacía.

—Carnal, tú eres pastor, y si ves que están atacando a una de tus ovejas, tienes que protegerla. Así está en las escrituras.

—Pero ¿cómo te voy a proteger si tú eres el que se busca los problemas? —respondió sin disimular que no le había gustado mi comentario.

—Pero es que esa no es la respuesta. Dios te puso en esa posición para que entendieras estas cosas, no para que me juzgues. Estás mal tú. Un pastor no puede incumplir el mandato de Jesucristo de no juzgar.

—No, porque yo tengo que cuidar los diezmos de mi iglesia. Si me pronuncio y me pongo en mal con la gente que sí está cumpliendo con sus diezmos por defenderte a ti, que además llevas tiempo sin aportarlos, entonces sí estoy mal —me respondió.

Esa frase me dejó sin palabras y con un profundo pesar. Ese día, la admiración hacia mi hermano mayor se vino abajo. De hecho, desde entonces jamás le volví a pedir que me enseñara nada de la Palabra de Dios ni le solicité una oración por nada ni por nadie, porque cada vez que leía la Biblia y las palabras textuales de Jesucristo entendía que nada tenían que ver con la actitud de Pedro. Si bien no lo juzgaba, no quería cometer su mismo error. Perdimos ese trato estrecho de antaño, pero lo quiero mucho y sabe que cuenta conmigo para lo que necesite.

Rosie era una hija para mí, pero se le olvidó. Estábamos tan unidos que hasta me pidió que hiciera la mitad del camino suyo al altar. Me distancié mucho de mi hermana pequeña por mi desacuerdo en la gestión que estaban haciendo de los asuntos de Jenni tras su fallecimiento. Ella tomó las riendas de Jenni Rivera Enterprises y Jenni Rivera Fashion, y prácticamente desde el arranque hubo problemas por muchas discrepancias. Empecé a notar por ello un cambio en su actitud, al que yo no le encontraba lógica dentro de mi forma de entender las cosas. No comprendo por qué la gente cambia por el dinero, cuando el dinero es lo primero que se va. Siempre he sostenido que a mí el dinero no me cambió, pero sí cambió a los que estaban a mi alrededor.

El principal motivo del desacuerdo era que las gestiones no favorecían a quienes tenían que hacerlo, que eran los hijos de Jenni, pues esa era su voluntad. En cambio, sí beneficiaban a otras personas que recibían cada mes unos cheques completamente injustificados.

¿Por qué toda la familia de Juan estaba recibiendo un cheque mensual del dinero de Jenni Rivera Enterprises sin hacer nada? Yo me vine a dar cuenta de manera casual a través de mi hija Ayana, que acogió a su prima Divina un tiempo en su casa porque Juan la corrió. De hecho, yo renuncié al dinero que me querían dar. Le dije a Rosie que se lo dieran a los hijos de mi hermana. Mi labor como hermano y como tío es defender los intereses de los legítimos beneficiarios, que son mis sobrinos. El hecho de que los intereses del legado de mi hermana fueran en una dirección que no era la correcta era algo que no estaba dispuesto a dejar pasar sin más, cruzándome de brazos. Por eso se produjo el distanciamiento con mi otra hermana, a la que eché en cara todo esto. Muy equivocado no debía estar cuando saltaron por los aires tras la auditoría que encargaron mis sobrinos. Luego de esta, mi papá tuvo que echarles un cable a Rosie y a Juan, a mediados de 2022, y hacerles un hueco en Cintas Acuario.

El dinero de Jenni es de sus hijos y tienen que dárselo a ellos. En lo que ellos lo quieran gastar es su problema. En mi pensar y en mi sentir, conociendo como conocía a Jenni, sé que ella hubiera querido así las cosas. Lo sé con total seguridad, porque ella y yo éramos bastante iguales en este sentido. No iba a grabar un dueto con mi hermana Jenni y cobrarles a mis sobrinos por ello. Lo correcto habría sido meterlos a ellos desde el principio y enseñarles los entresijos del negocio, para que vieran y fueran aprendiendo, de modo que adquirieran experiencia para poder gestionar correctamente todo lo que les dejó su madre, sin sacar por esa enseñanza un beneficio para terceros.

Pasé mucho tiempo alejado y distanciado de Rosie, hasta que nos encontramos en la develación de la estrella de Jenni. Al verla, le di un buen abrazo. Una cosa no quitaba la otra. El amor de hermano siempre ha estado ahí por encima de las discrepancias. Para mí, Rosie siempre fue como una niña a la que cuidar y proteger de los novios. Aquel instinto protector se acrecentó después de los abusos de Trino. Agarré un odio y un coraje muy fuertes porque, además, me hacía sentir como fracasado. Me preguntaba cómo era posible que no me hubiera dado cuenta de lo que estaba pasando para haberlo evitado. Habría sido capaz de cometer una tontería por vengar la vejación de mi hermanita, hasta el punto de pensar en meterme preso con él para solucionar el asunto dentro de la prisión. Mis padres lo sabían y estuvieron muy pendientes de que no fuera a cometer semejante estupidez. Fueron momentos muy amargos que agudizaron ese instinto protector hacia ella, que se mantuvo hasta el momento en que se hizo cargo de los asuntos de Jenni. Ahí cambió su actitud, su forma de ser y de pensar. Entonces la miré de otro modo. Pensé que ya estaba grande, ya era una persona adulta. Oré mucho para que le fuera bien, para que hiciera bien las cosas aun cuando lo que empecé a ver no me gustaba. Rosie cerró la puerta sin dar casi opción a opinar. Eso nos alejó.

A la vista de lo que sucede a día de hoy, no estaba muy equivocado en que no se estaba manejando bien el legado de Jenni, pues mis sobrinos no solamente tuvieron que recurrir a auditores externos, sino también a abogados para reivindicar lo que es suyo. Eso no habría sucedido si Rosie me hubiera prestado atención y hecho las cosas de otra manera. Pero estando Juan de por medio era imposible.

He aprendido a vivir con eso. En todo aquello en lo que mis hermanos Juan y Gustavo han estado involucrados, ya fuera juntos o por separado, a mí se me han cerrado las puertas y se han generado alejamientos. Ocurrió en su día con mis sobrinos, con mi propia mamá o ahorita con mi papá, con quien no tuve jamás una discusión en mi vida, salvo cuando me tocó defender a mi madre. Qué casualidad que ahora que por primera vez se da una situación que nos aleja, Juan esté de por medio. La relación con mi hermano menor amerita dedicarle un aparte.

Cuando terminé mi relación laboral con Juan como representante, firmé con George Prajin e hice una canción con Snoop Dogg, Alemán, Santa Fe Klan y B Real, llamada "Grandes ligas". Salió una nota en *Billboard* que decía que había firmado también con Jimmy Humilde en su sello Rancho Humilde, pero era incorrecto: él y yo no tuvimos ningún contrato. No hubo ningún mal rollo en eso. Si a estas alturas Jimmy me pidiera un contrato, lo atendería con gusto. Merece todo mi respeto como empresario musical.

La ruptura profesional con mi hermano Juan no es un efecto colateral de mi romance con Belinda, por mucho que él así lo declarara, dando a entender que se enojaba porque nomás hablaban de mi vida personal en los medios y no de la música. Eso no tuvo absolutamente nada que ver en mi decisión de correrlo como representante. Mucho menos que él se fuera porque le debía dinero. Ya es hora de contar lo que sucedió realmente. Vamos a desgranar el antes, el durante y el después con la verdad por delante, duela a quien le duela.

Si me decidí a poner en marcha el libro que recoge mi vida y cuanto ha acontecido en ella, es para seguir diciendo la verdad con agallas, no para mentirles a esos lectores con los que me estoy tomando este tequila, ni para engañarme a mí mismo. Si esta verdad me cuesta otra ingratitud, no importa.

Veamos primero el antes. Cierto es que los antecedentes no invitaban precisamente a imaginar que Juan y yo pudiéramos trabajar juntos. Desde la gestión de la muerte de Jenni y el manejo de sus empresas, el distanciamiento era obvio. No ayudaba la manera en la que él hacía las cosas, ventajosa y nada transparente. Sirva de ejemplo lo que pasó con el proyecto de la serie de televisión autorizada por la familia sobre la vida de mi carnala, que se lanzó al aire en Telemundo bajo el título de *Jenni Rivera: Mariposa de barrio*.

Cuando nos mandaron los libretos, vi que en todo momento se usaba mi nombre y, hasta donde yo sabía, para producir una dramatización audiovisual se requería de una autorización de mi parte, puesto que mi nombre es una marca registrada desde 1992. Me informaron que querían una cesión de los derechos para usarlo y, en un principio, les dije que no había problema. No me opuse, pero me molestó el tono impositivo de la productora. Una cosa es que te pregunten educadamente si pueden hacer o no tal o cual cosa y otra decirte que sí o sí la van a hacer. Había cosas de mi hermana que querían contar con las que yo no estaba de acuerdo. Yo miraba el proyecto y pensaba que algunas escenas podían manchar su nombre como artista. Ellos no escuchaban: imponían. Eso me sentó muy mal. Tuve la sensación de que estaban queriendo verme la cara de pendejo y podían hacer lo que se les diera la gana. Por supuesto, se los eché en cara.

Viendo mi oposición, volvieron a mandar los libretos donde mi personaje pasaba a llamarse "Luisillo" en lugar de Lupillo. Lo di por bueno pensando que ya no tendría de qué preocuparme. Mi sorpresa vino cuando estrenaron la serie y ahí percibí dos cosas. La primera es que parecía más la serie de Rosie y de Juan que la de Jenni; la segunda, que el tal Luisillo volvía a ser Lupillo Rivera. Es decir, usaban mi nombre sin autorización. Cuál sería mi asombro al reclamar y darme cuenta de que lo más grave no era el uso indebido, sino que la productora tenía un documento donde yo autorizaba el uso de mi nombre, cuando yo no había firmado nada. En otras palabras, alguien me había falsificado la firma para rubricar un papel que decía que yo estaba de acuerdo con los guiones y con el uso de mi nombre. Eso era un delito muy grave. Los sentimientos impidieron una demanda de grandes dimensiones. Así tal cual se lo justifiqué a mi papá cuando hablamos del asunto.

—Pues, son mis hermanos, jefe, no puedo hacer eso. ¿Cómo voy a herirles yo el corazón de esa manera a usted o a mi mamá por pendejadas de mis hermanos?

Lo dejé estar. Pensé en esos momentos que la paz y la tranquilidad de mis padres valían más que el rédito que hubiera podido obtener poniendo una demanda y pidiéndoles explicaciones a Juan y a Rosie por la gestión con la productora y por la autoría de una firma que yo no había estampado.

A ese antecedente se unían muchos otros del pasado. Nunca olvidé todo lo que me contó mi hermana Jenni el día de la última plática, que corroboraba lo que antes me había dicho mi papá. Me advirtió claramente que debía tener mucho cuidado con Juan.

Hubo otro incidente que nunca pude desterrar de la memoria. Tiene que ver con el Chevy 57 Bel Air que compré cuando estaba pegando bien fuerte. Yo lo manejaba en mi barrio en Playa del Rey. Un día, mi hija Ayana estaba mirando cómo me paseaba feliz a bordo de aquel carro. Detrás de ella, estaba Juan con un par de amigos suyos. Mi hija alcanzó a escuchar que su tío se dirigía a sus amigos profiriendo un fuerte insulto hacia mí, seguido de un comentario que rezumaba envidia por los cuatro costados. La última frase la recordaba textual.

—Miren nomás, se cree más que nadie porque puede comprar un carro como ese. Vean la sonrisota que trae porque está en racha, pero ya yo me voy a encargar de que se le acabe.

Ese comentario impactó mucho a mi hija mayor y en cuanto me vio en la noche me fue a contar. Ella no es precisamente de decir las cosas por decirlas. Me dio todo tipo de detalles de lo que había sucedido. Era terrible, teniendo en cuenta que si de algo me había preocupado era de educar a mis hijas para que nunca crearan envidias ni chismes entre ellas. Traté de restarle importancia, diciendo que tal vez su tío había tenido un mal día, que seguro por eso había soltado la lengua de esa manera y que no se lo tomara a pecho. La conversación se zanjó ahí, pero a mí no se me fue de la cabeza, porque fue justo el instante en que me empecé a fijar en ciertos detalles y darme cuenta de que realmente estaba delante de un problema grave de envidia. Mi papá confirmó mis sospechas cuando me platicó acerca del asunto directamente, una noche después de un concierto. Estoy seguro de que mi jefe conserva intacta la memoria del día que me dijo lo mismo que Jenni me repetiría años después, que debía cuidarme mucho de Juan, porque traía la onda de querer destruir mi carrera.

No faltaban anécdotas para abrirme los ojos sobre Juan. En una ocasión, hubo una rifa de un Bentley. Mi carnal fue a ofrecerme unos boletos de la rifa. Le compré cuatro. Me los dio y me dijo que se los pagara el mismo día de la rifa. Le dije que OK. La rifa se hizo en un *night club* con todos los boletos vendidos. Al final de la noche, anunciaron el número premiado y resultó que yo me gané el carro. Yo no estaba allí porque nadie me avisó que la rifa era ese día. Fue la locutora de la radio que estaba conduciendo el evento la que me avisó que había ganado, preguntándome además que dónde estaba, que por qué no había acudido. Le respondí que estaba en la casa y que si no había ido fue porque nadie me había avisado. Acto seguido, les marqué a Juan y a su socio, el que estaba haciendo la rifa. La primera perplejidad fue la contestación de Juan. Como no pagué los boletos, no me gané el Bentley, así tal cual me dijo. Sin embargo, el socio, que era el mero mero del evento, contestó que él era un tipo cabal y que yo era el ganador legítimo del vehículo, que de hecho ya le había entregado las llaves y la documentación del carro a Juan para que él me lo entregase. Ese fue el mayor error que cometió, pues ahí mismo le hice saber lo que mi hermano andaba diciendo y haciendo.

—Compa, le pido una disculpa de hombre. Yo le entregué el carro con toda la buena voluntad y toda la confianza del mundo a su hermano, sin sospechar jamás que él podría hacer eso.

Lo que hizo mi hermano, lejos de darme el Bentley, fue irse de inmediato, esa misma noche, a venderlo, y lo ofreció en 50,000 dólares. Lógicamente, se quedó con el dinero. Traté de contener la rabia de ver semejante comportamiento rastrero en una persona que lleva tu misma sangre. Mi hermana Jenni trató de intervenir para arreglar el asunto, pero le dije que lo dejara estar. Le hice ver que eso no estaba correcto, menos entre gente que es familia. Más allá de la conciencia de cada quien, para mí era dinero salado. No quería saber nada ni del dinero ni de un hermano que cada vez que se cruzaba en mi camino no era sino para dañarme.

Con esos antecedentes, es fácil que la gente se cuestione: ¿por qué le di una oportunidad? La pregunta es legítima. La respuesta hay que hallarla en mi forma de ser, en esa parte de mi personalidad bonachona, generosa, soñadora e idealista, que trata de ensalzar el valor de la confraternidad, de tender la mano y de poner la otra mejilla si es necesario, aun a riesgo de que te la golpeen, como por desgracia volvió a suceder. La oportunidad que le quise dar a mi hermano para que se reivindicara fue a raíz de la disquera que él y Rosie fundaron.

Lo de los másters surgió en un encuentro en Miami con mi hermana Rosie. Ahí supe de la nueva disquera y di pie a esta nueva oportunidad. Le sugerí a Rosie que nos reuniéramos en la casa. Les iba a preparar unos másters para regalárselos. Ella le marcó ahí mismo a Juan para contarle. Él, escéptico, le preguntó que si yo andaba pedo. Ella le dijo que no, nomás nos habíamos tomado dos cervezas cada quien. Tiempo después, Juan hizo una fiesta en su casa. Nadie estaba bebiendo porque era una fiesta infantil de su hijo y nosotros en las fiestas infantiles acostumbrábamos no tomar. Le pregunté que por qué no había llegado a la casa, toda vez que le había dicho a Rosie que pasaran por ahí a escoger doce canciones para un máster que les iba a regalar. Se soltó llorando al escucharme. No se lo había creído, pero comprobó que era cierto. Fueron enseguida a la casa y escogieron la música. Las 12 canciones iniciales se convirtieron luego en 39, o sea, todo lo que grabamos juntos, que les regalé con todo el amor del mundo.

La posibilidad de ayudarle a él y a Rosie en su naciente Línea Music, junto con el efecto positivo que esa alianza entre hermanos podía generar en mis padres por la alegría de vernos trabajar en equipo, influyó para decidir incorporarlo como representante y productor. Lograron entrar a The Orchard gracias a mis másters. Mi nombre conservaba un peso en la industria y eso les abrió las puertas, pues hasta entonces no les hacían caso por ser una disquera pequeña, que luego produjo también a Al3Gandro Rivera, el hijo de Pedro. Más allá de cualquier otra consideración, estoy orgulloso de la labor profesional que hicimos los dos años que estuvimos juntos. Nos fue bien a todos, ganamos dinero todos. Se lograron grandes triunfos como *Borracho de primera.*

Para mi apá, era bonito ver a sus hijos trabajar en equipo. Igual para mi jefa, a quien le daba mucho gusto vernos hacer cosas juntos. Sin embargo, cuando rompí el vínculo laboral con Juan, me pasó lo mismo que en mi divorcio. Para mis padres recaía sobre mí una presunción de culpabilidad.

—¿Qué habrás hecho, Lupe? —fue lo primero que me soltó mi jefe al enterarse. Tuve que explicarle algunas cosas, contarle que hasta le había regalado los másters para que se diera cuenta de que estaba equivocado en su presunción.

—Para qué pregunta si ya usted piensa que yo fui el del problema, si ya antes de saber me está diciendo que yo hice algo mal. Pero se lo acepto. Usted es mi padre y me puede decir lo que quiera que yo se lo acepto —le respondí visiblemente molesto.

—Pero entonces, ¿por qué se enojaron? —replicó él. Me era muy difícil cantarle la verdad así de frente.

La luz de alarma se me encendió cuando noté que algunos músicos se me empezaron a marchar y que algunas cuentas no cuadraban. Había conciertos en los que yo cobraba 60,000 dólares y solamente me reportaban 15,000. Como era mi hermano, no le di mayor importancia ni pedí mayores explicaciones. Deduje que algo positivo estaría haciendo con el dinero. La cosa se agravó cuando me di cuenta de que a los músicos no les pagaba. Yo ponía el hotel de ellos y, sin embargo, luego iba él y les descontaba ese gasto a los músicos para quedarse con ese dinero. Eso ya era muy grave. Después descubrí que el que se encargaba del video cobraba 7,000 dólares y Juan hacía una factura justificativa de 20,000 dólares, con lo cual 13,000 se perdían en el camino, presuntamente en su bolsillo. Llegó el momento en que me harté y corté por lo sano. Hasta ahí llegaba la oportunidad que con toda la buena fe del mundo le había dado a mi hermano.

Como era de esperar, su reacción no fue positiva. Lo primero que me reclamó era un dinero que yo sentía que no le correspondía, pero no me iba a poner a pelear por un puñado de dólares. Su hostilidad se desató por tierra, mar y aire, sin contar la verdad y tratando continuamente, junto con su esposa, de criticarme, difamarme y perjudicarme a través de las redes sociales. Jugaba con un factor a su favor de cara a la opinión pública, y es que esta siempre tiende a culpar al artista. Es más fácil decir que uno es el culero que no quiere ayudar al hermano que contar la realidad de que hay líneas que no se pueden cruzar, menos todavía entre familiares. Me mantuve callado ante los continuos videos que ellos hacían, hasta que no pude más. No podemos olvidar que soy un ser humano, tengo sentimientos y la injusticia encaminada a arruinar mi carrera me indigna y me duele. Por eso, una sola vez contesté. Fue la única, hasta ahora que, lógicamente, voy con la verdad por delante poniendo todas las cosas en contexto a través de mi biografía, como no podía ser de otra manera.

Arrancaba el año nuevo y no quería que toda esa basura que andaban vertiendo se extendiese por el aire sin que yo hiciera nada, de modo que en enero de 2022 transmití un directo en mis redes. Nunca he sido de responder a la cantidad de mentiras y barbaridades que se hacen públicas ni de salir a los medios alabándome a mí mismo por ser un buen hijo, un buen hermano, un buen padre o un buen tío. Sin embargo, no pude más. No tenía ganas de empezar el año nuevo soportando esos embustes injuriosos, porque en el 2021 que acabábamos de dejar atrás, Juan y su esposa se la habían pasado difamándome por todos lados luego de acabar nuestra relación laboral. Esa era la forma que tenía de agradecerme todo lo que hice por él y por su familia, como por ejemplo regalarle 39 canciones.

Mi hermano Juan sabe que valgo más por lo que callo de él y de su familia. Abusar de la buena fe no es bueno ni conveniente. Es el colmo que gente que tiene tanto de qué arrepentirse y tanto que tapar gaste su tiempo y su energía en hacer daño a los demás. No le había respondido jamás, pero me cansé de que quisieran a cada rato hacerme quedar mal con el público. Dije basta cuando vi en Juan la intención de sacar un corrido y dar una conferencia de prensa para dar la vuelta a todo el relato con todo tipo de falsedades más o menos sutiles. Lo supe porque gente de su propio equipo me advirtió. Incluso me escribieron otro corrido para que respondiera por si él sacaba el suyo para joderme. Traté de ponerle un cortafuegos con mi respuesta en vivo a través de Instagram y Facebook, que luego se subió a mi canal oficial de YouTube y que, en el último vistazo que le eché, tenía más de un millón trescientas mil vistas.

Solo recordaré algo que repliqué en aquel directo. Volvió a acusarme de haber pretendido bloquear la carrera de Jenni. El viejo chisme falso otra vez sobre la mesa siguiendo la máxima del "difama, que algo queda". Nunca jamás en mi vida le he bloqueado la carrera a nadie. Fue justo todo lo contrario. De hecho, ya lo he mencionado en estas páginas: a todos ayudé y a todos les eché una mano. No es que lo diga yo, es que los hechos lo demuestran. Cuando yo arranqué, estaba tan fuerte que mi papá me decía que metiera a Jenni, a Juan y a Gustavo. Lo hice. Hay un video de un programa de Don Francisco al que me llevé a toda la familia. Fue algo que se me ocurrió a mí. Yo le propuse a Don Francisco la idea de que fuera él quien lanzara a toda la familia aprovechando la gran audiencia que tenía. Tuve que refrescar la memoria de Juan para que se acordara de que él se escuchó en la KeBuena con una rola que se llamaba "Mi gusto es", porque yo me senté con Pepe Garza y le dije que le echara una mano a mi carnal. Pregunten a Garza si yo ayudé o bloqueé a mis hermanos, verán lo que les dice. A Gustavo, entre otras cosas, lo metí en el primer concierto del Anfiteatro Gibson y grabé con él dos canciones a dueto. Por supuesto, con mi carnala Jenni me volqué para que triunfara. La llevé a todos lados conmigo para que se diera a conocer. La llevé a la Ciudad de México, a Mazatlán y a muchas otras plazas, puros eventos grandes, para que subiera al escenario y cantara tres o cuatro canciones para que algún promotor la viera y se diera cuenta de lo bien perro que cantaba.

A propósito de todo esto, se me viene a la cabeza un dato muy curioso y muy cierto que me duele especialmente. Mientras que yo sí apoyé a mis hermanos de manera desinteresada por puro amor fraterno, ellos, por el contrario, jamás en su vida han dado una puntada sin hilo, como suele decirse. No han apoyado nunca a nada ni a nadie en ningún proyecto si, a cambio, no ganaban algo y obtenían un beneficio. Ni Juan, ni Rosie, ni Gustavo ni Pedro me han dado, que yo recuerde, un apoyo incondicional en su vida por el mero amor de hermanos, ni siquiera animando a la gente a que escuchara alguna canción nueva que yo hubiera sacado, ni un solo detalle de apoyo desinteresado. No lo han hecho conmigo ni con los hijos de Jenni ni con mi propia carnala. Una vez que dejaron de trabajar para ella, retiraron cualquier apoyo, se volvieron mudos. Para que ellos muevan un dedo, debe haber una recompensa de por medio; si no, no te apoyan. Incluso en el caso de Cintas Acuario, que tiene tanto máster mío y de Jenni, si yo saco una canción por mi lado o mis sobrinos una de Jenni por el suyo, no verán un solo gesto de apoyo de la disquera de la familia, que por otro lado se vería indirectamente beneficiada ante cualquier rola exitosa mía. Ni aun así. De verdad, todo esto es tan curioso como ingrato, pero es lo que hay, ni modos.

La excusa que Juan ponía sobre mi vida privada, de si andaba con tal o cual vieja a raíz de todo lo que se habló de lo mío con Belinda, tampoco era cierta. Le molestaba que anduviera yo en esas, nunca supe por qué. Hubo quien me dijo que, en el fondo, podía tratarse del mismo tema de celos y envidia. No lo sé, no quiero saberlo. Eso sí, me dio que pensar, porque después de Belinda conocí a una muchacha que se llamaba Jenni, a raíz de un video musical. Me encantaba, era una mujer muy guapa. Yo andaba soltero y no iba a perder esa oportunidad, así que la invité a un evento que tenía en el Estado de México, aceptó y ahí tuvimos nuestro rollo. Lo que no sabía era que a mi hermano le gustaba. No lo disimuló cuando me vio aparecer con ella interrogándome de modo impertinente. Cualquiera que nos hubiera escuchado, habría pensado que yo tenía que pedirle permiso a mi hermano para ver con quién salir, algo insólito. Se dio una situación un tanto incómoda, al punto de que le pregunté a la morra si acaso había andado con mi carnal, pues no quería armar un pleito por su culpa. Pero ella dijo que en absoluto, que el que le gustaba era yo, y que por eso salía conmigo. Desde ese día noté un cambio de actitud en Juan, que no parecía obedecer a otra razón que los celos.

Por desgracia, siento y sé que mi hermano Juan no quiere nada positivo para mí, así de sencillo. La última prueba de ello ha sido la terrible noticia que recibimos en octubre de 2024 sobre un siniestro plan para perjudicarme, noticia derivada de por sí del pleito de la disquera de mi papá con mis sobrinos. Juan se erigió como representante de Cintas Acuario y es responsable de que yo testificara en las diligencias previas para poner a mi jefe en mi contra. Eso no es correcto. Yo mismo les dije en la corte que no fueran a llevar a Pedro, Gustavo o Rosie a hacer lo mismo, porque no era nada bonito.

La sombra de Caín ha generado este penúltimo trago amargo. En pleno proceso de elaboración de este libro, me ha tocado vivir la primera gran crisis en la relación con mi papá. Sucedió apenas en septiembre de 2024. Estoy viviendo una etapa de relación con él bien difícil a raíz del pleito de los hijos de Jenni contra Cintas Acuario, a causa de un dinero que se les debe de las regalías de las canciones de mi hermana. Me llamaron a declarar en calidad de testigo, puesto que yo era la persona clave en la disquera, la que sabía cómo se manejaba el negocio. Tenía conocimiento de todos los asuntos y las condiciones de los contratos, tanto los que se pasaban a papel como algunos acuerdos verbales, como el que había con mi hermana e incluso conmigo mismo. Al ser tratos dentro de la familia, nunca se firmó papel alguno que pudiera acreditar sus condiciones.

Juan debía saber que, si ellos hicieron algo incorrecto y si ahora les están reclamando, debieron haber dado un paso atrás y pedir que no me pusieran a mí en la posición de tener que declarar con la verdad, porque eso iba en contra de los intereses de Cintas Acuario y, por tanto, contra mi papá. Eso iba a afectar mi relación con mi jefe, en cuya mentalidad no cabe que un hijo declare en su contra. Mi papá pudo haberlo evitado. ¿Por qué no lo hizo? ¿Quién se beneficia y quién se perjudica con mi testimonio? Yo se lo digo a mis hijos: yo nunca permitiría a ninguno de ellos que les pusieran en la tesitura de tener que declarar contra mí. De hecho, ya lo hice una vez con mi hija Ayana, cuyo testimonio con apenas 12 años frené en seco durante el proceso de mi divorcio con María, así eso me perjudicara. Ciertamente, me perjudicó, porque me hizo perder mucho dinero, pero me daba igual: el dinero va y viene, pero el amor entre padres e hijos es sagrado. Yo preferí perder antes de poner a mi hija en esa posición.

Juan ha dicho muchas cosas feas volteando la realidad, que han erosionado mucho nuestra relación. Las cosas hay que contarlas como son, no inventar una versión para uno quedar bien y el otro mal. Hay un Dios por encima de todos nosotros que es el que todo lo sabe y el único que puede juzgar. Yo no juzgaré jamás, pero sí era ya la hora de escribir la verdad, porque verdad solo hay una y, efectivamente, esa verdad es la que nos desahoga y nos hace libres.

Capítulo 32

EL HOMBRE QUE MÁS TE AMÓ

Mi papá siempre fue mi héroe. Todo lo que ha sucedido con él en estos últimos meses me genera un profundo dolor. Mis sobrinos pudieron percibirlo y hasta sentir cierta culpabilidad. Sin embargo, pueden estar muy tranquilos: sé que ellos no son en absoluto los culpables. Ellos son la otra cara de la moneda, porque me consta que a raíz de todo esto se han dado cuenta de cómo es el corazón de cada quien. A diferencia de cuando murió mi carnala, que estaban muy pequeños todos y vulnerables a los chismes de la gente, a día de hoy son personas adultas con opiniones perfectamente formadas y saben que mi amor por ellos es incondicional, como siempre lo fue. Por eso los defendí y los seguiré defendiendo de todo aquel que quiera ir en contra de la voluntad de mi hermana Jenni.

Cuando me llegó la citación, pensé que mi jefe iba a ejercer su derecho de evitar que yo declarara bajo juramento, porque eso era ponerme a mí entre la espada y la pared. Esperaba que dijera que no me pusieran en esa tesitura, dada la relación tan bonita que siempre hemos tenido. Él sabía que, de otro modo, mis palabras iban a favorecer a mis sobrinos respecto a sus reclamaciones. Dicho de otro modo, me tocaba declarar en contra de mi papá, pero por otro lado estaban mis sobrinos, que lo único que están haciendo es pelear por algo legítimo que su mamá les dejó: los másters de sus canciones y el 50 por ciento de todos los derechos de las canciones de Jenni. Era justo para ellos. Cintas Acuario les negaba que hubiera un trato verbal con mi hermana y que fueran dueños de los másters. Por ende, decía que no tenían derechos de regalías, aunque reconocía que les darían tan solo el 10 por ciento de las ganancias, más como cortesía que como obligación. Pero eso no era así. Hasta donde yo me acuerdo, sí es cierto que el trato era 50 y 50, porque la disquera a nosotros no nos pagaba la voz para hacerse dueños del máster. Nos pagaba nomás los costes de la grabación. Aquello me robó el sueño; estaba agarrado de pies y manos. Lo primero que hice fue consultar con unos tres abogados sobre las opciones que tenía si mi papá no evitaba mi testimonio.

Al final, declaré en las diligencias previas. Cuando uno declara en una corte, ya sea en unas diligencias previas o en un juicio, debe decir la verdad para no cometer perjurio. Dije la verdad. Narré absolutamente todo, desde el año que comenzó a funcionar la disquera, pero antes de eso hice un pequeño discurso llamando a la conciliación y a la concordia, porque por la vía legal todos éramos perdedores. Era más conveniente sentarse a hablar como seres humanos y tratar de conciliar. Las dos partes aceptaron sentarse a hablar para ver si eran capaces de llegar a un acuerdo sin necesidad de que prosperara el juicio. En principio, todo debía quedar arreglado en marzo de 2025, de lo contrario irremediablemente tendría que ser un juez el que resolviera el asunto.

Los abogados se quedaron muy sorprendidos, pues habían pensado que yo no tenía tanto conocimiento de las cosas, al tiempo que mi papá tomó como una traición el no mentir para declarar a su favor. Su abogado trató de desacreditarme tachándome de mentiroso, pero no halló el modo. Llegaron incluso a sugerir el porcentaje que iba a recibir yo de mis sobrinos si ganaban la demanda gracias a mi declaración. Yo les di la vuelta preguntándoles por qué pensaban que iba a recibir dinero de la otra parte si ellos, Cintas Acuario, me habían mandado cheques de regalías. Al ellos reconocerlo, estaban destruyendo, a mi entender, su estrategia, pues era una admisión tácita de que no eran los dueños absolutos de los másters; de ahí que devengasen regalías por la comercialización continua de las canciones.

Mención aparte merece el hecho de que yo nunca cambié esos cheques, porque era mi padre, pero esa era una decisión mía que en nada debía comprometer mi parte del 50 por ciento sobre los másters. Así tal cual les contesté cuando me preguntaron por qué no los había cobrado. Cuando mi carrera agarró la suficiente fuerza y me hizo ganar un buen dinero con muchos éxitos y presentaciones, yo ni volteé la cabeza para ver lo que tenía que pagarme mi papá porque, para empezar, se trataba de mi papá, razón suficiente para no hacerlo. Los abogados y los jueces me insistieron en que debía de haber cobrado porque negocio es negocio. Yo me encogí de hombros. Pues, sí, tal vez tenían razón, negocio es negocio, pero era mi jefe, les dije. Me ganó el ser una persona de bien, una persona de principios. Quise ayudarlo, por eso no cobré. Por supuesto, pude haber cobrado, reclamado y hasta demandado, porque tengo muchísimas canciones en Cintas Acuario y a mí, de un día para otro, empezaron a extenderme cheques por el 20 por ciento de las ganancias, cuando teníamos acordado el 50 por ciento. Con mi papá siempre fui al 50 y 50 en todo. Lo hicimos toda la vida, sin necesidad de firmar papel alguno. Me sorprendí mucho el día que recibí un papel donde venía un pago de regalías a tenor de un 20 por ciento. Le marqué y, efectivamente, me dijo que a partir de ese momento iba a ser el 20. No le reclamé.

—No hay pedo, jefe. Yo nunca le he hecho la barba por dinero ni he querido quedar mal con usted por dinero. Siempre he sido muy franco y muy derecho, así como usted me enseñó.

Todos los hermanos fuimos conscientes desde el principio de que cada trato era del 50 por ciento. Incluso Pedro tenía ese porcentaje cuando se hizo cargo de la división de discos compactos. Con el paso del tiempo, el problema potencial fue solo cosa de dos. El único artista y la única persona que puede reclamar en los mismos términos que mi hermana Jenni soy yo. Porque, por ejemplo, mi hermano Juan también tenía el mismo acuerdo del 50 por ciento, lo mismo que Gustavo, digan lo que digan, porque, claro, ellos nunca vendieron ni un casete ni un disco, con lo cual malamente pudieron cobrar nunca. Juan esgrimió que jamás le había cobrado a mi apá, pero ¿cómo lo iba a hacer si mi jefe todavía anda endeudado por lo que costó grabar el máster de Juan hace 30 años? Cuando ellos dicen que jamás le habrían cobrado a mi papá, yo les pregunto: "¿De dónde es que van a cobrar, cabrones? ¡Si están todavía endeudados por las grabaciones que hicieron a principios de los noventa! Esa es la realidad, les guste más, o menos.

El único que sí tuvo muchos éxitos y puede decir que no le ha exigido nunca a mi papá soy yo. Tal vez suene a inmodestia narrado en primera persona, pero los hechos no engañan. Gracias a Dios, tengo una de las carreras más exitosas de esta industria. Mis primeros ocho *hits* fueron número uno a nivel mundial en la lista de éxitos, no regional, como Billboard dice, sino mundial. Llegué a países de Centroamérica y Sudamérica que yo ni conocía. Hubo un tiempo que varias rolas mías aparecían de manera simultánea en esas listas, en distintas posiciones. Son muchos años y muchos éxitos que a veces parece que bastante gente ignora, por causa de las campañas tan terribles que he sufrido de los medios de comunicación, cuyas consecuencias llegan hasta la fecha.

Una cosa era no reclamar cuando unilateralmente me bajaron al 20 por ciento, y otra bien distinta era aceptarlo por escrito. Me negué a firmar cuando quisieron legalizar en un contrato la vinculación del acuerdo verbal que hice en su día con mi apá. Las condiciones del borrador eran completamente diferentes a las pactadas. Le dejé bien claro a Juan que el gesto de no cobrar los cheques no significaba que iba a tragar lo que de manera unilateral Cintas Acuario pusiera en un contrato. No podían tratar de verme la cara de esa manera. Volví a dejar claro que la disquera pagó los gastos de mis grabaciones, pero no mi voz. Le puse el ejemplo de Chalino, Graciela, los Canelos y otros muchos artistas a los que sí se les dio un cheque por su voz, pero a Jenni y a mí no, lo cual implica directamente que somos copropietarios del máster. Así de fácil.

Mi papá no puede olvidar que yo estuve desde el primer momento a su lado en la disquera. Yo fui el que empezó todo el negocio y sé todo: los acuerdos y contratos que se firmaron con Chalino, Graciela Beltrán, Valentín Elizalde, Los Canelos de Durango, Los Razos, y otros artistas que ahora son muy fuertes en las redes sociales y que están dejando mucho dinero. Quiero contar eso porque, al mismo tiempo, es algo que honra a mi padre y desmiente todos esos chismes feos que muchos quisieron levantar diciendo que les robaba a los artistas. Yo puedo dar fe de todo, porque era el que daba las indicaciones a mi hermana de los términos de esos contratos para legalizarlos ante notaría, y le decía de cuánto era el cheque que tenía que extender, porque yo no manejaba la máquina de escribir ni tenía los estudios para ejecutar los formalismos legales. Ella sí, y por esa razón se encargaba de esa parte. La intelectual era ella y es por eso que su firma aparece en los contratos.

Él les cumplía los sueños a muchos artistas que llegaban con ganas de triunfar con tratos muy peculiares propios de esa época. Había muchos artistas que vivían estrecheces económicas y no les alcanzaba el dinero para pagar la renta de sus casas, así estuvieran trabajando en algunos locales. Lo que ganaban no era suficiente. Llegaban a la disquera y pedían prestados dos mil dólares para poder pagar su renta. En lugar de prestarles el dinero, se les pedía que grabaran una serie de canciones y se les pagaba por ello. Así lo hacían. Las grababan de volada en un par de días, se les daban los dos mil dólares y dejaban un papel firmado que le otorgaba la propiedad de las grabaciones a la disquera. Fue, por ejemplo, el caso del Chapo de Sinaloa, que necesitaba un dinero para pagar su renta. Mi jefe se lo dio a cambio de que le grabara 20 corridos con todos los derechos. Así compraba talento y así arriesgaba también, porque no se sabía si se vendería o no. Por tanto, es falso que mi jefe le hubiera robado a alguien. Cuando esos artistas fueron a reclamar, no pudieron hacer nada, porque yo me aseguré en su día de que firmaran. Lo escrito, escrito queda, y negocio es negocio. Sabido es que, de no haber firma de por medio, a las palabras se las lleva el viento. De ahí el pleito de los herederos de mi hermana, precisamente por no tener ese papel.

Yo tampoco lo tengo y siento que nunca me van a pagar. Tampoco les voy a reclamar. El pleito de mis sobrinos puso de nuevo sobre la mesa el punto de la discordia de mis pláticas con mi papá de todos estos años. Yo le decía que no había pedo, pero quería saber si me reconocía los másters como míos o no, porque si no eran míos, tal como él sostiene, prefería volver a grabar nuevas versiones con una mejor calidad antes de meterme en un pleito legal en su contra, cosa que yo no haría jamás. Los he regrabado de todos modos. Me conviene tenerlos con un nuevo sonido digital de mayor calidad, optimizado para las redes sociales y las nuevas tecnologías. En octubre de 2024, rememorando aquellos tristes momentos, en pleno proceso de elaboración de este libro, viajé a Guadalajara para volver a poner la voz a muchos de esos temas y grabarlos con una mayor calidad. Al momento de narrar esta historia, tengo ya 32 canciones que ahora sí quedan bajo mi propiedad, de tal modo que el día que yo falte mis hijos puedan disponer de ellas, porque, de otra forma, Cintas Acuario se arrogaría el derecho de todas esas canciones y estarían abocados al mismo problema de los hijos de Jenni.

Si finalmente se les reconoce a mis sobrinos su copropiedad del 50 por ciento del máster, les he aconsejado hacer lo mismo que yo haría si me lo reconocen a mí: vender ese porcentaje del catálogo de Jenni en Cintas Acuario que le están reclamando a mi papá, porque si estando él vivo, el pleito es de este tamaño, lo será igual o más el día que él falte, y así van a estar peleando toda la vida. Mejor vayan con ese porcentaje a una plataforma y cierren una venta. Luego, reparten los millones entre los cinco hermanos, compran propiedades y se desentienden de todo ese relajo familiar. Desde luego, si puedo, yo lo haré. Lo más inteligente es vender mi parte, prefiero tener a mi padre como padre y no como enemigo en el negocio con riñas con mis hermanos cada dos por tres. La tranquilidad no tiene precio. Me queden los años que me queden de vida, prefiero vivirlos en paz sin tener que estar lidiando con episodios mezquinos por un dólar.

Es triste tener que actuar así, pero no hay de otra, porque la base de todos estos problemas no es sino el maldito dinero. Yo le he hablado con franqueza siempre a mi jefe, incluso cuando me tocó defender a mi mamá, porque era muy triste ver cómo se estaba comportando por culpa de la maldita lana.

—Usted siempre la defendió. Nos regañaba de chicos para que no la mortificáramos con nuestras travesuras, la protegió, y ahora que están divorciados yo le vengo a decir a usted que mi mamá dónde quedó, ¿por qué no le dejaron nada a ella luego de los casi 50 años de vida que le dio a usted? Yo estoy haciendo exactamente lo que usted me enseñó a hacer, defender a mi madre.

Así tal cual le he dicho siempre, porque cada vez que sale el dinero a colación en una plática, tiene que salir por fuerzas el tema de mi mamá, que fue, digamos, lo primero que nos puso a uno frente al otro, porque a la postre soy el único hijo que está peleando por los legítimos derechos de su madre.

Mi jefa no recibe ni un dólar de Cintas Acuario. Cero absoluto. Ahí es donde empiezan los problemas, porque igual le dije a él: ¿ha pensado alguna vez que el día que se muera puede armarse una pelea de gallos entre mis hermanos para irse para adelante por la feria?

—Yo prefiero salirme lo más limpio posible de esa situación para, el día que suceda algo con usted o con mi mamá, ponerme con una bolsa de palomitas como espectador y ver a mis hermanos agarrarse a madrazos por el dineral de la disquera, porque eso es lo que va a pasar, jefe. No se crea que va a pasar nada cordial ni tranquilo. Ni modos, va a haber problemas.

Escrito nomás lo dejo para que lo chequen cuando llegue el día. Para mí es vergonzoso ver hasta dónde son capaces de llegar mis hermanos por el dinero, dañar una relación familiar hermosa de toda una vida por el centavo. Es algo que me llena de rabia y no me entra en la cabeza ni en el corazón. Tanto es así que a mis hijos les he enseñado que no se les ocurra jamás ir a pedir dinero procedente de ese negocio. Les tengo dicho que si algún día, Dios no lo quiera, me surge un contratiempo de salud que precise de mucho dinero, acudan a la ayuda del gobierno antes que pedir siquiera un vaso de agua a los Rivera. Lo tienen prohibido.

Conozco los términos de lo que mi sobrina le pidió a mi papá en la junta que tuvieron para tratar de llegar a un acuerdo, que obviamente no soy quién para revelar, y conozco la estimación de volumen de negocio que le ha dado a mi sobrina un experto que contrataron para el caso, que multiplica por diez las pretensiones económicas iniciales que le plantearon a mi jefe. No sé si lleguen a un acuerdo, pero se arreglen o no se arreglen mis sobrinos con mi papá, en cualquiera de los dos casos el gran perjudicado de todo este pleito soy yo, pues no sé si podré restablecer la relación que siempre he tenido con mi papá. Una vez más se repite el patrón de que los efectos colaterales de cualquier problema familiar me acababan afectando negativamente a mí.

Este ha sido el penúltimo trago de amargo licor que me ha tocado saborear, pues esa relación con mi papá, al que he tenido toda mi vida como mi mejor amigo, se ha roto, y eso me duele profundamente en el alma. Es el hombre que más me amó y es algo muy triste para mí. Es esta la hora que se me viene a la mente y al corazón esa rola que él grabó con un título tan hermoso, "El hombre que más te amó", simbolizando el amor paterno filial de tal manera que me pidió a mí intervenir en el video musical de la canción y llevar a la vez a mi hijo. El mensaje que proclama que el papá es el hombre que más te llega a amar sobre la faz de la tierra se trasvasaba de mí hacia mi morro, procedente del mismo amor que venía de mi jefe hacia mí. Cada vez que la canta, se agüita. La rola pegó bien, le dio muchas visitas y el reconocimiento como cantante que él también ha anhelado toda la vida. Las cosas hechas con amor siempre están bien hechas. Que no se olvide mi jefe nunca del amor que siento por él. No sé si soy el hombre que más lo amó a él, pero lo amaré hasta la eternidad desde lo más profundo de mi ser.

Capítulo 33

MI ÚLTIMO TRAGO AMARGO

Este último capítulo no estaba previsto cuando empezamos a trabajar en este libro. Es el capítulo que no hubiera querido agregar jamás. Antes de tener que tomar este último trago, que podría convertirse en el más amargo de todos, habíamos recogido para este epílogo testimonios de voces autorizadas en la industria que afirmaban que iba camino de convertirme en un clásico, lo cual tomo como un halago que agradezco. Ser un clásico es uno de mis sueños como artista. No hay nada que me diera más gusto que convertirme en ese cantante que la raza pida cuando se junte a pistear, luego de echarse su doce de cerveza, haber escuchado su pop o su rock y entonces digan: "¡Vamos a poner una rola de Lupillo para brindar bien a toda madre!". Así me gustaría pasar a la posteridad. Sin embargo, no paro de orar para que ese estatus de clásico no se acabe consolidando por el factor añadido de no poder volver a cantar. Tengo una enfermedad que me está dejando sordo y el riesgo de que eso suceda es alto.

Nunca se me pasó por la cabeza retirarme, ni siquiera cuando más duro me daban y más deprimido me pude sentir. Dije que iba a cantar hasta que la salud me lo permitiera y me enfrento ahora a la grabadora sin poder decir una palabra, con un nudo en la garganta, atenazado por la emoción y la angustia ante la confesión de que cierro mi biografía sin saber qué va a ser de mi carrera. Se me presentó un problema de salud en octubre de 2024 que me afectó al punto de tener que suspender algunos conciertos en diciembre y hacer un comunicado público en el que tuvimos que inventar que una bacteria había afectado a mi estómago, para no revelar la crisis que había desatado la causa real de la indisposición.

Me detectaron una pérdida en la audición de mi oído derecho del 85 por ciento. Es decir, casi no puedo oír por el lado derecho, que funciona con menos de una quinta parte de su capacidad, mientras que en el izquierdo he perdido más de la mitad de capacidad auditiva, casi un 65 por ciento. Me empecé a dar cuenta cuando me quedaba dormido del lado izquierdo. El teléfono sonaba y no lo escuchaba. Al principio, no le di importancia. Sentía como cuando uno se baña y le entra agua en los oídos, que se merma temporalmente la audición. Yo lo achaqué a algo así o a que pudiera tener el oído sucio porque no tenía acúfenos ni ningún síntoma que me hiciera pensar que algo estaba mal. No obstante, aquello no remitió y llegó un punto en que me di cuenta de que no era normal. Acudí rápidamente al doctor para revisarme los oídos. Me hicieron una primera prueba de sonido y el resultado fue nefasto. Sus primeras palabras al examinarme no pudieron ser más alarmantes. Era una cuestión de la suerte de cada quien y a mí me había tocado la peor de todas. Me habló de un esteroide que se podía aplicar con cierta eficacia si se aplicaba a tiempo, pero parecía no ser mi caso.

Busqué segundas opiniones médicas, visité más especialistas, fui a México a ver a un médico muy recomendado, hice más pruebas. Pero las noticias no mejoraban, la conclusión era la misma. Acabé viendo a un gran profesional en San Diego que me empezó a inyectar directamente el esteroide en el oído, pero la respuesta al tratamiento no fue la esperada. Me aseguraba que mi caso era grave, porque afecta mucho y no mejora. Normalmente, los pacientes recuperan un 50 por ciento de capacidad auditiva con el tratamiento que me estaba aplicando, pero yo era la excepción de la regla. No solo no mejoraba, sino que empeoraba. Me daba la opción de instalarme unos diminutos audífonos que me pudieran solucionar el problema de la audición para poder hacer una vida normal, pero no para cantar arriba de un escenario tres horas. El abuso de la música con esos aparatos entraña el riesgo de que me puedan reventar los tímpanos.

Da la casualidad de que el doctor es músico. Por eso mismo, es capaz de distinguir las limitaciones que una afección así puede causar en alguien que toca un instrumento respecto de alguien que canta. Por desgracia, el cantante es el que sale peor parado de esta situación y la amenaza sobre mi carrera pesa como una tremenda espada de Damocles sobre mí. ¿Qué va a pasar? ¿Voy a poder seguir cantando así sea con menor frecuencia de presentaciones? ¿Qué voy a hacer para sobrevivir en ese caso? Eran las mil y una preguntas que me asaltaban a finales de 2024 en mitad de una desazón enorme, porque la respuesta del doctor era desoladora. Fue muy directo al decirme que, por lo pronto, debía reducir drásticamente el número de conciertos, porque si no cuido el pequeño porcentaje de audición que me queda, corro el riesgo de quedarme completamente sordo. Al mismo tiempo, fue muy franco al decirme que tal vez eso no fuera suficiente y que fuera preparándome ante la seria amenaza de que llegue el día en que no pudiera volver a cantar. Es justo lo que estoy haciendo. Eso incluye las grabaciones. He de grabar todo lo que pueda, porque el doctor me aseguró que no está lejos el día en que tampoco me pueda meter a un estudio de grabación.

No he recibido de parte de los doctores que me han visto una explicación más allá de la mala suerte, puesto que al indagar sobre mi estilo de vida se dieron cuenta de que soy una persona de hábitos sanos. Al doctor que me inyectó, le platiqué de mi vida, de todos los tormentos sufridos, de todos los tragos amargos que he venido contando en este libro. Eso le sugirió una hipótesis, que lejos de reconfortarme no hizo sino aumentar mi dolor. Según él, soy una persona que ha estado sometido desde niño a un modo de supervivencia y a un estrés continuo por todos los conflictos familiares, divorcios y campañas mediáticas de acoso y derribo que he sufrido. Para este especialista, la manera en que toda esa energía negativa ha repercutido en mi salud ha sido enfermando a mis oídos.

—Lupe, con todo eso que te ha pasado es para que te hubiera dado un ataque en cualquier momento. La manera en que ese estrés está afectando ahora a tu cuerpo se debe a que aguantaste mucho, pero ha llegado el momento en que tu cuerpo acusa el efecto y elige una vía de escape, que en tu caso ha sido la enfermedad del oído. Podría haber sido cualquier otra cosa, como diabetes, presión alta, una afección cardíaca, un tumor u otra consecuencia, pero en tu caso ha sido esto porque es la parte de tu cuerpo que más has usado, la que más se ha debilitado y se ha vuelto más vulnerable. Para mí, no hay otra explicación —señaló con claro gesto de resignación por no poder hacer mucho más.

Interpretado en mi lenguaje de barrio, era poco menos que decir que ahora sí esa gente que no nació con más talento y propósito que el de dañar a los demás se había salido con la suya. Yo he sido una víctima con la que se ensañaron durante muchos años para acabarme. Ahora me chingaron de a de veras. Tenía lógica lo que decía el doctor sobre la vulnerabilidad de mis oídos.

Han sido miles de horas en mi vida sometiéndolos a un gran esfuerzo. No siempre usé los audífonos para cantar. Soy de los artistas chapados a la antigua en este sentido, y no me gustaba mucho esa onda, a pesar de las indicaciones que recibía de usarlos. Mi ingeniero se dio cuenta de que gritaba más que cantaba y me aconsejó que los usara, porque estaba afectando mi manera de cantar.

Ha sido un proceso muy duro que todavía no acaba. Mis músicos no sabían nada —no quise alarmar a nadie—, pero se iban dando cuenta de que algo no iba bien. En una de mis últimas presentaciones de 2024, mi dificultad para oír correctamente hizo que yo me dirigiera a ellos solicitándoles que no se desafinaran, pues notaba algo raro. El jefe de la banda me dijo al bajar del escenario que ellos no se habían desafinado y que me fuera a descansar, pues notaba cierto desconcierto en mí durante la cantada, que tal vez achacó al cansancio. Antes de comentar nada en voz alta en el camerino que pudiera poner en guardia a los demás músicos, me invitó a retirarme y me aconsejó cancelar las presentaciones pendientes el fin de semana, porque no iba a estar bien.

Cancelé porque empecé a acusar efectos secundarios en cuanto se me aplicó el tratamiento. El esteroide debilita las defensas y yo me sentía mal, débil y enfermo. Uno conoce su cuerpo, de modo que ya no tuve más alternativa que hacer caso a lo que me estaban diciendo y cancelar alguna de las fechas pendientes, cosa que no empeoró mi salud auditiva, pero sí mi estado de ánimo. La reacción de mi gente contribuyó en parte a eso. Pareciera que uno no puede enfermarse, porque tanto mi equipo como los empresarios no encajaron nada bien la noticia de que no me encontraba bien y debía cancelar tres fechas. Casi que necesitaban verme en una cama de hospital para dar crédito. Por eso tuve que hacer un comunicado público, aunque no revelara la causa real de la indisposición, lo cual dio pie a todo tipo de especulaciones, porque yo no podía exponer lo que estaba sucediendo. Me tocó decirles que estaba planteándome, a partir de 2025, hacer como mucho dos o tres presentaciones al mes por prescripción médica, sin entrar en mayores detalles. Al menos, pude cumplir con la fecha del 28 de diciembre en México, que fue la única que dejé pendiente de cumplir tras mi obligado receso. Después de ese último *show*, subí un *post* de agradecimiento a mis redes: "Gracias a todo mi público por todo el apoyo este año, ¡gracias por el apoyo en La Casa 4.ª temporada! Gracias a mi equipo de trabajo por todo su esfuerzo, a mi familia por comprenderme en mis sueños aún no logrados. ¡Gracias a Dios por otra oportunidad más en mi vida y carrera! Gracias, mi raza. ¡Los quiero un chingo!".

A mi papá tuve que ponerlo sobre aviso a través de su asistente, a ver si mi hermano Juan tomaba un poco de conciencia y veía que ya era la hora de detenerse en ese afán de querer perjudicarme. A mis hijas trato de hacerles ver que sus mamás debieron tener un poco de compasión a la hora de tratarme después de los divorcios. Es una reflexión que en estas circunstancias se me hace más frustrante de lo que ya lo fue en su día. Uno ha tratado de darles siempre lo mejor a las mujeres y a cambio ha recibido puros golpes.

Pondré al final de estos últimos párrafos un punto y seguido, que no un punto y final, porque la vida sigue y, ya de por sí, eso es motivo de gratitud. Trataré por tanto de enfocarme en lo positivo que me ha dado, en los tragos dulces. Dios me dio una voz portentosa con la que he interpretado infinidad de rancheras, cumbias, baladas, boleros y, sobre todo, corridos. Le agradezco mucho todos los días por eso, por entregarme el don del talento, por el éxito que me dio y por la bella familia que tengo: mis seis hijos y mis siete nietos hasta la fecha. Me convertí en tata con 38 años, aunque yo digo que son nueve nietos, porque incluyo a las gemelas de uno de mis yernos, que las quiero igual. Mi familia es todo para mí y vivo feliz y en armonía con mi descendencia.

Mi núcleo familiar hoy en día es un nido de felicidad que comparto con algunas de mis hijas, mi morro y mis nietos. Algunos viven conmigo. Los veo crecer y desarrollar sus ilusiones y eso me hace inmensamente feliz. Los hijos son lo más grande y más sagrado para mí y me emociono mucho cuando hablo en público de ellos, porque uno sabe más que nadie del tremendo sacrificio que supone sacarlos adelante y garantizarles una calidad de vida, pero sobre todo una educación que les permita formar una personalidad y tener las herramientas para salir adelante y ser algo en la vida.

Lupita es muy buena para las redes sociales. Además, está metiéndose en el estudio para cantar en español y poner su granito de arena en la música. Abigail está mirando también para hacer algo en la música, pero ella se decanta más por grabar música en inglés. Ahora anda muy metida también en su faceta de chef. Baby me ayuda muchísimo con todas mis cosas, a estar al día en la parte legal, con mis contratos, mis redes y todas las cosas de la casa, que comparte conmigo junto a sus dos hijos. Angélica es muy nómada. Le gustaba vivir en el *motorhome*. Le compré uno para que lo estacionara en la casa y allí se quedaron ella, su esposo y su familia un buen tiempo. Cada dos por tres, iban y venían hasta que decidieron irse a vivir a Las Vegas. Con Ayana es más bien un amor a distancia. Nos amamos a lo lejos, como dice la gente de la generación de cristal. Mi hijo L'Rey está muy metido en el deporte, con mucha ilusión de seguir aprendiendo y prosperando en el mundo del boxeo. Su sueño es poder boxear algún día y tener un gimnasio para entrenar a los jóvenes aspirantes.

En el amor no hay límite. Confieso que a veces me dan arrebatos pesimistas pensando en el pasado, en la ingratitud, en la diferencia entre la persona que uno amó en el matrimonio y la que me tocó enfrentar en el divorcio. Me da por pensar si realmente valió la pena haberles dado todo, haberles entregado la vida y el corazón, haberlas tratado como reinas para después recibir tanta amargura. Después, trato de que se me pase y de pensar que soy capaz, quizás de otro modo, de seguir amando hasta el final de mis días, de saber leer el legado que la experiencia me ha dejado y actuar con la lección que tengo aprendida.

Todas las cosas que he hecho en mi vida las he hecho con la mente y con el corazón. Todo lo que pasé en la vida lo pasé porque así fue la vida que me tocó. Nunca me he arrepentido de mi infancia —¡al contrario!—, ni de las enseñanzas de mi padre, ni de los hermanos que tengo, aún con nuestras disputas, ni de las mujeres que he tenido, ni por supuesto de mis hijos, que son una bendición y, gracias a Dios, se llevan bien entre ellos. La vida está llena de etapas que hay que vivir con un código de valores. Al traspasar el medio siglo de vida y echar la vista atrás, me di cuenta de que merecía la pena recoger todo eso en un libro. Era un buen momento para hacer ese balance: cinco décadas de vida y más de tres en la cantada, una carrera que ha pasado por todas las etapas: la novedad y el éxito, la resistencia, endurecida con las envidias familiares, y la consolidación. Tres décadas en las que la melancolía ha sido mejor compañera de la creatividad que la alegría; de amores sonados y de más ruidosos desamores, de rupturas mediáticas, de escándalos, de reconciliaciones, de lealtades y traiciones, de lágrimas esparcidas por los escenarios y las recámaras de cualquier hotel.

A los que tienen sueños les recomiendo que perseveren y no desistan. El éxito puede llegar en cualquier momento, de manera inesperada. Recuerdo el caso de Peso Pluma. Yo estuve grabando en la misma disquera donde arrancó. El dueño de la disquera, George Prajin, me pidió que le echara una mano y me puse a grabar duetos con mucha gente que él tenía y yo no sabía ni quiénes eran. Recuerdo llegar y ver a ese bato sentado esperando su turno, sin sospechar que seis meses después iba a dar ese gran salto a la fama.

Acostumbré siempre a visitar las iglesias para platicar con Dios buscando a veces consuelo. Los instrumentos para lograrlo han sido el escenario y el estudio. El escenario ha sido la cura de muchas penas de la vida y el estudio de grabación un santuario en el que poder sanar. Si pensara en una muerte ideal, sería sobre un escenario. Morir cantando sería la muerte más feliz del mundo, la muerte perfecta. Ese pensamiento lo tengo ahora matizado ante la incertidumbre de lo que vaya a pasar por la enfermedad de mis oídos. En todo caso, sea cuando sea que Dios decida llamarme, ojalá ande ya ligero de equipaje. Gastarse el dinero era una filosofía que siempre tuve para irme al otro mundo sin mucho que dejar y evitar de ese modo pleitos de herencia. No me gustaría ver a mi familia separada por un centavo. Trataré de dejar todo bien atado.

Me gusta mucho Loreto, Baja California, en mi México adorado, como para un retiro dedicado a la pesca, el descanso y la oración. No descarto comprar una propiedad y mudarme para allá en mi vejez. Creo que Loreto es el lugar adecuado donde mi alma crisálida podría conectarse con Dios sin interferencias, agradeciéndole por las cosas que me ha dado, brindándole sentido a los últimos años de mi vida, preparándome para cuando esa crisálida se convierta en un espíritu volador que alce el vuelo, rumbo a esa dimensión en la que hemos de encontrar alas como las que me describió L'Rey en la regadera, como las de la mariposa de barrio. ¡Qué bueno, carnala! Allá nos veremos. Nos queda mucho todavía por platicar.

Mis apariciones en los programas de televisión *La Voz* y *La casa de los famosos* han mostrado al Lupillo maduro y mi verdadera esencia. He notado que la reacción del público ha sido positiva. Los que me conocían han comprobado que nunca cambié a pesar de las campañas de desprestigio que sufrí, y los que no me conocían han descubierto la clase de persona que soy. El sentido de este libro es el mismo. Este tequila íntimo que me he tomado con el público, contando mi verdad, mis luces y mis sombras, pretendía nomás que me conocieran como soy en realidad. Mi público es mi vida.

El camino me puso muchas piedras. Lo acaban de leer. Pero sobreviví a todos mis tragos amargos. Caí y me levanté. A día de hoy, mi alma es lo suficientemente dura y madura como para soportar las penas, por dolorosas que sean, como la última de ellas, con mi papá, que se me vino encima en tiempo real mientras echaba mano de mis memorias. Si mi propia experiencia de vida les sirve, así sea un poco, daré por bien empleado el tiempo invertido, las largas horas de plática para esta obra como parte de mi propósito de vida. Dios les bendiga.

Agradecimientos

Primero que nada, le doy gracias a Dios por encima de todas las cosas y de todo. Él me ha permitido siempre salir adelante y me ha prestado el don de saber cantar. Le doy las gracias por todas las bendiciones que ha puesto en mi vida, que pongo en sus manos constantemente.

A todos mis hijos, sin excepción, quiero darles las gracias por todo el apoyo y el cariño que siempre me han dado, al tiempo que les pido disculpas por cosas que dejé de cumplir en algunos momentos como padre; por algunas fechas importantes en las que no pude estar presente por los sacrificios que he tenido que hacer en mi vida personal y en mi carrera. Les doy las gracias por ser los hijos que son. No los cambiaría por nada en el mundo. Los amo.

Gracias infinitas a mi público. Les doy gracias de todo corazón a mis fans y a toda la gente que ha apoyado mi música desde el principio, a los que la siguen apoyando en el presente y a los que la apoyarán en el futuro. Gracias por todo ese apoyo, por estar conmigo, El público es el que me ha mantenido feliz, contento y con muchas ganas de seguir adelante durante todos estos años. Lo único que me llevaré conmigo el día que ya no esté serán esos aplausos y el cariño incondicional que me han brindado. Los amo apasionadamente.

Gracias a todo el esfuerzo del equipo de trabajo que puso en marcha este proyecto, a Ninette Ríos, a Juan Manuel Navarro y a Javier León Herrera, por las ganas puestas. Siento que juntos hemos logrado hacer un gran equipo. Gracias, Ninette, por tu amistad incondicional de tantos años. Tú has sido testigo de toda esa historia que ahora hemos plasmado en esta maravillosa obra. Gracias, Juan Manuel. Valoro profundamente tus años de experiencia como periodista. Tú has seguido mi carrera muy de cerca y has hecho posible unir todas las piezas para conformar este gran equipo de trabajo, permitiendo que Javier pueda plasmar en palabras mi vida en este gran libro, que es el resultado de un maravilloso trabajo en conjunto. Y gracias, Javier. Te felicito por haber capturado todo lo que platicamos en tantas y tantas horas de entrevistas, por meterte en mi alma y narrar de una manera tan auténtica y poderosa mi historia. A mí mismo me sorprendió verla plasmada en negro sobre blanco y darme cuenta de todo lo que he vivido.

Gracias a Pepe Garza, por su nota a modo de prólogo y por todo el apoyo recibido durante tantos años en mi carrera.

Gracias a Penguin Random House Grupo Editorial por el apoyo y la fe en este proyecto.

Foto: Cortesía de Lupillo Rivera

LUPILLO RIVERA (Los Ángeles, California), creció en un hogar muy arraigado a la esencia y la cultura de México. Se lanzó como artista a los 20 años y hoy es una leyenda viva de la música regional mexicana. Con una voz poderosa y un estilo inconfundible, pionero de su familia, elevó el legado Rivera a lo más alto, conquistando millones de corazones con éxitos como *Despreciado*, *El Moreño*, *Yo sé que soy lo peor* y *Grandes ligas*. Inmerso en la cuarta década de su trayectoria cuenta con más de veinte álbumes, muchos certificados con oro y platino. Su talento fue reconocido con un Grammy al Mejor Álbum de Banda, así como múltiples premios Billboard y premios Lo Nuestro. Fiel a su esencia, sigue llenando escenarios, demostrando con su lucha, autenticidad y talento que es un ícono consagrado del género. A su brillante carrera musical se suma su incursión en la televisión y su exitosa participación en *La Casa de los Famosos* y *La Voz México*.

@lupilloriveraofficial Lupillo Rivera
@LupilloRiveraOficial @lupilloriveraoficial lupilloeltoro

Foto: LatinNewsXXI

JAVIER LEÓN HERRERA (Alicante, España), debutó como escritor con el bestseller *Luis Mi Rey* (libro oficial de la serie televisiva de la vida de Luis Miguel), al cual han seguido diecisiete libros, entre ellos *El Consentido de Dios* (Paraíso 1998), biografía autorizada del actor Andrés García; *Sufre Mamón* (Éride 2002), primera biografía autorizada de Hombres G, escribió su documental *Los Beatles Latinos* y el libro de la caja Álbums (Warner Music 2002). Autor de la novela bestseller en Colombia *La Bella y el Narco* (Grijalbo 2011); *El Tigre de Dios* (Grijalbo 2013), la biografía del futbolista Radamel Falcao; *Adiós Eterno* (Aguilar 2017) sobre la vida y muerte de Juan Gabriel; *Luis Miguel, La Historia* (Aguilar 2018), bestseller en varios países; la biografía oficial de Hombres G *Nunca hemos sido los guapos del barrio* (Plaza & Janés / Aguilar 2020); el libro que completa su trilogía sobre Luis Miguel, *Oro de Rey* (Aguilar 2021); *Nuestro Julio* (Lionarié 2023) y su versión en inglés *Our Julio*, una historia autorizada en torno a la vida de Julio Iglesias. En 2025 lanza la novela *La caleta del Jaguar*.

@xavierleonherrera Javier León Herrera @javileonherrera

NINETTE RÍOS (Ciudad de Guatemala, Guatemala), es una reconocida periodista y conductora con más de 30 años de trayectoria en la televisión hispana de Estados Unidos. Ha trabajado como corresponsal y presentadora para importantes cadenas como Univision y Telemundo, destacándose en programas como *Despierta América*, *Primer Impacto*, *Sábado Gigante*, *Todobebé*, *Escándalo TV* y *Buena Onda*, programa del cual fue creadora y conductora. A lo largo de su carrera, ha entrevistado a un sinfín de celebridades de Hollywood y destacados directores, así como a los máximos exponentes de la música regional mexicana, urbana y pop. También ha participado en coberturas internacionales como los premios Oscar, Grammy, Globo de Oro y Copas Mundiales de Fútbol.

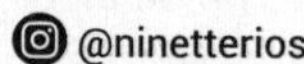

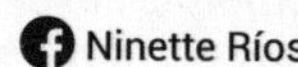

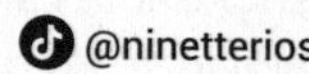

JUAN MANUEL NAVARRO (Ciudad Valles, San Luis Potosí, México), licenciado en Ciencias de la Comunicación, lleva más de treinta años en el periodismo de espectáculos. Es corresponsal de Televisa en Los Ángeles desde 2001, y ha cubierto grandes eventos como los premios Oscar, Grammy, Globos de Oro, BAFTA, festivales de cine de Cannes, Venecia, Berlín, Toronto y Sundance. Empezó su carrera periodística en *El Norte* y *Reforma*, luego *El Universal*. Productor para Univision-Telefutura en *Escándalo TV*, *Tómbola* y *Despierta América*. Corresponsal en Los Ángeles de *Esmas.com, TV y Novelas, Quien, Vanidades, Elle, ERES, Tele-Guía* y *CARAS*. Colaborador de *Los Angeles Times* en Español y de *La Opinión*. Ha entrevistado a más de 500 celebridades de Hollywood. Fue colaborador de Javier León Herrera en los dos primeros libros de este sobre el cantante Luis Miguel; es coautor de *Adiós Eterno* (Aguilar 2017) y *Oro de Rey* (Aguilar 2021), así como productor de *Nuestro Julio* (Lionarié 2023).

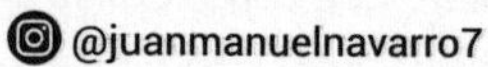

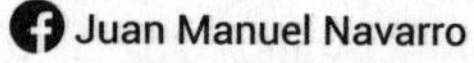